“十三五”上海重点出版物规划项目
上海文化发展基金会图书出版专项基金资助项目
社会政策前沿译库

U0965890

福利国家和移民权利：包容与排斥的政治

［英］戴安娜·塞恩斯伯里（Diane Sainsbury）　著
萧易忻　译

華東理工大學出版社
EAST CHINA UNIVERSITY OF SCIENCE AND TECHNOLOGY PRESS
·上海·

图书在版编目(CIP)数据

福利国家和移民权利：包容与排斥的政治／(英)戴安娜·塞恩斯伯里(Diane Sainsbury)著;萧易忻译.—上海：华东理工大学出版社,2019.7

(社会政策前沿译库)

书名原文：Welfare States and Immigrant Rights：The Politics of Inclusion and Exclusion

ISBN 978－7－5628－5935－2

Ⅰ.①福…　Ⅱ.①戴…　②萧…　Ⅲ.①福利国家—移民—公民权—研究—世界　Ⅳ.①G523.8

中国版本图书馆 CIP 数据核字(2019)第 141838 号

Welfare States and Immigrant Rights: The Politics of Inclusion and Exclusion was originally published in English in 2012. This translation is published by arrangement with Oxford University Press. East China University of Science and Technology Press Ltd. is solely responsible for this translation from the original work and Oxford University Press shall have no liability for any errors, omissions or inaccuracies or ambiguities in such translation or for any losses caused by reliance thereon.

© Diane Sainsbury 2012, except chapter 6: Diane Sainsbury and Ann Morrisnes 2012
中文简体字版权由华东理工大学出版社有限公司独家所有。
上海市版权局著作权合同登记　　图字：09－2019－168 号

策划编辑／刘　军
责任编辑／秦静良
装帧设计／王　翔
出版发行／华东理工大学出版社有限公司
地址：上海市梅陇路 130 号,200237
电话：021－64250306
网址：www.ecustpress.cn
邮箱：zongbianban@ecustpress.cn
印　　刷／江苏凤凰数码印务有限公司
开　　本／710 mm×1000 mm　1/16
印　　张／21.5
字　　数／316 千字
版　　次／2019 年 7 月第 1 版
印　　次／2019 年 7 月第 1 次
定　　价／198.00 元

版权所有　侵权必究

社会政策前沿译库

学术委员会（按姓氏笔画排序）

王春光　王思斌　关信平　李迎生
杨发祥　张广利　林　卡　赵德余
徐永祥　彭华民　熊跃根

主　编：何雪松
副主编：范　斌　汪　华

丛书序言

preface

社会政策一直以来被视作西方工业化与现代化的产物。市场作为资源分配的最重要手段面临失灵的困境，个人及家庭不得不面对各种风险，而传统的对抗风险的主体，如家庭、教会、互助组织在此过程中也面临变革及不确定性，因此国家干预成为大势所趋，福利国家的扩张与发展成为历史的必然。20 世纪 70 年代以后，社会政策的焦点才开始超越费边福利国家主义的狭隘边界，将市场、家庭、第三部门等其他多元福利提供主体重新带回理论争论中，重新反思福利权利与福利责任、福利多元治理等议题，以及对"国家福利是否值得追求""为什么要去追求"等更深层次的意识形态问题进行探讨。

纵观 20 世纪 70 年代末福利国家危机以来，西方社会政策在实践上已有诸多变革。首先是福利市场化与私有化的改革。曾经的福利国家橱窗——英国在撒切尔政府的带领下逐步开始福利市场化的改革，与强调"管得少的政府是最好的政府"的美国具有不谋而合之处。市场化及私有化理念在世界银行、国际货币基金组织、经济合作与发展组织的推动下被广泛传播，对全球社会政策的改革都产生了深远的影响。然而值得注意的是，大家已不约而同地开始反思福利市场化改革所带来的问题、市场化是否促进了社会政策中关于公平与正义的价值理念。其次是福利国家的类型化不断被打破。哥斯塔·埃斯平-安德森的《福利资本主义的三个世界》把资本主义福利制度划分成三种类型后，不断有新的福利国家类型被提出，比如地中海福利国家类型、东欧转型福利国家类型、东亚福利国家类型等。不同国家的社会政策改革总是具有一定的路径依赖性，同时又被打上时代烙印。而不断涌现的福利国家类型本质上体现了不同国家在福利治理上的因地制宜的实践。最后是社会政策的改革越来越强调对社会政策的评估，即政策中谁从中受益、谁没有受益、谁应该受益等。这与社会政策这一学科的独特性有关，与其他学科相比，社会政策更关注弱势群体，以及社会公平正义的价值取向。对社会政策的评估反过来可以对更加科学地制定和实施社会政策具有一定的促进作用。

与西方国家相比，我国的社会政策发展在理论和实践上都非常“年轻”。直到 21 世纪初，我国才快速步入了社会政策时代。一方面，这意味着我国社会政策发展面临前所未有的机遇，社会政策既作为社会的稳定器，同时又作为经济发展的助推器，在制度设计、原则确立以及推进方式上进行了多种创新实践。另一方面，也意味着我国社会政策的发展由于基础弱，尚面临诸多难题和挑战。

为推动中国社会政策研究和学科的发展，吸收和借鉴国际最新理论与经验，2015 年年初，华东理工大学社会学系同仁决定引进翻译一批国际社会政策领域的前沿著作。历经多年的努力，这套《社会政策前沿译库》终于付梓。该丛书涉及社会政策理论、全球社会政策治理、环境社会政策、家庭社会政策等领域，涵盖了国际上社会政策各个分支学派的思想与智慧。希望这套丛书的出版能够为推动中国社会政策理论研究与实务发展做出一定的贡献。

何雪松

华东理工大学社会与公共管理学院院长、教授、博士生导师

目　录

contents

第二部分　包容与排斥的政治

第一章　福利国家和移民权利

全球移民人数不断增长，尽管接纳移民和移民融入计划已被提上政策议程，据称大批移民也已经获得福利，但是福利国家的研究人员在很大程度上忽视了移民处境和移民权利。相反，他们更关注移民和种族多样性对福利国家的影响。早在20世纪70年代中期，学者们比较了福利国家的发展情况，提出移民和种族多样性会抑制福利国家的发展（Wilensky，1975：53，57－58）。移民也使工人群体分裂、抑制劳动力流动，而劳动力的流动是福利国家发展的重要动力（Stephens，1979）。这个论点引发了另一个观点，即移民会在政治上减少对工人群体组织的打击，削弱慷慨解囊的福利国家应有的团结和政治共识，从而导致欧洲福利国家的政治美国化（Freeman，1986：60）。

经过十年半的动荡，这种理论在2000年获得新的动力。类似于认为美国在理解移民关系、种族多样性和福利国家变化方面的经历至关重要的观点再次出现（Alesina and Glaeser，2004；Schierup et al.，2006；Castles and Schierup，2010：287）。越来越多的研究人员将移民和种族多样性视为对福利国家的挑战或对现有福利制度的威胁。

一个主要的担忧是移民对福利国家立法和民众支持度的影响。有人认为，移民带来的种族尤其是种族多样性削弱了民众对公共福利提供的支持（Alesina and Glaeser，2004）。尽管研究发现有证据支持这一观点，但这些研究大多局限于美国历史上曾陷入的种族关系问题（Banting and Kymlicka，2006；Hero and Preuhs，2006）。到目前为止，研究人员从欧洲国家所提供的证据中还不足以得出定论。数据显示，许多欧洲国家的大众对移民获得社会福利的正当性表示怀疑（van Oorschot and Uunk，

2007），而其他民意调查结果显示，相当多的民众认为合法移民和公民应得到平等的社会权利（Euro-barometer，2004；Mau and Burkhardt，2009：218）。渐渐地，分析人士呼吁关注其他影响福利国家支持程度和反种族多样性可能产生的负面影响等因素，包括左翼政党的力量、福利国家的类型、促进相互尊重和社会信任以及国家认同感的多元文化政策（Taylor-Gooby，2005；Crepaz，2008；Mau and Burkhardt，2009；Johnston et al.，2010）。

有学者强调，特定类型的福利国家特别容易受到移民带来的影响。从比较的角度来看，关于移民和欧洲福利国家的首次讨论得出的结论之一是，比起以社会保险计划为基础的发达福利国家，严重依赖津贴制的欠发达福利国家不堪一击（Banting，2000）。社会保险和津贴制有利于创造不同内容的政治动态。与之完全相反的论点也出现了：提供享受工作福利和通过工作贡献的社会保险的福利国家——以社会保险计划为基础——会经历“来自移民潜在的最严重的挑战”（Menz，2006：394）。因为高水平的劳动市场参与度是这种类型福利国家发展的前提，如果移民没有被纳入劳动力，福利国家就会被破坏。最后，福利国家普遍是最不堪一击的（Nannestad，2004）。普遍性为移民福利提供保障，但福利成了就业的障碍，加剧了福利国家的财政问题。简而言之，研究者认为福利国家——无论是哪种类型——都正面临来自移民的严重压力。

福利国家对移民的影响

笔者的观点是完全不同的，事实上，情况正与之相反。本书论及福利国家对移民社会权利、经济行为等内容的影响。当前关于移民对福利国家影响的讨论已经不再关注于移民本身，许多对福利国家的比较学术研究也忽视了移民（Pierson，2001；Esping-Andersen et al.，2002；Castles，2004；Taylor-Gooby，2004；Armingeon and Bonoli，2006；Seeleib-Kaiser，2008）。本研究的主要目的在于填补比较福利国家这一学术领域的空白。

让移民获得社会权利（合法的社会福利）是一个关键问题，原因至少有三个方面：

第一，外国人口的出生比例在福利国家中增加（OECD，2010：299），移民的孩子通常代表了一个移民群体大部分在 21 岁以下的人口。例如，在 2008 年德国近五分之一的人口是由外来人口和他们的孩子组成，而移民的孩子大约占了 21 岁以下人口的三分之一。在低收入家庭中，移民的孩子所占比例更大（BBMFI，2010：37，223，576）。换句话说，虽然移民只是少数群体，但他们的人数尤其是年轻人的人数越来越多，因此对他们的分析变得十分必要。

第二，无论是从风险还是从权利的角度来看，福利国家的存在已经满足了人们的基本需要。若将需求视为风险，则会促使人们把福利国家看作一个杜绝病痛、肢体残疾、失业和老龄化的社会保护系统。关于需求的更全面的观点促使托马斯·马歇尔（T. H. Marshall）提出社会公民权的概念，即认为权利是不可分割的。他定义社会公民权的范围，小到"获得基本的经济福利和保障"，大到完全的社会包容（1950：72）。移民很少成为比较分析的重点，关于福利国家如何满足移民的基本需求的信息少之又少。他们是否受到与公民一样的社会风险保护？他们是否享受到与公民一样的社会权利？

第三，新居民融入社会能够减少永久性的、有悖于民主的社会与政治分歧。防止作为潜在公民的新移民和他们的孩子受到伤害或被不公正的排斥所影响是至关重要的。事实上，分析师指出，种族分化和强烈的社会排斥现象出现在各个国家（Schierup et al.，2006；Castles and Schierup，2010）。福利国家的政策是打击社会排斥的基石，这对于初来乍到的移民们至关重要。此外，正如托马斯·马歇尔中肯指出的那样，社会政策关乎权利的授予，因为它们能为个人发展提供资源，并赋予人们行使政治权利必需的能力。从这个角度来看，社会权利可以促进移民的政治融合。

移民的社会权利

尽管移民的社会权利在福利国家的比较研究中一直被忽视，但移民权利在国际移民和民族关系研究中已然变得举足轻重。当研究的重心从移民模式和准入政策转移到帮助移民融入新的社会环境政策时，研究者们开始关注对移民权利的探讨，并开始思索移居政策和移民政策到底有什么不同（Hammar，1985；Brubaker，1989，1992；Layton-Henry，1990；Castles and Miller，1993；Baldwin-Edwards and Schain，1994；Koopmans and Statham，2000；Koopmans et al.，2005）。最初人们着重研究公民权利与国籍的关系，但最终将注意力转向社会权利（Baldwin-Edwards，1991；Soysal，1994：120；Faist，1995a，1995b；Dorr and Faist，1997）。在一个重要的对移民权利的比较分析中，弗吉尼·吉劳登（Virginie Guiraudon，2000a，2000b）苦心钻研了德国、法国和荷兰移民的社会与政治权利发展的不同轨迹。托马斯·马歇尔认为，移民先获得公民权利，然后获得政治权利，最后获得社会权利。与之相反的是，弗吉尼·吉劳登发现移民先获得政治权利，再拥有社会权利。她还强调，移民或非公民社会权利的扩展意味着拥有法定住所，而非国籍，这已经成为获得社会权利的基础条件。

然而在国际移民文献中，有关移民社会权利的分析已被损毁。有人认为，法定住所或者属地原则是社会权利的基石，这意味着在一些特定的国家中合法外国居民和本土公民有着相同的社会权利。由于未能区分合法移民和公民的有效与正式的权利，也就是说，实质的权利不同于合法的权利，因而这一假设获得了可信性。大部分的文献仍局限于对国家正式权利的讨论（Hammar，1985；Soysal，1994；Guiraudon，2000a，2000b，2002；Kondo，2001；Aleinikoff and Klusmeyer，2002）。另一个缺点是，人们长期以来只研究普遍移民的权利，而不是研究不同移民群体的权利，如家庭成员、寻求庇护者、难民和无证件移民。更大的缺点是人们过于关注移民权利的扩大而非收缩（Soysal，1994；Jacobson，1996；Joppke，1999；Guiraudon，2000a，2000b，2002）。最后，或许也是最重要的，公民和非公民的社会权利之间没有差异的观点使得研究移民权利变得没有必要。有现象表明，对移民和少数族群权利的广泛研究没有关注其社会权利（Koopmans et al.，2005），并且移民融合政策指数（MIPEX，2011）不能体现社会保障和社会权利。最近，人们用社会福利模型作为福利制度特征的一个代表，试图把社会福利政策放到有关民族融合的比较分析中（Papa-dopoulos，2011：39），但是这没有产生多大的影响力，因为不同类型的福利国家对移民的社会权利有着怎样的影响，我们不得而知。本书的分析试图弥补这些缺点。

为了研究移民的社会权利，笔者建立了一个结合比较福利国家研究和国际移民文献的分析框架。该框架从哥斯塔·埃斯平-安德森（Gosta Esping-Andersen）颇具影响力的《福利制度类型学》的理论演化而来。然而移民的社会权利是由移民类别、国家的组成，或者规定包含或排除移民的集成机制所决定的。研究国家福利制度、移民准入类别和移民权利模式中的公司制度之间的动态关系是必要的。

本书的首要目的是通过调查权利扩张和收缩来比较移民的社会权利；其次是超越对各国政策异同的描述来分析政治背后的政策——笔者将它称为政治包容和排斥。权利是包容的先决条件，政治包容和排斥分别涉及政治的扩张和权利的收缩。

本书结构

本书分为两部分：第一部分分析移民社会权利的研究框架。这个分析展现了从战后初期到2010年前后移民的社会权利在不同类型的六个福利国家的发展，它们分别是美国、英国、德国、法国、瑞典和丹麦。在第一部分，有三个问题需要得到解决：（1）包容或排斥的福利国家和移民有怎样的关系，特别是福利国家的类型和纳入制度如何影响他们的社会权利？（2）涉及移民权利的变化及其方向——权利扩展与权利收缩。（3）探讨移民相对于公民的社会权利。与公民相比，移民在这些福利国家是如何生活的？

第二部分是从影响正式和实质性权利的政策转移到政治方面的政策。在分析政治的包容和排斥的过程中，笔者关注政治社会权利的扩展和收缩，以及纳入制度的变化影响移民的社会权利等问题。再次借助福利国家比较文献与国际移民文献，本书的分析框架强调：（1）框架问题；（2）政策立场和机构安排；（3）地域维度；（4）政党；（5）移民动员和政治进程的渗透。通过追溯，这些章节分析了六个国家的政治包容和排斥。最后一章比较了这些国家分析框架组成部分的重要性。这部分还讨论分析框架在多大程度上证实了早期的研究，或要求修订和进行新的解释。

第一部分和第二部分共同填补了我们对于福利国家和移民权利的知识空白。第一部分比较了第一个有关跨类别的福利国家的移民权利系统，调查了移民正式的、实质性的权利。第二部分则将关于政治权利扩张和收缩的分析有机结合，达到了一个新的高度。

总之，本书分析了近期的政策和政治，这对未来有着重要的意义。正如休·赫洛（Hugh Heclo）所说，对长期社会政策的分析是关于“跟踪棘手的问题”，通过研究社会政策和移民政策之间的联系来阐明移民的社会权利。因为社会和移民立法在不断变化，今天的政策可能会很快过时。即使有新发展，本研究也不会落伍，因为它着眼于未来几十年，涵盖政策形成的关键时期并能帮助我们理解今日政策和政治的重新定位，也揭示了整个国家现行政策变化的根源。

本书对未来有着重大的影响，因为涉及移民权利和融合的问题在目前的政治议程中是亟待解决的问题。这意味着，现在是时候转移研究重心了。我们应当关注福利国家对移民的影响，而不是一味研究移民和种族多样化对福利国家的影响。否则，我们很可能会忽略那些促进或阻碍移民经济、社会和政治融合的关键政策。而转移研究重心会对我们的社会和政治的功能研究有重大的影响，同时可以促进民族和种族向着多样化的方向发展。

第一部分　比较视角下的移民社会权利

第二章　第一部分介绍

在比较视角下的移民社会权利问题是本书第一部分关注的重点，针对这一研究的分析主要有三组问题：第一组问题是移民在不同福利国家获得的利益有何异同？不同福利如何影响移民融入社会？第二组问题主要涉及随着时间的推移与政策方向的改变，移民的权利是如何变化的。这涉及移民是否正式融入福利国家，过去数十年福利国家紧缩和重组对移民权利产生的影响，以及限制新移民获得福利的努力。各国在权利扩展或权利收缩方面是否有普遍趋势？第三组问题提出假设，即合法的外来居民和公民的社会权利是否有差别？为了回答这个问题，我们必须同时探讨正式权利和实质权利。

这个曾用来分析移民社会权利的框架是建立在比较福利国家研究以及有关国际移民与移民权利文献所产生的视角和理论基础之上的。第一部分的研究通过构建社会政策模型和福利国家类型的类型学，在不同国家建立了重要社会规则变更的理论（Titmuss，1974；Korpi，1980；Esping-Andersen，1990，1999；Leibfried，1992；Castles and Mitchell，1993，Ferrera，1996；Korpi and Palme，1998；Goodin et al.，1999；Scharpf and Schmidt，2000；Huber and Stephens，2001；Arts and Gelissen，2010）。笔者的分析框架中主要包含关于福利国家的类型对移民社会权利影响的论点。同样重要的是，如果只从社会政策的角度来审查，那么对移民的社会权利的分析仍将是不完整的。为了更好地理解移民的社会权利，我们还需要分析移民或“入境类别”的形式以及公司制度的类型的影响。

福利国家体制

在所有比较视角对福利国家的分析中，最有影响力的贡献之一是哥斯塔·埃斯平-安德森的《福利制度类型学》（1990），并且这一类型学可被看作研究起点。四个主要维度可用来支撑他的类型学：第一维度即去商品化中的变化，指在独立于市场之外，而享有可接受的生活标准的能力（p. 37）。这一概念是衡量社会权利质量的尺度。第二维度的变化是对社会政策分层的影响。第三维度是国家、市场和家庭在社会供给中的关系。第四维度是福利国家和就业结构间的互动。通过这些维度，他构造了三种类型，即自由主义体制、保守社团主义体制和社会民主主义体制。

埃斯平-安德森的类型学指出了重要的福利国家差异，但对于它与移民的社会权利的相关性尚不清楚。然而类型学中关于变化的几个维度引发了有趣的实证研究问题。移民和公民社会权利的去商品化程度是否一样呢？国家体制是否对移民和公民产生了相同的分层效果？换言之，对移民社会权利的研究为类型学的稳定性提供了一个额外的测试。

一项重要的对类型学的批判是，它将“解释”（explanans）和“结果”（explananda）两个词合并起来（Korpi and Palme，1998：665－666）。去商品化和分层效果都是“结果”，而国家、市场与家庭之间的关系变化用来解释不同去商品化和分层效果的体制特征。为解决这个问题，笔者把体制属性和这些结果区分开来。

体制属性和移民的社会权利

对体制属性的关注为研究体制类型对移民社会权利的影响提供了新的分析视角。表 2.1 以示意图的形式列出了每一种体制的主要属性。需要强调的是，三种体制是理想型的，并且是对现实的简化，但它们能体现出至关重要的差异。几种体制属性能促进包容或者排斥，对移民的社会权利也会产生不同的影响。

表 2.1 三种福利国家体制

体制属性	自由主义	保守社团主义	社会民主主义
权利基础	需求	就业	公民身份/住宅
主要受益者	贫困人群	工薪阶层	所有公民与居住者

续　表

体制属性	自由主义	保守社团主义	社会民主主义
利益结构	固定利率	收入相关	统一费用/收入相关
组成结构	税收	贡献	税收/贡献
依靠资源	国家/市场	工薪阶层/雇主/国家	家庭/国家
关怀和社会服务	家庭/市场	家庭/中介组织	家庭/国家
目标	反贫困	维持收入	社会公平/维持收入

资料来源：沙普夫和施密特（Scharpf and Schmidt，2000：11）。

权利基础

在福利国家的相关著作中讨论的三点基础或者说原则是需求、就业和国籍，而且这些原则是基于不同的“应得权”概念。需求原则假设为了维护人的尊严，个人有权享受最低限度的社会福利，并且社会福利为这些缺少充足资源的人提供了一张安全网。就业原则强调就业是一项对社会的重要贡献，这一原则保护个人的收入免受损失，以此作为对个人从事商品和服务生产的奖励。公民身份的原则强调公民拥有可以令人接受的社会生活水平的权利。

在大多数国家中，社会供给并不基于一个单纯的公开原则。相反，决策者常常结合以上三个原则，使得每一个国家都有自己特别的组合。然而在这种类型学中，每一种体制都与权利原则相联系，因为它在社会供给中发挥着比其他两种体制更大的作用。自由体制突出了基于需求的权利，保守主义突出了基于就业的权利，而社会民主主义突出了基于公民身份或居住的权利。

这三种权利的基础对社会权利和移民有不同的影响。基于需求的权利原则上要包容许多新移民，因为新移民作为新人，在进入该国的前几年里往往缺少资源并且容易受到贫困的影响。在塑造需求原则的包容性和排斥性中，有两个变量十分重要，它们会影响移民和公民的权利。第一个变量涉及提供利益需求的广泛性或特殊性。这里的区别主要在于向所有资源不足以达到最低标准的人提供福利的一般援助计划和针对特定群体（例如，需要帮助的残疾人或需要帮助的儿童）的分类方案。第二个变量考虑的就是家计调查（means test，又称经济情况调查或资产调查等）是如何建构的：是将福利限制在穷人身上的穷困测试，还是将富人排除在外的富裕测试（Eardley et al.，1996a：2－3）。

以工作为权利的基础似乎与劳动力流动恰好吻合。外国工人通常能在与作为公民的工人相同的条件下几乎可以立即获得福利，而且有几项福利是可以输出的。对于移民来说，最大的不利在于这种权利的基础涉及严格的工作测试，比如终身收入和全职就业。更不用说像最低工资或工时这些严格的考核，都会产生排斥性的效果。这一原则的另一缺点是，它排除了那些没有工作的人，也往往排除了那些就业不稳定的人。

最后，基于公民身份的权利似乎是对移民社会权利的直接否定，因为移民通常在新居住地往往是非公民。然而在很多情况下，赋予公民的权利已扩大到永久定居者，因此一般也包括移民。但是定居对移民社会权利至少会造成三种障碍：第一，如果权利取决于定居的时间长短，那么移民在满足居住标准之前将被取消享受福利的资格。第二，如果永久居住证明是社会福利的关键，那么在满足许可要求方面的轻松或困难都会产生包容性或排他性效果。第三，定居标准会阻碍福利的可输出性；居住地居住标准的改变会对居民的应享权利造成影响。

主要受益人

权利的基础内容确定谁是受益人。当需求原则是主要原则，主要受益者范围由贫困人群和富裕程度较低的人群组成，并且它的范围比居住在社会民主体制或者在保守社团主义体制下的工人家庭小得多。

福利建设

福利的建设对分配结果会有不同影响。自由主义体制的典型特点是固定利率福利，它要求所有接受者享有平等的福利，并具有一样的效果。移民和其他人得到的福利是一样的。在保守社团主义体制下，转移支付主要是与收入相关的福利。它们反映了收入，并使收入不平等现象持续存在；收入越高，受益金额就越高。这一福利建设倾向往往不利于那些收入普遍低于公民工人的移民。社会民主主义体制将固定利率福利和与收入相关的福利结合起来。直觉上，固定利率福利和与收入相关的福利的结合似乎比固定利率福利的均衡效应更弱，因为它包含了不平等的福利。然而经过更仔细的观察，这种结合确实有重要的均衡效果，因为固定利率福利本身往往会缺失这种效应。与收入相关的福利减少了受益人口与就业人口之间的不平等，如果受益人只能获得固定费率福利，收入差距就会拉大（Korpi and Palme，1998）。两种福利方式的结合意味着移民享受同样的固定利率福利，这提供了一个基本的收入底线。如果他们也享受与收入相关的福利，他们享受到的福利也许会比那些非移民更低，但他们的基本收入已经得到了补充。一般来说，他们比只享受固定利率福利或与收入相关福利的人生活得更好。

资金类型

资金类型同样作为一种包含性或排除性的机制原理，税收往往更具有包容性。福利很少取决于一般税收的支付，而建立在捐款基础上的福利，或者用美国的说法叫作社会保障税，仅限于有足够捐款数量记录的人。在通过捐款提供资金的同时，常常伴随着公平的原则，个人获得的福利应与其贡献相当。换言之，缴付较多供款及/或缴款记录较长的人士，可获得较高的福利。会费上限对收入低于限额的群体不利；他们缴纳的会费占收入的比例要高于最高限额以上的收入者。所有这些特征都很容易使移民处于不利地位，而通过一般收入提供资金往往比捐款更少地阻碍移民的融入。

在自由主义体制下，税收在为社会提供资金方面的优势体现在家计调查项目和非缴费福利的范围等方面，这些福利在不同的自由主义福利国家差别很大。一般税收为家计调查的福利提供资金，但英国和美国都有广泛的保险计划，由捐款提供资金。保守社团主义体制因对福利资金的严重依赖而引人注目，但一个重要的变化是工人和雇主各自缴纳的份额。在社会民主体制中，尽管有雄心勃勃的社会保险计划，但被保险人的捐款在社会供应资金方面所起的作用往往较小，特别是在瑞典和丹麦。适当的缴费要求提高了移民的包容性。

资金来源

在自由主义体制下，对私人解决方案的偏好会对资金来源产生影响。市场通过职业性或者雇主自主的福利计划以及个人储蓄计划来发挥其作用，同时实行减税计划予以支持。在保守社团主义体制的国家，两个主要的资金来源是挣钱者和雇主，国家资金限于公共援助、社会服务和家庭福利。国家是社会民主体制的主要资金来源。资金来源对移民的社会权利有影响，而资金来源在自由主义体制中尤为重要，因为私人福利安排往往会限制移民获得福利和服务。获得职业福利计划的机会一般反映了工作等级制度，奖励长期服务人员和中上层人员。私人计划承担了大量的手段，这些计划提供的税收优惠有利于高收入阶层的个人。这些特征往往排除了许多移民，以及其他从事低收入和兼职工作的人。

照顾和社会服务

虽然家庭在所有三种体制中都是照顾的主要来源，但社会福利和服务提供者的类型对家庭照顾任务有影响。在自由主义体制下，市场作为服务提供者的重要性对移民的社会权利有两大影响：移民通常在没有社会福利的非正规部门从事照顾工作；与此同时，市场服务往往标价很高，而且可能是负担不起的选择，因此依赖于家庭和族裔网络与组织。在保守社团主义体制中，辅助性原则决定了国家提供有限的服务。这一原则认为，只有在家庭或公民社会用尽其提供福利的可能性时，国家才应进行干预。国家参与资助，但服务由中介团体提供，这可以使移民获得不同的服务，但也为移民和族裔组织的参与铺平道路。社会民主主义体制的核心是由地方和区域政府向所有居民提供资助的服务，促进了移民获得服务。

主要目标

这三种福利体制的总体政策目标也不同。①自由主义体制的政策设计主要是为了减轻贫困。从某种程度上来说，在移民容易陷入贫困的情况下，这一政策目标应能减轻他们的经济困难。保守社团主义体制的政策重视维持收入或维持工人及其家庭的生活水平，尽管会造成收入损失。这一政策目标的重点是挣钱的人，特别是男性养家糊口者。只要移民是挣钱的人，政府的主要政策目标就包括他们。在劳动力市场之外，他们和其他无薪就业的人一样被边缘化。社会民主主义体制的独特政策目标一直是平均主义的再分配，而这一目标应该有利于移民。然而应该强调的是，每一种体制类型的目标实现和移民的纳入都是实证问题，将在后面的章节展开时予以阐述。

准入类别

从理论上探讨福利体制属性对移民社会权利的影响，为我们提供了一种新的视角，也提供了一根实质性的杠杆。然而为了分析移民的处境，福利体制类型学需要得到补充（Sainsbury and Songur, 2001; Songur, 2002）。国际移民研究人员提供了两个必要的补充。第一个是移民的形式，特别是与各种移民表格有关的“准入类别”（Morris, 2002: 19; Geddes, 2003）。这些类别包括影响移民获得社会福利的具体权利和限制。这里分析的最重要的入境类别是劳工迁徙者、难民和寻求庇护者、家庭成员、族裔“公

① 应当强调的是，同权利基础一样，体制目标是一个重点问题。这一政策的一个主要缺陷是，它将注意力集中在每一种制度的单一目标上，而这些目标可能并不相互排斥。在消除贫困方面，维持生活水平和公平分配可能比专为减轻贫穷而制定的措施更为有效。

民”或同族裔移民、殖民者和前殖民者以及无证件移民。对欧洲国家来说，日益重要的两个入境类别是：（1）欧洲联盟（EU）成员国的公民；（2）居住在欧盟内的非欧盟国民，即所谓的第三国国民。

为了说明准入类别的重要性，我们可以以具有公约地位的难民为例。1951 年通过的《联合国关于难民地位的公约》规定，有义务在公共援助和社会保障福利方面给予难民与国民同样的待遇（第 23 条、24 条）。民族“公民”是指与定居国公民具有相同民族血统的移民；这类人同前殖民地移民一样，过去常常享有公民或接近公民的地位。作为欧盟公民的移民逐渐获得了权利，接近并在某些情况下超越了同族裔移民和前殖民地移民的权利。另一个极端是，寻求庇护者和无证件移民要求享有的权利最少。

换句话说，入境类别对移民的社会权利进行了分层，但分层的模式与福利国家体制类型学中概念上的分层效果有很大的不同，而且有可能跨越不同的体制类型。

纳 入 制 度

另一个必要的补充是移民政策体制的概念（Baldwin-Edwards，1991；Faist，1995a），或者说是管理和促进移民融入或排斥的社会纳入制度（Soysal，1994）。“移民政策制度”和“纳入制度”这两个术语的使用是类似的，而且常常是可以互换的，然而移民政策体制的想法是存在问题的。作为一个术语，它突出了移民政策；作为一个概念，它包括移民政策，其焦点是登记，涉及限制和控制以及定居政策。换言之，它综合了托马斯·哈马尔（Tomas Hammar，1985：8－10）在移民政策和移民政策之间的有益区分。此外，奉行包容性移民政策的国家不一定拥有开放和慷慨的移民政策。例如，澳大利亚和加拿大经常被视为拥有强大多元文化政策的国家，但与此同时，这两个国家都采用了一种精心设计的积分制度，将许多移民，尤其是贫困和未受教育的移民排除在外。同时，实行扩张性移民政策和限制性移民政策，使一个国家的移民政策制度的分类变得复杂化。

由于笔者关注的是影响移民抵达美国后的政策，而不是移民政策本身[①]，因而笔者选择使用“纳入制度”一词。更准确地说，纳入制度由一些规则和规范组成，它们规范着移民成为公民，获得永久居留权，参与经济、文化和政治生活的可能性（Sainsbury，2006）。本分析所采用的社团体制的主要政策范畴表述如下：

—— 公民身份的获得；

—— 居住和工作准入系统；

—— 家庭重组；

—— 对新移民的特殊接收措施以及安居计划；

—— 对国籍、人种、种族或移民地位的尊重的反歧视法；

—— 允许或限制非公民参与的权利。

这些政策维度以各种方式冲击着移民的社会权利。在历史上，许多国家的纳入制度要求新来的人有足够的手段养活自己和家庭，这是他们留在该国的条件。成为贫民或被指控犯有公共罪一直是被驱逐出境的理由。经济自给自足和不利用公共援助或其他福利是给予家庭团聚、永久居留地位以及在若干国家成为公民的条件。正如我们将看到的，许可证制度是管制移民的社会权利和具体入境类别权利的工具。针对新移民的安置计划可以提供社会福利，也会影响他们未来的权益。移民安置方案和融入措施会对移民的社会权利产生负面影响，或成为一种排斥机制，这是违反常识的。但是新移民在接受方案方面的社会权利往往是与主流社会提供的条件相分离的，融合的证明日益与颁发永久居留证和归化联系在一起。反歧视立法可以通过禁止在劳动力市场、家庭、教育以及更广泛的公共和私人服务上的不平等待遇来加强他们的社会权利。

笔者没有根据理想类型或国家模型对纳入制度进行分类，这造成了几个缺陷（Freeman，2004）。笔者用连续的包容性与排斥性来评估政策的维

---

① 正如移民和移民政策的区别所表明的那样，由于两种政策之间有所重叠，因而它们并不总是能够被区分开。例如，家庭团聚政策和居住证及工作证制度都涉及这两种政策。此外，一旦移民进入美国，入境政策可能会影响他们的权利，定居政策可能会要求限制一般或特定入境类别的入境（Tichenor，2002：35）。同样，关于移民的话语也会影响关于移民政策的话语（Morkenstam，2010）。

度，主要关心的是，政策是如何包容并且涉及哪些人群，哪些人群又通过控制和限制被排除在外。通过这些方面的分析政策维度，笔者能确定一个国家体制的包容度和排外度以及随时间的变化情况。与相似的分析模型相比，这一概念化的纳入政策有若干优点。一些学者高度重视公民身份的获得以作为笔者所说的纳入政策的基本组成部分（Castles and Miller，1993：39，223－228；Baldwin-Edwards 和 Schain，1994：11 － 12；Williams，1995）。他们对于国家和公民概念有着显著的区分，这种区分是建立在包容和排斥两种不同态度的基础上的。然而一个缺点是关注公民身份获得的原则，那些在国外出生的人，归化原则对公民的接收具有决定性作用。一个关键的区别是，入籍是否作为一种建立在特殊要求或听凭国家处置获得满足的权利。在这种差异的基础上，罗杰斯·布鲁贝克（Rogers Brubaker）区分了正确的模型（as-of-right model）和自然化的自由裁量模型（the discretionary model of naturalization）（1989：109）。这一区别也可被充分应用于居住和工作许可制度。正确的模型用于包容方向，而自然化的自由裁量模型则倾向于排外性。

鲁德·库普曼斯（Ruud Koopmans）和保罗·斯泰瑟姆（Paul Statham）在公民制度文献的基础上提出了一个基于公民身份的两个维度框架——政治社区的基础和文化权利的范围——他们开发了一些移民权利的实证指标（Koopmans et al.，2005）。值得注意的是，他们的分析没有涉及移民的社会权利，他们认为这些权利在各国基本上是不变的（p. 31）；他们只讨论利用社会福利作为入籍的障碍。他们也不涉及居留和工作许可制度。在很大程度上，他们的框架集中在权利上（社会权利除外），掩盖了控制和限制。对权利的关注也对他们关于各国公民制度改革方向的结论有重大影响（pp. 72－73）。

菲奥娜·威廉姆斯（Fiona Williams，1995）指出，早期模型的一个主要困难是它们涉及国籍的获得这一单一的政策维度，并且没能充分考虑涉及移民包容的其他中心政策。若干政策维度的包容性避免了这一缺点。与库普曼斯和他的同事设计的框架不同，笔者的框架既注重权利，也注重限制。在评估移民权利的变化时，将两者纳入考虑范围，可以更好地发挥杠杆作用。

与之前的研究相比，笔者的框架的三个部分在分析移民的社会权利方面提供了更有力的处理手段，因为这一框架要求同时审查福利国家制度、入境形式和在塑造移民社会权利方面的纳入制度。该框架还为研究社会政策和移民政策之间的相互作用开辟了道路。最后，它使我们能够研究福利制度与包容性体制之间的动态关系——无论这种相互作用是以相互冲突的逻辑还是以相互补充的逻辑为特征，以及制度动态在模式包容和排斥方面的影响。

该方法的另一个优点是，它不假定特定的福利国家体制与特定类型的纳入制度相关联。事实上，国家的选择探讨了相反的可能性。这种方法在概念上也没有将福利国家体制与纳入制度混为一谈。

国家的挑选

本研究中六个国家的选择是基于理论考虑以及移民和族裔群体微观数据的可用性，以分析他们的社会权利。具有重要理论意义的是，这些国家代表不同的福利体制和纳入制度。本研究为每一种福利体制选择了两个国家作为代表：美国和英国代表自由主义体制，法国和德国代表保守社团主义体制，瑞典和丹麦代表社会民主主义体制。在每种福利制度中，本书选择了代表不同纳入制度的国家（见表2.2）。

表2.2　根据国家分类的福利体制和包容制度

国　家	福利体制	包容制度
美　国	自由主义	包容性
英　国	自由主义	限制性
法　国	保守社团主义	包容性
德　国	保守社团主义	限制性
瑞　典	社会民主主义	包容性
丹　麦	社会民主主义	限制性

对这些国家的选择提出了两个有趣的问题和重要的警告。第一个问题是，在每一组中的两个国家是否代表着相同的福利制度？许多研究人员可能会毫不费力地接受瑞典、德国和美国作为三种政体类型的范例，但有些人可能会对丹麦、法国和英国的选择犹豫不决。事实上，代表同一福利制度的国家之间存在许多社会政策上的差异。然而类型学的重点在于识别不同政体类型之间的关键差异，笔者的实证分析阐明了代表每种类型福利制度的两国之间的社会政策差异，以及这些差异对移民社会权利的影响。

第二个问题是，这两个国家是否代表着不同的纳入制度。这些文献强调了德国和法国在国籍、国家地位方面的差异（如 Brubaker，1992），德国一直被视作典型的民族政体，而法国则是共和政体。同样，美国可以被归入共和政体的一个例子，而英国代表了帝国政体，现在是后殖民政体。最初，最大的疑问围绕着瑞典和丹麦，这两个国家的分类并不明显。此外，两国有类似的国籍法，部分原因是北欧的合作和为法律协调所做的努力。然而正如我们将看到的，在过去 20 年中，它们的纳入制度在很大程度上朝着相反的方向发展。综上所述，笔者选择国家主要是基于理论考虑和文献中已有的分类，实证分析揭示了这些分类的优点和不足。

比较策略

本书的比较策略最初是基于福利制度类型组织的成对比较，最终将比较分析扩展到包括以上所有六个国家。这一策略源于本书的一个核心关注点：理解福利国家差异对移民社会权利的重要性。它的前提是，新来者或移民获得社会保障制度的机会取决于福利国家的类型。成对比较还揭示了代表同一类型福利国家的国家之间的社会政策差异——福利制度类型学混淆了这些差异。换句话说，成对比较最大限度地考虑了体制内部和体制之间的差异及其对移民社会权利的影响以及纳入制度的重要性，从而评估福利国家差异的可能性。

界定和说明

第一，笔者对社会权利的分析主要涉及现金转移的权利以及以抵用津贴代替实物津贴的税收优惠。这种强调有两个原因。许多现有的研究集中在获得教育、医疗和体面住房方面（如 Freeman，1979，1982；Hammar，1985；Borevi，2002，2010）。具有讽刺意味的是，人们对收入维持政策的关注要少得多。最重要的是，这些保险和援助计划形式的政策对于实现社会公民的基本组成部分，即享有被界定为适当生活水平的社会最低限度的权利至关重要。此外，这些福利有助于人们参加教育和培训项目，接受医疗服务，并获得体面的住宿。此外，适当的生活水平是自我发展和人的尊严的先决条件。

对移民的子女来说，这些福利对于消除儿童时期的经济贫困特别重要，因为这种贫困会影响他们的健康和发展，并产生持久的后果。同样值得注意的是，这种社会权利的定义不同于埃斯平-安德森（Esping-Andersen）所使用的定义，他不愿将基于收入测试的援助福利作为社会权利。

第二，笔者没有记录这六个国家的移民模式。相反，重点是关注移民和移民权利。笔者只介绍每个国家移民的大致轮廓。原因是，笔者的案例表明，移民的数量和族裔/种族构成对移民权利都不是决定性的。尽管移民的激增往往会带来对移民的限制，有时还会导致权利的收缩，但对以外国出生人口比例衡量的移民数量似乎没有什么影响。其中三个国家——美国、德国和瑞典——有相似比例的外国出生人口，但这些国家对移民社会权利的限制差别很大。新移民比例较低的国家也不一定会在移民权利问题上表现出更慷慨的立场。

第三，虽然比较福利国家的研究在很大程度上于种族和民族的维度有缺失①，但本书并没有试图弥补这一缺陷。相反，重点是研究移民和移民身份如何影响新移民的社会权利。其原因是，移民身份日益被视为区分社

① 将族裔/种族因素纳入比较福利国家分析的重要例外是 Ginsburg（1993）、Lieberman（2005）、Schierup et al.（2006）、Castles and Schierup（2010）。

会福利的合法基础（Engelen，2003），因而需要仔细分析。此外，将种族和移民身份合并起来正成为一种趋势，对移民身份的关注是将两者分开的第一步。

第四，本书关注民族国家，而对欧盟只是间接地进行分析，重点是合理考虑福利国家政策和包容制度的政策维度而给出的，比如国籍获得、许可证制度、定居政策将继续成为成员国的特权。几乎没有证据表明欧盟政策趋同（Montanari，1995；Montanari et al.，2008；Nelson，2008），并且对欧盟 27 国的融合政策的调查显示了长远多样性（Bauböck et al.，2006；Guild et al.，2009；Carmel et al.，2011；Mipex，2011）。然而欧盟正不断表现出通过协调与指令方式对成员国移民政策施加影响，成员国提出的政策也越来越多。到目前为止，欧盟一直关注移民控制和准入政策，但却较少关注种族民族、反歧视和第三世界国家人群的权利。对欧盟移民政策以及与政治有关的研究文献越来越多，因而笔者希冀对此领域产生学术贡献就显得不那么紧迫（Koslowski，1998；Guiraudon，2003；Lahav，2004；Luedtke，2006；Geddes，2008；Menz，2009；Boswell and Geddes，2011）。

第一部分概览

第一部分接下来的章节将讨论移民社会权利的拓展和收缩。下面将通过对六个国家的介绍来检验福利国家的类型，以及分类的条目与包容制度是如何影响移民的社会权利的，先看第三章的自由主义福利国家，接着看第四章的保守社团主义福利国家，最后看第五章的社会民主主义福利国家。一个核心问题是，与福利国家模式、条目类别和包容制度相关联的移民的社会权利模式在多大程度上是有特色的？

这三章概述了第二次世界大战后六个国家将移民正式纳入社会保障体系的情况、福利国家削减和重组的影响以及最终收紧的资格要求。简单地说，移民社会权利的轨迹往往遵循战后福利国家扩张与收缩的变迁。福利的增长通常使移民受益，而现有证据表明，在 20 世纪八九十年代，移民不成比例地受到福利国家危机与经济衰退的冲击。总的来说，这三章描绘了移民的正式社会权利的资产负债表，反映了改善和限制获得社会福利的相互对立的趋势。

除了正式的权利外，第六章讨论了移民相对于六个国家公民的有效或实质性的社会权利。实质性的权利体现为福利计划的实施和实际福利的获得。社会权利的质量是根据社会权利的分解程度、利益利用与需求的关系以及利益的分层效应来衡量的。通过比较这些指标，我们可以发现各国的共同点和不同点。这种比较也使我们能够评估福利制度的绩效，不仅能准确地指出优点和缺点，而且能发现新出现的问题。

第三章　自由主义福利国家与移民的社会权利

自由主义福利国家体制源于古典自由主义或放任自由主义，这种自由主义影响了该体制的定义属性。依据埃斯平-安德森（1990）的观点，这些定义都以家计调查计划和市场运作方法为根据。家计调查是为了确定有限的需求者群体，其社会保险计划提供的福利相当有限。国家鼓励市场问题的解决方案既有积极一面又有消极一面。消极的一面表现在它只提供最低限度的保障，它低于工作中的穷人的工资。通过财政上的补贴，政府积极支持私人福利组织。社会政策将人口分为贫困人口和非贫困人口，其去商品化的影响很小。

这一章的核心问题是：自由主义福利国家是怎样影响移民的社会权利的？不同的社会团体制度、不同的移民政策，有什么不同的影响？最后，移民以何种形式或是什么类型进入另一个国家，这对移民的社会权利有什么影响？为了回答这些问题，我们首先研究美国，然后研究英国。对于每一个国家，首先介绍它们的福利和纳入制度的主要特点，再呈现移民权利的演变；其次研究福利国家应对危机的政策对移民权利的影响，所以重点放在第二次世界大战后移民权利的扩大和收缩上。在讨论福利国家应对危机的政策时，将“删除”和“重组”加以区分。“删除”指的是删除目前主要导致福利国家的规模缩小的政策和项目，然而对福利国家的改革已经改变了社会供给的本质。这一章的内容包括比较两个国家福利及社会团体制度的异同，以及它们对移民社会权利的重要意义。

美国：自由主义福利体制
——包容性的纳入制度

美国一直被看作自由福利国家的典范。在美国，低保和市场补助具有重要意义。第一个主要的联邦社会保障方案——1935年的《社会安全法案》[①]，其特点是出现了分歧。其中第一层包括经济状况调查的援助项目，通常称为“福利”。第二层的政策就是社会保险计划，通俗地说就是“社会保障”。这两种层次的政策都推行了很长时间。起初助力于旧时代保险的国家计划，现已延伸到了覆盖幸存者（1939）、残障人士（1965）以及退休人员的医疗福利（1965）。类似地，第一个帮助贫困的老年人、盲人、残障人士和无人抚养的贫困孩子的政策，后来因20世纪60年代低保和医疗福利的制度、70年代食物补助的扩展以及社会服务的变迁而达成。由此可见，公共供应形成了一个分叉口，导致老年人的赡养、残障人士的扶持和医疗福利的制度通过保险与援助计划两种方式落实。需要重点关注的是，与代表保守社团主义的福利国家和社会民主主义的福利国家相反，社会保险计划没有排除低保补助。

根据家计调查的福利在美国的社会保障中占有显著地位，这体现在此类福利的支出方面以及获得这些福利的人口比例上。在20世纪90年代早期，在低保补助上的花费占收入维持计划支出的40%，这在本书所涉及的六个国家里是最多的。10年以后，百分比基本相同。同样，在2000年以后，相当大一部分人口（略低于30%）获得家计调查的福利（Saus，2011：354）。尽管有这种支出和利用模式，美国与其他国家的区别在于不向全体人口提供最低收入保障。只有应得的贫困人口，如老年人、盲人和残障人士以及儿童才有资格获得援助福利。因此，每年有许多人虽然家庭收入低于官方公布的贫困水平线，却没有收到任何现金援助款项（Saus，1985：358；1997：376；2006：360）。最终，许多低保补助政策提供了微薄

① 注：本书所引的法律文件名称系直译原著而来，为方便读者参阅，故对于简称的文件名不做增补。下文出现的文件如《国籍法》《移民法案》等均照此处理。

的福利，通常低于官方贫困线（Eardley et al., 1996b：339；GB, 2004：3－36）。援助方案的福利水平较低与更加慷慨的保险福利形成鲜明的对比，后者使受益者超过贫困线方面的效力优于家计调查计划的减贫效力（GB, 2004），增强了贫困人口与非贫困人口之间的分层。

与大多数其他富裕国家相比，美国公共供给的另一个特点是其不完整的性质，以及私人福利安排的特殊作用。最显著的是，美国缺少为全部人口提供疾病和医疗福利的国家医疗保险，也没有正式提供家庭津贴、母婴和育儿福利。许多公共服务和商品（住房）政策仅提供给有需要的贫困者。私人支出与公共福利支出的比例强调了市场解决方案的特殊范围。从比较的角度来看，这个比率确实是独一无二的，大约是1∶2，并且私人支出在战后时期的增长速度略快于公共支出。

私人福利项目主要以雇员赞助和税收优惠的形式出现，它们都强调了市场和被雇用的重要性，在医疗救助方面，这是最明显的。由于缺乏覆盖全民的公共健康保险，因而雇工寻找那些雇主愿意提供医疗福利的工作就变得十分重要。儿百万人没有医疗福利，并且这个数字自从20世纪80年代就不断上升，由大约3 000万人到2010年之前的4 800万人。除了医疗和牙科保险，雇主还有责任承担雇员的疾病、伤残和生育福利。雇主提供的福利补贴和个人储蓄账户的资金积累将成为雇员退休后生活的主要来源。此处再次强调，这项福利并没能惠及所有人，因为项目是自愿性质的。国家没有规定福利覆盖范围，但鼓励雇主提供医疗保险、养老金或其他的保障，然后规范其资金使用和管理（Hacker, 2002：35；Howard, 2007：207）。

税收优惠更强调了市场的重要性，因为它们往往要求福利的受益者有市场收入。从20世纪60年代中期到90年代中期，税收支出急剧增加了四倍，这更强调了税收的重要性。这些福利呈现出许多形式，但有三种特别重要的福利政策：（1）以税收优惠代替现金转移；（2）对于低收入者的税收抵免；（3）通过退税或者减税来鼓励私人供给。

以上三条在美国都很普遍，税收福利经常代替货币流通或者是服务的支付。对于儿童相当慷慨的税收免除补偿了儿童津贴的缺失。1997年，

“儿童税收抵免”对中产及中产以上家庭的儿童都适用。同样地，对于儿童医疗的税收减免在20世纪70年代中期转变成不可退还的税收抵免，并且这种转变消除了他们家庭收入的上限，所以覆盖了所有收入层次的父母。在受益者和支出方面增长最快的计划之一是1975年推出的针对低收入家庭的所得税抵免（EITC）。它在1975年产生（现为EIC），被广泛誉为美国最大的反贫困计划。然而极少的税收优惠是给贫穷或者接近贫穷的家庭，它们已经构成了所有税收支出的一个小派别（Howard，1997：32；2007：41，43，85，98－100）。最大的税收支出代替了由雇主提供的私人福利，因此他推动了私人供给，在20世纪90年代末，允许扣除雇主资助的医疗保险和雇主养老金的税收优惠政策总计近2 000亿美元，大致相当于为老年人提供医疗福利的社会保障计划“老年医保”（Hacker，2002：11）所花费的金额。较小的税收优惠激励雇主提供儿童保育或者雇用弱势群体，或者激励房地产商为低收入个体或者家庭建造可居住的房屋。

严重依赖私人福利项目会产生重要的分配后果，因为这些项目的供应是自愿的，私人福利的供应加剧了公共供给品的缺失。例如，对于提供各种福利的雇主来说，多少年来税收支出的不断增长并没有和覆盖面的膨胀相匹配。相反的是，从20世纪70年代起，覆盖率就徘徊在50%左右。更糟糕的是，低收入群体获得雇主赞助的各种福利的可能性要小得多。根据覆盖面和福利层次，雇主的福利计划更倾向于高收入雇员。换句话说，私人福利项目通常复制了职业奖励的等级制度（Hacker，2002：36－39；GB，2004：3－13）。

税收优惠在许多方面更利于高收入人群。最基本的原因是，低收入人群太穷了，所以不能更好地利用税收减免。例如，对慈善事业贡献上的减免或者家庭抵押，通常情况下，低收入或中等收入的人只获得一小部分税收优惠，而收入在5万美元至10万美元之间的纳税人则占税收减免总额的一半左右。因为福利减免的资金数额略低于家计调查的福利支出，所以由传统的反贫困项目实现的再分配大部分已被取消（Howard，2007：205－206）。

包容性的纳入制度

美国是一个依靠移民发展起来的国家，它鼓励移民永久性地定居，视移民为国家的补充性新成员。纳入制度可以被归类为强调国家是一个政治共同体而非族群共同体的共和政体。公民身份是以出生地为基础的。据此，出生在美国的孩子们并不用考虑他们父母的国籍，移民的身份这样就被确立了，他们归入美国国籍就是这样的简单。历史上，移民在美国的入籍率非常高。

移民定居的解决办法是自由放任、权力下放和碎片化的，几乎完全依靠移民自己、他们的家庭和族群共同体组织的努力（Fix and Zimmermann，1994：251）。由于联邦政府极少参与，除了援助难民外，许多责任已移交给州和地方一级政府，因而导致全国移民政策出现相当大的差异。

此外，美国一直是在反歧视方面立法的先驱，1964 年出台的《民权法案》禁止基于种族、族群、性别的歧视。在 20 世纪 80 年代中期，反歧视扩展到移民身份。1965 年，《选举权法》也推动了少数族群参加选举。随着这些新的种族群体获得参与政策进程和担任政治职务的机会，人们猜测，通过对多元文化价值的日益认识，文化融合体制正朝着多元文化体制转变。

同时，自 1965 年国会通过了《移民法案》，使美国重新成为移民政策宽松的国家以来，亚洲和拉美国家产生了新一拨的移民浪潮；家庭移民也日显重要。从 20 世纪 90 年代末到 21 世纪初，新移民的数量不断增加，每年有 75 万到 100 万的合法移民进入美国（Schuck and Munz，1998：viii；Saus，2011：46），加上美国漫长而容易穿过的边境线也为无证件移民进入国境创造了条件。无证件移民的数量不断增长被视为一个棘手的问题，它削减了政府对合法移民和普通移民的支持。总的来说，包括永久移民在内的大多数移民的主要种类是劳动移民、难民、政治避难、家庭移民和无证件移民。

移民社会权利的演变

移民要获得像其他人口一样的社会保障福利，取决于他们的劳动、就业和纳税情况。最初，1935 年的《社会保障法案》提出的保险计划只覆盖了制造业和商业贸易的工作者，后来该计划扩大到农业、家政服务、个体工作、公共部门和非营利组织。移民中的一些群体受雇于后来被覆盖的这些部门，这些人通常是小店店主或者其他小的生意人、农场工人和家政工作者。

通向社会保障福利的道路

如果移民获得了社会保障退休福利的话，他们的福利也会少于本土美国人（Parrott et al.，1998：19）。他们面临的主要困难是工作年限和多年的无收入待遇。随着社会保障体系的成熟，政府将对工作年限的要求提高到35年，这是对在中年或更晚时期进入美国的移民的不利因素。对新移民来说，更为不利的是，在计算福利时考虑进了零收入的年份，从而减少了福利。在20世纪90年代末，其他族裔和种族群体的平均无收入年数远远高于白人和非裔美国工人。尽管社会保障退休福利被描述成普遍的，但大约8%的老年白人、12%的老年非裔美国人和更大比例的西班牙裔人没有社会保险福利（Hendley and Bilimoria，1999：62）。公民和非公民在享受医疗保险方面也存在着很大的差距。在20世纪90年代末，只有80%的非公民老年人享有医疗保险，而在本国出生的公民中，这一比例为99.2%；65岁以上的非公民中，超过15%的人根本没有医疗保险（CPR，2002：11）。

社会对残障人士的福利保障也涉及工作年限，在过去10年中，老员工的工作年限为5年，然而这一时期要求年轻工作者的工作年限则更短。政策分析人员在研究受益人的组成后得出结论，对残障人士的社会保障福利只为少数人服务。如果考察残障人士的接受率，就会出现不同的情况。与白人残障人士相比，获得社会保障福利的非裔美国人和西班牙裔残障人士比例更小（SAUS，2011：362）。

不论福利的种类如何，非裔美国人和拉丁裔美国人的平均社会保险福利始终低于白人的福利（SSB，1995：211－212；2007：5.1－5.24；6.5－6.6）。同样，与白人相比，领取社会保险福利的非裔美国人和西班牙裔男女的贫困率更高（Hendley and Bilimoria，1999：61－62）。虽然如此，这项福利却更偏向于低收入人群，所以这更有利于少数族群和外国出生的受益者（Parrott et al., 1998; Martin, 2007）。

通往私人福利和税收福利的道路

许多移民和少数族裔很难获得雇主提供的福利，医疗保险的覆盖面就提供了一个有说服力的例子。尽管移民的劳动力市场参与率很高，但与美国公民相比，移民没有医疗保险的比例要大得多。在 20 世纪 90 年代末，56.3%的合法永久居民没有医疗保险，而美国公民中这一比例为 31.6%（Fix and Passel, 2002：192）。与白人工人相比，新移民和少数族裔获得雇主资助的退休福利的可能性也更小。这种差距很可能会继续下去，因为自 20 世纪 70 年代以来，医疗保险的覆盖面有所下降，而少数族裔的医疗保险下降的幅度更大（Hendley and Bilimoria, 1999：60－61）。

移民似乎也没有像公民那样享受同等规模的税收优惠，尤其是劳动所得税收抵免——美国最重要的反贫困计划。在 21 世纪初，接受所得税抵免的移民家庭相对较少，约为 15%，而在本土出生的家庭中，这一比例接近 60%（Gelatt and Fix, 2007：78）。与此同时，考虑到移民在劳动力市场上的高参与率和低工资，他们在贫困劳动人口中所占比例很大。利用税收优惠是一个复杂的过程，往往需要税收专业知识，这可能成为新来者申请税收抵免的障碍。

通往福利的道路

移民较少获得社会保障和私人福利甚至低等级的福利，福利的等级往往对移民的福祉至关重要。然而从历史上看，移民获得“福利”的机会受到了限制。1882 年的《移民法案》禁止“可能成为受政府救济者”入境，这些人于 1891 年被驱逐出境（Tienda and Liang, 1994：332）。本着这种精神，长期以来在地方和州政府的责任中，对穷人的救济以及公共援助经常禁止外国人获得福利。即使新政推出了第一个联邦援助计划，它们也保留了贫困救济的传统特征。它们由当地管理，资格标准也很严格。因此，新政对移民在福利层面的社会权利几乎没有产生影响。

相反，移民在20世纪70年代早期获得了“福利”，当时最高法院裁定，各州政府不能拒绝向合法居留的外国人提供福利。因此，国家援助计划取消了对非公民资格的限制。国会于1972年采用《补充保障收入计划》（SSI），即将老年人、盲人和残障人士的福利计划转变为国家福利计划后，移民就有资格获得福利（Parrott et al.，1998：4，28）。该立法还为福利层面的其他福利铺平了道路，因为SSI受益人也有资格参加食品券和医疗补助等计划。

20世纪80年代，移民享有的社会权利不断被扩大，但同时也引入了限制措施。法院的决定支撑着移民权利的扩张。1982年，最高法院推翻了得克萨斯州的一项拒绝向无证件移民的子女提供免费的公共教育的法令。下级法院的一项裁决还扩大了非公民在SSI计划中的资格，规定移民当局许可的非公民有资格享受福利（Parrott et al.，1998：6）。国会于1986年发布了一份关于未来十年趋势的强制性书面声明，要求所有申请人及家庭援助福利、联邦福利计划的申请者与接受者都具有公民身份或外侨身份（Fix and Passel，1994；SSB，1995：121）。

准入类别和社会权利

难民的社会权利体现了入境类别的重要性。难民的社会权利遵循了不同的轨迹，最初是在临时的基础上，作为来自动荡国家的难民获得了重新安置援助。第一个主要的联邦方案在20世纪60年代初主要向古巴难民提供现金、医疗和教育援助。下一个援助难民的大规模的冒险行动是1975年颁布了《印度支那移民和难民援助法》。该法于1980年将难民的国内安置援助完全制度化（Tienda and Liang，1994：337－338）；该法还将难民定义改为符合《日内瓦难民公约》（Borjas，1990：33）。与其他获得福利待遇的移民不同，他们需要表现出明显的需求并满足其他资格要求，1980年的《难民法》将援助扩大到所有难民类别的人（Tienda and Liang，1994：337－338）。在福利国家和社会政策文献中没有注意到的是，一个新类别几乎不可察觉地被添加到值得公共援助的类别中——难民在进入美国后立即成为唯一有资格获得福利的主要移民群体。总而言之，美国政策的特点是对政治移民和其他移民福利待遇的差别很大，即使国会在 20 世纪 90 年代中期严格限制移民的社会福利之后，这种分化仍在继续。

在新移民利用福利金的报道后，移民在美国获得福利的入境类别被进一步区分。1980 年的一项法律加强了赞助者（担保人）的财务义务，在赞助移民有资格获得福利待遇之前，这通常相当于 3 年居住要求（Parrott et al., 1998：5－6）。最后，美国于 1986 年颁布的合法化指令将在 5 年内禁止移民的家计调查的福利合法化，而那些已享受任何形式的福利的人都不能成为合法移民（Tienda and Liang, 1994：339）。移民社会权利分层的增加反映了 20 世纪 90 年代的一个主要趋势。

福利国家的紧缩政策

20 世纪 80 年代初期和 90 年代中期，美国都出现了大规模的移民政策紧缩。在这两个时期，政府在福利层面削减的幅度都大于社会保障福利。在 20 世纪 90 年代，改革的重点是福利等级的主要项目之一——援助受抚养子女的家庭（Aid to Families with Dependent Children, AFDC）。1996 年的《福利法案》终止了针对单亲母亲的联邦福利计划，将向家庭提供援助的责任转移到各州以及限制家庭援助的期限。移民的社会权利与改变福利的努力密不可分，1996 年的《福利法案》削减了接受移民的人数，包括公民和非公民。

“福利改革”和移民的社会权利

1996 年，国会通过了《个人责任与工作机会和解法案》（*Personal Responsibility and Work Opportunity Reconciliation Act*, PRWORA）。这一举动在几个重要方面改变了移民的社会福利。《个人责任与工作机会和解法案》规定，拥有公民身份是获取资格的条件，用以区分公民与非公民的社会权利。它还通过区分合格的外国人和不合格的外国人，为合法永久居民提供新的资格要求，以获得联邦家计调查的福利。符合条件的外国人包括前 5 年期间的难民、符合条件居住 7 年的难民、曾在美国军队服役的非公民以及缴纳 10 年社会保障税的移民。

PRWORA 的另一种主要划分在于，哪些移民须满足更严格的公民资格规定，哪些移民是完全可以享受联邦福利的已入籍的公民。同时，它对颁布前和颁布后产生的移民还存在进一步的划分，因而最近进入该国的移民在头 5 年里会被禁止获得许多福利（Fix and Passel，2002）。

PRWORA 的另一个特点是将责任转移到各州。首先，它赋予各州有权决定合法移民在联邦州和州福利计划中的资格。实际上，国会推翻了 1971 年最高法院禁止各州歧视合法的永久居民的裁决。其次，它赋予各州确立自己的计划以取代联邦福利的可能性（Fix and Passel，2002）。该项规定导致了非公民社会权利的分散，因为一些州决定给予移民资格并实施自己的计划，而其他州则没有。各州的不同决定也导致了法案颁布前和颁布之后移民在社会权利方面的差距。有几个州情愿扩大符合先前制定的规则的移民资格，但它们对立法后移民的权利犹豫不决。移民社会权利拼凑的质量问题进一步凸显，因为各州引入了自己的居住要求和法律，要求移民申请公民身份才有资格获得福利（Pavetti，2001）。

1996 年的《福利法案》的最后一个方面是加强核查程序和报告要求，以确定公民身份或合法移民身份以及申请福利时的入境日期。这一做法建立在 20 世纪 80 年代中期的先例之上，并且在 21 世纪初通过的立法中继续存在。2004 年的《社会保障法》取消了在没有有效社会保障的情况下获得社会保障福利的可能性，即使非公民符合保险要求，例如支付社会保障税，也无法获得福利。同样，2005 年收紧了公民身份和合法移民身份以获得医疗补助的规定（SSB，2007）。

除了 PRWORA 引入的限制，1996 年的《福利法案》也强化了赞助者的义务。该法案引入了一项收入要求：赞助者的收入必须超过联邦贫困线的 125%。通过认定，在确定移民是否有资格获得福利时，将考虑赞助者的收入，这几乎总能确保取消资格。赞助者还必须签署一份宣誓书，承诺支持移民，直到他/她成为公民或已经工作了 40 个季度为止。在此期间，保荐人仍有责任偿还任何向移民提供福利的公共机构的费用，并且支持宣誓书在法律上可以强制执行（Fix and Passel，2002）。总的来说，《福利法案》和《移民法案》共同扩大了赞助范围，并在持续时间、计划范围和移民数量方面有所作为（GB，2004：J－18）。

1996年的《福利法案》的影响

1996年的《福利法案》在短期和长期内对移民的社会福利产生了影响。在短期内，最严重的后果之一是食品券的丢失。PRWORA将受援非公民家庭的数量减少了一半，影响了大约100万参与者，而1998年的修正案改善了非公民资格，恢复了之前受益人的四分之一。即使2002年的资格变化以及随后将食品券回归到以前的水平，在21世纪初接受食品券的非公民家庭的数量仍然低于PRWORA之前的水平（USDA，1999，2003，2007；Fix and Passel，2002：182）。同样严重的是对移民医疗福利的负面影响。尽管近年来由于优先考虑增加儿童的覆盖率而使得医疗补助范围扩大，但从1996年至2004年，被保险的非公民儿童的比例下降，而公民儿童的覆盖率则有所增加。更一般地说，低收入移民获得医疗补助的可能性低于低收入公民（CPR，2003：6；Ku and Papademetriou，2007：85－87）。从长远来看，SSI的非公民入学率也有所下降，在21世纪前十年的后期，受益人数从12%降至9%（SSI，2008：59，64；Parrott et al.，1998：21）。

1996年的《福利法案》带给非公民和公民同样的后果，这导致福利层领取福利的贫困线以下人口比例整体下降。食品券、医疗补助、住房援助、AFDC及其后继TANF和现金援助付款都可以观察到这种趋势。与此同时，正如我们所看到的，非公民参与这些经过经济状况调查的项目以及SSI的人数明显下降（Fix and Passel，2002：185－187；GB，2004：J－30；Ku and Papademetriou，2007）。换句话说，通过更大的目标和更低的福利，PRWORA促进了穷人和非贫困人群的进一步分化，但在穷人中，出生在当地的公民比非公民更有可能获得福利。

总而言之，“福利改革”带来了巨大的不利影响，将近百万非公民从经过经济情况调查的计划中删除（Fix and Passel，2002：182）。与关于公民的几项计划相比，《福利法案》对非公民提出了更严格的资格规定。资格规则中最显著的变化是为 SSI 引入了冗长的工作测试。移民必须在提供失业保险金的岗位上工作过 10 年。《福利法案》通过区分公民和合法永久居民的权利，创造了一种新型的分层。它还扩大了难民和其他移民之间的差距。难民的表现要好得多，因为他们保留了福利金的直接资格，但现在只能在有限的时间内完成。当然，这些限制必须在新的 5 年公民身份限制的背景下加以考虑。

20 世纪 90 年代中期的《福利法案》和《移民法案》说明了福利和纳入制度的强化与竞争逻辑。这两项改革背后的理由都反映了自由主义意识形态对经济激励的关注以及对搭便车者的关注。在传统的立场中也可以看出强化逻辑，即排除可能是公共收费的移民，并强调通过市场实现自给自足。更重要的是契约自由主义的兴起，它强调权利取决于义务的履行。不寻常的解决方案是让移民获得经过经济情况调查的福利，这取决于 10 年的贡献。这种解决方案也符合自由主义政权对市场解决方案的偏好。然而纳入制度的包容性逻辑提供了一个较低的福利门槛，即居留 5 年后成为公民的可能性。最大的紧张关系是所有在美国出生的孩子获得公民身份，不论其父母的移民身份（包括无证件移民），以及禁止无证件移民获得所有福利（紧急援助除外）的努力，并拒绝他们享有其具有公民身份的孩子的好处。更为严格的赞助条件，特别是收入要求，通过限制公民和低收入合法移民将家庭成员带入该国的能力，强化了因家庭团聚而导致的阶级问题。实际上，纳入制度和福利制度都对非穷人和穷人的权利进行分层，为穷人提供较少的权利。

英国：自由主义福利体制
——限制性的纳入制度

乍一看，具有全面社会规定的英国福利国家与美国“不完整”的福利国家形成鲜明对比。在 20 世纪 40 年代，普遍主义成了为英国等战后福利国家奠定基础的改革的指导原则。该原则体现在涵盖全体人口的统一国家方案中。所有主要社会福利——退休养老金、疾病补偿和残障人员福利、产假津贴和失业救济金——都合并为一个统一的国家保险计划。国家援助计划确保为所有没有足够资源或保险福利的人提供安全网；权利并不局限于美国所定义的应得社会福利的穷人——老年人、身障者和儿童。引入了非缴费性家庭津贴，涵盖了除第一胎之外的所有儿童，并建立了国家卫生服务机构，为全体人口提供医疗和牙科护理。总之，与美国不同的英国福利国家需要更广泛的公共服务，包括医疗保健、家庭和产假福利、住房和个人服务；普遍主义原则促进了对整个人口的关注。

鉴于这些差异，是否有理由将英国和美国列为同一福利制度的代表？尽管英国拥有全面的社会计划，但这两个国家仍然享有明确的自由福利制度的属性：适度的社会保险福利、基于最低限度的经济状况调查福利的突出性，以及私人福利制度和市场解决方案的重要性。

英国的社会保险福利非常适度，实际上甚至低于美国的保险福利（Palme，1990：60，64）。国家保险计划的一个显著特点是固定利率，原来是对固定费率的贡献。战后福利国家的缔造者设计了保险计划，以提供最低限度的福利，但他们认为保险福利会使援助的重要性边缘化。然而固定利率建设与低福利水平相结合，是国家保险计划的致命弱点。这种组合为以下方式铺平了道路：首先是越来越多地依赖经过经济情况调查的福利；其次是通过市场提供补充保护。

根据几项措施，英国与美国、澳大利亚、加拿大、爱尔兰、新西兰均突出了经济情况调查的利益。与其他国家相比，英国的社会救助总支出占国内生产总值（GDP）的比例较大，社会保障支出占比也较大（英国为33%，而1992年为40%）。同样，更多的人口获得了公共援助福利（Eardley et al.，1996a：35，38，41）。在英国的案例中，自1980年以来，利用经济状况调查的福利的人口比例大幅上升。尽管利用经济情况调查的福利的人口比例相当大，但美国和英国使用的家计调查都涉及贫困测试，以限制对贫困人口的接触，而且福利水平一直很低。这两个国家实行的“较少资格”即公共援助福利必须低于工作穷人工资的历史原则，证明低福利水平是合理的。像美国一样，英国一直受到相对较高的贫困率的困扰，包括儿童的贫困（Hills，2004：57）。

与美国相比，英国私人福利的重要性还远没有那么突出，但在20世纪90年代中期，英国的私人福利支出在国内生产总值中所占比重仅次于美国（Kacker，2002：15）。在英国，只有一小部分员工可以长期享有职业养老金和附加福利，在战后的前几十年内职业养老金和附加福利变得更加广泛，但自20世纪70年代初以来，享有职业养老金的员工的比例稳定在50%左右。从70年代起，私人和职业养老金在退休收入中所占的比例不断增加，在90年代中期，占养老金收入总额的比例从55%提高到70%（Evans，1998：283，285）。与这种发展并行的是，公共养老金福利的价值下降了，扩大了养老金领取者之间的收入不平等。对于那些只能领取公共养老金的人来说，养老金的供给是极少的，而可以获得私人养老金的中产阶级已收到更丰厚的福利。私人养老金的增长也带来了对私人缴费的税收减免的增长，而且在2005年前后，税收减免相当于免除当前养老金直接支出的三分之一。就退休收入而言，这些税收支出不成比例地使高收入群体受益（Taylor-Gooby and Mitton，2008：160；Mckay，2009：173）。

自20世纪90年代以来，另一个拥护市场的解决办法——税收优惠——在英国显得越来越重要。低收入家庭的税收抵免可以追溯到20世纪70年代早期，并且税收抵免的范围从80年代中期以来被扩大了。自1997年以来，政府已经采取行动，用收入调查的税收优惠取代经济情况调查的津贴，以增加低工资群体的收入，或者是补充被描述为“在职福利”的工资。换句话说，税收抵免体系关注工资的补充，与关注工资替代的保险福利相反。除了给予低收入家庭更充足的税收抵免，政府引入了作为老年人最低收入保障的养老金税收抵免和残障人士的税收抵免。税收抵免已成为英国收入转移制度的重要组成部分。这些税收优惠的设计也意味着将家计调查扩展到更大比例的人口中。

限制性的纳入制度

和美国的纳入制度不同，英国的纳入制度有几个重要的表现。首先，一系列有关移民和国籍的法律已经界定了之前涉及的基于英国国民的公民身份——这是大英帝国的遗产。1948 年颁布的《英国国籍法案》通过创造两种类别的公民身份，建立了一种帝国公民身份：（1）英国和殖民地的公民；（2）英联邦公民。两种类别的公民有几乎相同的权利：无限制的纳入权利、就业、居住权；投票权和参加选举的权利；以及来自国外的人们经过 1 年的居住之后可以注册成为英国公民。20 世纪六七十年代的《移民法案》移除了来自殖民地和英联邦的海外公民在准入、居住权和就业方面的特权。1981 年颁布的《英国国籍法案》在定义英国公民身份时第一次没有提到殖民地，并且放弃了自动赋予在该国出生的孩子公民权的出生地主义的简单应用（Hansen，2000）。总之，战后英国公民身份的发展轨迹一直是英国权利收缩的表现之一，因为此前公民身份包含了所有殖民地，已经被主要限制在英国的公民身份所取代。

之前英国的正式入籍要求相当宽松，但进入 21 世纪以后则变得非常严格。英国原来每年的入籍率规模很小（OECD，2004：309），入籍也没有被看作一种权利。入籍决定会被酌情处理，通常无权针对拒绝提出上诉（Dummett and Nicol，1990：247；Seddon et al.，2002：26；Dummett，2006：579）。英国入籍政策近似于自由裁量模式，而美国政策代表一种权利模式（Brubaker，1989：109）。入籍的新要求有助于英国进一步设置除美国之外的公民身份获得政策。英国引入了 1~5 年的公民身份考察期，因此入籍的居留要求是 6~10 年（HO，2008；BCIA，2009）。

定居身份也说明了，与美国相比，英国具有更强的限制性的纳入制度。在美国，授权准入后即授予移民永久居民的身份，然而在英国定居身份却被推迟。它通常要求 4 年的居留时间，若家庭成员加入移民的时间较短，则要求其有 5 年的居留时间。它对永久居留许可证的要求变得更加严格。自 2006 年引入了一种语言要求（Somerville，2007：52），2009 年颁布的《边界、公民与移民法案》，将从准入转变为永久居住权的时间延长到最低限度的 8 年，建立了永久居留的附加条件（BCIA，2009）。

最后一点不同的是政府“零移民”的目标和严格的移民控制。频繁的移民控制停留在自由裁量权或“让步”（规则之外的决策），从而妨碍了全面和平等的权利（Morris，1998）。构建 20 世纪六七十年代的移民控制体系主要是为了限制新英联邦有色人种的移民。这与从 1950 年到 2000 年净移民数量总计超过 3 000 万的美国的政策相反（以 2004 年的 MPI 计算）。此外，美国在 1965 年取消了限制非欧洲移民的国籍配额制度。此后，美国的政策在接纳移民尤其是在接纳种族和民族多样化的移民的数量上进一步扩大。

战后英国的三次移民潮由不同的入境类别所支配。从 20 世纪 50 年代中期到 70 年代初，移民主要是来自新英联邦国家（前殖民地于 20 世纪五六十年代作为独立国家加入英联邦）的劳动移民。一旦新联邦劳工移民被迫中止，家庭的重新团聚就成为主要的准入形式，以及寻求庇护在 20 世纪 90 年代占主导地位。在 21 世纪早期，技术移民受到官方欢迎，并且政府在 2008 年仿照澳大利亚系统，引入了一种积分计划（Wilkinson and Craig，2011：179）。

移民社会权利的演变

在战后时期，被准许定居（允许永久居留）的外国人享有跟公民一样的社会权利。战后早期福利国家的普遍性进一步加强了移民的社会权利。《国民医疗服务法案》和《国家援助法案》都不区分外国人、国民和公民。根据 1948 年的《英国国籍法案》，授予来自前大英帝国的移民公民权利，作为英国国民，他们立即享有所有不用缴费的福利和服务。由于地方政府推行一项期限为 5 年的居住要求，因而公共住房成了一个主要的例外，这限制了包括外国人和英国国民在内的新来者（LaytonHenry，1985：100）。然而地方政府关于给由于贫民窟清理而被迫离开家园的人重新安排住房和给无家可归的人安排住房方面的责任，会带来更快捷的权利与机会。

就业的移民有资格和就业的公民一样，享有同等条件的国家保险福利。保险福利视收入超过规定的最低数额而定。由于所受到的失业或者由于在国外而缺席工作的打击更大，因而拥有更短职业生涯和收入中断模式的移民发现，要达到缴费额度要求，尤其是为了获得全额养老金的缴费，将变得更加艰难。此外，按固定费率缴纳是一种累退的结构。高收入员工支付相对于他们的收入来说更少比例的赋税，得到和所有缴费者相同的福利。1975 年，与收益挂钩所获得的福利取代了固定费率，高收入者因此得到了补偿。由于设定一个没有缴付会费的最高限额，因而高收入者在缴款中所占的份额依然低于最高限额以下的收入者。

在大多数情况下，战后英国福利国家的扩张加强了移民的正式社会权利。20 世纪 60 年代的主要改革是在国家保险计划中引入与收入相关的补充，并加强了移民获取福利援助的权利，从而确立了作为一项合法权利的补充福利的所有权。70 年代也是改革的十年：实行家庭收入补充，以援助有子女的低收入家庭，用覆盖所有子女的儿童福利替代家庭津贴，与收入相关的补充养老金计划（国家相关养老金计划，SERPS）是第一个为无收入的残障人士提供的缴费性福利。1975 年儿童福利改革就某方面而言不利于子女不在英国的移民。改革即废除了对儿童的税收津贴，不论其居住地如何。

对于移民和少数族裔的社会权利来说，一系列反歧视的法律具有额外的重要意义。一项是 1965 年的《种族关系法案》，在范围和执行权力方面是不太显著的。另一项是 1968 年的《种族关系法案》，它显得更加重要，禁止在就业市场、住房、教育、银行、信贷设施与公共部门方面的歧视。它直接为移民和少数族裔提供平等待遇，也包括公共部门。间接地，取缔劳动力市场上的歧视潜在地加强了以工作参与为基础的社会权利，也就是指国家保险福利特别是新推出的与收入相关的福利。最近的立法——2000 年的《种族关系修正法案》也通过当地公共政府来禁止歧视，从而对移民和少数族裔的社会权利产生重大影响（移民和国籍官员是显著的例外）。

准入形式演变的重要性

在战后初期，移民权利的主要断层线是在外国人和英联邦与殖民地的移民之间。作为英国国民，他们的权利几乎和英国公民完全相同，然而如果外国人不能证明他们有体面地养活自己及其家人的方法，那么他们就是移民控制和拒绝准入的对象。变成公共扶持者的外国人容易被驱逐出境

(Cohen, 2001: 36)。新的移民控制的引入和国籍法律的改变，重塑了新联邦移民的权利，减少了外国人和来自前大英帝国的移民之间尖锐的分歧。1971 年的《移民法案》将大多数移民置于一种移民控制系统之下，1981 年的《英国国籍法案》消除了英国公民的类别，将英国公民主要定义为在英国出生的人，并且限制了英国公民的准入和居留权。

同时，英国在 1972 年加入欧洲经济共同体（如今的欧盟），改变了在非英联邦移民中谁是外国人的定义，并且改变了他们的权利。逐渐地，欧盟公民的权利与英国公民的权利相一致。对于非欧盟公民来说，包括那些来自英联邦国家、以前享有英国公民特权的人们，准入类别越来越决定和区别他们的社会权利。这种转变意味着有色人种移民权利的恶化，而欧洲新移民的权利扩展了很多。此外，福利国家的重组和紧缩使移民权利的变化模式变得复杂。

福利国家重组、紧缩与移民的社会权利

从 20 世纪 80 年代初开始的一系列的改革针对福利国家结构调整和紧缩。重组涉及两大重要变化：（1）几项转移和实物福利被“私有化”；（2）经济状况调查结果显示，以牺牲保险福利为代价变得更加普遍。税收抵免的扩张进一步扩展了经济手段的测试。因此，自 1980 年以来，自由福利制度的两个界定特征——市场解决方案的突出性和经过经济情况调查的福利——稳步增强。经济紧缩旨在削减保险和发放救济的福利，并更多地将救济针对非常贫穷的人。福利国家的结构调整、紧缩措施和专门针对移民的福利限制都影响了新移民和少数族裔的权利。

私有化

第一层转变——私有化——影响了几个国家的保险福利和养老金体系。由国家保险计划提供的疾病和产妇津贴被转给雇主，福利水平被削减。提供与收入相关的福利的第二层公共养老金减少了约一半（McKay and Rowlingson, 1999: 68），同时政府为从公共计划转向个人或职业养老

金采取了大量激励措施。由于政府宣布其目标是将养老金提供的私人—公共比例从 40：60 改为 60：40（Evandrou and Falkingham，2005：183），因而对私人养老金的重视持续到了 21 世纪初期。一个新的二级养老福利取代了 SERPS，它为低收入者提供了具有有利特征的固定利率福利。第三层规定形式为私人个人养老金，即利益相关者养老金，是为没有企业养老金的中等收入者提供的（McKay，2009：184）。

福利私有化往往削弱了收入不佳的移民和其他低收入群体的应享权利，因为他们在并不总是能够利用私人替代方案的情况下被削减了福利。例如，当引入法定病假工资、产假工资时，福利被削减，低收入工作的工人受到的打击最大。由于福利被降低，因而雇主赞助的产假已变得越来越重要，但它主要是提供给中上层员工使用的。养老保险制度的变化以两种方式削弱了移民和少数族裔的社会权利。第一，SERPS 的福利公式改为根据“最佳”20 年间的收入计算的终身养老金收入。在这一新的福利公式中，移民的受益年龄可能比本地出生人口的受益年龄要小。第二，养老金中越来越多的私人部分对移民和少数族裔成员不利，他们比白人劳动适龄人口获得职业或个人养老金的可能性更低（Ginn and Arber，2001）。然而 2008 年的养老金改革规定，几乎所有雇员都必须接受职业养老金。

增加家计调查

第二个转变涉及更大的家计调查，从 20 世纪 70 年代后期到 90 年代中期，利用低保补助的人口占比由 8% 攀升至 25%（Sainsbury，1996：209）。90 年代，随着立法的兴起，广泛的反对福利欺诈的运动以及工作也同样兴起，它们将获得经济状况调查的福利与积极寻求工作和/或参与工作计划的要求联系在一起。

日益突出的增加低保补助对移民和少数族裔有负面影响。最重要的是，尽管少数族裔的贫困率比其他人群高（Modood et al.，1997：160；Phillips，2005：200），研究已经证实，他们对各种经济状况的接受率较低（Gordon and Newnham，1985：57－59；Craig，1999：209）。他们的较低接受率与几个因素有关，意味着家庭经济状况调查涉及比保险金更复杂的管理程序。面试是申请过程的一部分，有语言困难的移民报告说，他们不情愿申请福利或没有能力这样做。新移民对该制度了解太少，往往没有意识到自己的资格。他们经常需要他人的帮助来申请福利，并提到以族裔为基础的咨询机构的支持作用。此外，许多移民对他们的移民身份如何影响他们的资格，要么不确定，要么感到困惑；而且正如我们下面将要分析的那样，越来越多地检查了申请者的移民身份（Law，1996：75）。虽然自 20 世纪 60 年代中期以来，援助福利一直是一项权利，但仍涉及自由裁量权的判决，这为歧视提供了机会。反欺诈活动间接地引起对申请人的怀疑，并认为外国人和虚假的寻求庇护者滥用福利，这些基本上都不容易要求赔偿。向税收抵免的转变可能减少耻辱问题，但许多其他困难仍然存在，因为必须申领这些福利。复杂的规则已经削弱了透明度，对于那些有资格获得多项税收抵免的低收入家庭来说尤其如此（Millar，2003b：138）。

福利国家重组还影响到欧盟移民的社会权利。欧盟成员国移民可以获得保险福利，而经过经济状况调查的援助则更多地属于灰色地带。削弱国家保险计划意味着更少的缴费福利和更多的低保补助。在 20 世纪 90 年代末，两个幸存的短期保险福利是部分求职者的津贴（1996 年以前的失业救济金）和获得伤残津贴，而资格要求是 2 年的缴费（McKay and Rowlingson，1999：73，75）。总之，欧盟公民面临激烈的缴费要求，以换取较低的替代率和短期的好处。

针对移民的福利限制

虽然已经详细记录了紧缩和重组措施（如 Pierson，1994；Sainsbury，1996；Powell，1999；Millar，2003a；Hills，2004；Hills and Stewart，2005；Driver，2008），但社会政策分析人士很少关注限制移民获得社会福利的努力。所涉及的工作包括：（1）严格规定和控制，不依赖公共资金；（2）居留要求，这延长了新移民充分和平等获得社会福利之前的时间。此外，对构成英国移民主要形式的准入类别也实行了严格的限制。

从“不依赖公共资金”到“移民为福利目的而受制于移民控制”

随着1971年的《移民法案》的颁布，以前的《外侨法案》中的公共收费和“自给自足”规定重新出现在该法案的行政规则中，不再诉诸公共资金。最初，该规定是对访问者进入该国的一项要求；他们必须让入境事务官员满意，他们有足够的手段支持自己，而无须借助公帑。然而它最终成为限制移民获得社会福利的主要工具。从20世纪80年代初开始，人们更加重视移民在不依赖社会福利的情况下养活自己和家庭的能力。1980年的《福利条例》已经规定，应该拒绝向国外的人提供补充福利，然后才是主要的援助福利。世纪之交的时候，这份名单已经扩展到社会住房和住房福利分配、求职者的津贴中经家计调查的部分、收入补助、儿童福利、社会基金支付、议会税收福利、家庭信贷，以及一些身障者福利和保健津贴。21世纪初期引入的新税收抵免也被定义为公共基金（Morris，1998；Seddon et al.，2002：94；Platt，2003：259；Macdonald and Webber，2005：836）。

随着福利清单的增加，移民控制变得越来越严格，对于不诉诸公共资金规则的处罚也变得更加严厉，包括行政取消（Seddon et al.，2002：93，81）。自1996年以来，移民官员被授权在一张护照上加盖“不得动用公共资金”的印章，从而使控制变得更加容易。最终在2000年，许多移民人士——“受移民控制”的人——被法规剥夺了福利（Macdonald and Webber，2005：836，838）。总之，一个逐渐地剥夺公民权利的过程最初是通过行政法规在公众视线之外发生的；它通过将移民身份和福利权利联系起来以限制人们获得更广泛的福利和服务，而且利用福利可能会危及当前和未来在英国的居住。

居住要求的变化

第二种类型的限制涉及新移民获得福利之前的居留时间的变化。1994

年，政府引入了惯常居住规则，该规则拒绝向尚未拥有居住地的新移民、持有临时许可证的移民以及有居留权的人提供收入支持、住房福利和议会税收优惠。该规则是由对欧盟公民社会权利的警告引起的，但为了遵守欧盟的平等待遇规定，它也适用于英国公民。尤其是与其他国家有联系的英国公民也成为受害者之一（Morris，1998：960）。比惯常居住检视更重要的是，新移民在获得居留资格之前被剥夺了获得福利的权利，根据准入类别，居住要求的范围从不足 1 年到四五年不等。

一个具有更广泛影响的新发展是强调获得公民身份和加强公民身份与福利之间的联系。这些变化包括将定居状态所需的期限从 4 年延长到 5 年。在此期间，新移民无法获得非缴费福利或低保补助。在入籍过程中引入了一个新阶段——试用公民身份，这进一步将不领取福利的期限延长至 6~8 年。最后，对于未成为公民的移民的永久许可证的居住要求将被延长至最短 8 年、最长 10 年（HO，2005，2008；Wilkinson and Craig，2011：180）。换句话说，除保险福利外，无法获得其他福利的期限通常从 4 年增加到最少 6 年，有时甚至长达 10 年。

限制和准进类别

被指责而采取限制措施的移民是家庭成员、欧盟公民、难民和寻求庇护者。一旦家庭聚会带来大批移民流动，它将成为移民限制的焦点。除了对家庭成员，特别是配偶执行严格的入境手续外，还对永久居民和英国公民都适用了抚养和适当住房的测试，以实现家庭团聚。此外，家庭团聚移民已经在没有求助于公共基金规则的情况下被承认。1996 年的《庇护和移民法》禁止被赞助的移民获得各种福利，进一步增加了家庭团聚的障碍。关于赞助和被赞助的移民的规则也已收紧。自 1980 年以来，社会保障官员有权从赞助者那里重新获得向被赞助移民支付的社会援助（补充福利然后获得收入支持）。即使拥有永久居留许可，获得赞助的移民在 5 年内也不得享有大部分家计调查福利。1996 年，该规则进一步被收紧，即使移民的赞助者不支持他们，他们也无权享受福利（Seddon et al.，2002：105）。

正如我们所见，甚至连欧盟公民的社会权利都未能幸免于难。除了惯常的居住规则，英国继续限制欧盟公民获得福利。2002 年《国籍、移民和庇护法案》规定，拥有欧盟其他成员国的居住权和支持的公民，不得获取地方当局提供的支持和住房（IND，2004：3）。2004 年，欧盟扩大后，英国给予新成员国的公民进入劳动力市场的权利，但禁止他们享受大多数经家计调查确定的福利、儿童福利、税收抵免、公共住房，直到他们工作了 12 个月以上或更长的时间（Macdonald and Webber，2005：837；Morris，2007：47）。

寻求庇护者的社会权利的设置经历了急剧的恶化过程。起初，在 20 世纪 90 年代早期，寻求庇护者的福利被设置在较低水平；他们获取的收入补助和住房福利仅为标准水平的 90%。寻求庇护者进入新的国家以后，当地的法规降低了他们申请福利的可能性。只有那些一进入该国就申请福利的寻求庇护者才是合法的，并且新的法规不认可纳入众多的寻求庇护者。1999 年的《移民和庇护法》建立了一个单独的支持系统，使用的代金券提供的福利稳定水平为标准最低福利的 70%（Morris，2002）。代金券系统是短暂的，取而代之的是接待中心，它为寻求庇护者提供实物和少量的零花钱。通过单独的计划，寻求庇护者的福利越来越多地与其他人口的福利分开，而较低的福利率一直低于贫困线。

总的来看，福利国家针对移民重组和裁员加上利益限制严重侵犯了新移民的社会权利。福利国家重组削弱了保险福利的作用，并强化了雇主资助和家计调查福利在英国社会福利中的重要性。裁员减少了保险福利的慷慨程度，且由于新移民只能获得保险福利，因而他们首先受到了较低的福利水平和较长的缴费期的影响。以牺牲公共福利为代价的私人福利日益突出的作用削弱了第二代和第三代移民的权利；少数族裔在私人计划中的覆盖面较窄。家计调查福利的重要性日益凸显，但是这些限制使移民无法享受非缴费性福利，并逐渐延长了无法获得福利的期限。实际上，许多新移民在该国的头几年没有被纳入安全网。较差的福利趋势伴随着获得福利的机会不平等，导致公民与非公民之间以及不同入境类别之间的福利国家分层扩大。

英国福利制度和纳入制度的逻辑既是矛盾的也是互补的。一方面，长期受限的准入制度使得外国人不能养活他们自己和家庭，与英国福利国家的普遍主义之间存在着严重的紧张关系。普世权利的原则加强了移民获得服务和福利的机会，但是自1980年以来无法求助于公共资金的理论逐渐占了上风。至少在最初阶段，这些限制性措施的有效性是有限的，因为它们构成了看门人策略。一旦进入该国，移民的社会权利通常与其他人口相当，因为大多数社会立法并不区分外国人和公民。然而通过规定符合公共基金资格的福利，新移民实际上被禁止受益，这与普遍主义的原则是相反的。为寻求庇护者建立一个单独的支持系统，代表普遍主义的原则得到进一步突破。该系统的行政责任属于英国内政部而不是社会政策部门。

另一方面，纳入制度和福利制度的关系在以下几个方面得到加强：(1) 在一些方面，移民政策和福利法规之间的联系有所加强。家计调查日益突出，为检查申请者的移民身份提供了机会，将以经济为手段的调查福利转换为税收抵免也是如此。(2) 两者的共同点是两种制度中自由裁量权的重要性，而自由裁量权会损害权利。虽然在援助福利方面的自由裁量权已经下降（Silburn and Becker, 2009：60），但有关福利资格的酌情决定尚未得以消除。自由裁量权是纳入制度的重要组成部分，表现为自由化、留存的特殊情况和惯常的居住规则。(3) 潜在的假设，即当事人通常受经济利益的驱动，特别是出于不劳而获的想法。政府在针对可能的工作者以及伪装成经济移民的虚假寻求庇护者时，在政府言论中通常会暗示他们可能会滥用福利，这样的假设是显而易见的。同样，出于对纳税人负责的考虑，福利削减和移民管制也是合理的。

美国与英国的制度比较

在结束这一章前，让我们比较福利制度和纳入制度对美国移民与英国移民的社会权利的重要性。起初本章论述美国和英国的福利国家制度，比较其对移民社会权利影响的异同，然后转向比较它们的纳入制度和准入门类别。

福利制度

在自由主义福利制度中，市场通过私人福利提供和税收优惠保留了中心地位，这往往需要参与就业以获取相应资格。这一定义的属性巩固了美国作为自由福利制度原型的观点。近几十年来，私人解决方案在英国取得了进展，特别是在养老金方面。对于雇主资助而非强制性的项目，我们发现这两个国家的移民和少数族裔都有类似的弊端。非公民和少数族裔成员不太可能享有这种福利；即使他们有，其福利水平通常也是很低的。

从更大的角度来看，私人福利的整体分配的影响不如公共福利的影响显著（Hacker, 2002：35－37），这对低收入群体不利，包括许多移民和少数族裔成员。因此，两国私人与公共供给的不同比例对移民和少数族裔的社会权利具有重大的影响。在英国，移民可以获得各种公共福利和服务；在美国，移民则无法获得公共福利和服务。英国的公共福利包括家庭福利、更广泛的残障福利以及通过国家健康服务提供的医疗服务。此外，由于福利是公开的，因而它们是强制性的，所有符合资格要求的索赔人都享有相应的福利。英国立法还限制了自愿性因素，并且经常使雇主自愿赞助的计划成为强制性的，例如法定病假工资、法定父母福利以及私人养老金，这些变化使得几乎所有雇员都自发注册，除非他们辞职或被解雇。相反，在美国只有那些雇主愿意为之提供福利的人才享有相应的私人福利。也许英国公共条款与美国私人条款之间最显著的对比涉及医疗福利。在英国，移民可以获得医疗服务，而在美国，大约40%的非公民缺乏医疗保险，60%的低收入非公民在21世纪初没有保险（CPR, 2003：6）。

然而在公共保险计划提供退休福利的情况下，美国移民的生活到2010年可能会变得更好。要获得全额福利，受益人必须通过工作测试。在美国，工作测试不那么苛刻——享受社会保障福利要求工作测试时间达到35年；在英国，获取基本养老金的工作测试时间为男性44年、女性39年。此外，英国的平均社会保障福利高于平均公共养老金福利（Morissens and Sainsbury, 2005：651；MISSOC, 2007：53, 55；SSB, 2007）。但是在2007年的养老金改革中，将在2010年或之后退休的人群的工作测试降低至30年。此外，在照顾责任、教育和职业培训、失业、身体残疾和最低收入方面，日益复杂的学分制度也提高了参加工作测试的可能性（PS，2008）。实际上，改革旨在提高覆盖率，使所有人都享有国家养老金，拥有最低的固定福利的保障，从而接近贝弗里奇的普遍性目标。官方对改革的解释强调了对照顾者、残障人士和低收入群体的福利状况的改善，但改革也有可能提高移民和少数族裔的养老金权利。

作为自由福利制度的典型情况，家计调查福利对于穷人或者近乎贫穷的人的重要性是如何影响移民的社会权利的？由于移民和少数族裔的贫困率高于原住民，他们经常受益于家计调查福利，因而他们的政治参与率高于公民或白种人（Morissens and Sainsbury，2005：644，650），然而两国安全网的差异影响了移民的权利。除食品券外，联邦安全网还包括针对特定群体的分类援助福利。因此，美国安全网的包容性低于英国安全网的包容性，后者为收入低于既定最低标准的所有英国人口提供了福利。此外，在英国，无论住在何处，国家行政和统一规则体系都会提供相同的援助福利（Hill，1990：84－92；Eardley et al.，1996b：392，400）。相比之下，基于联邦体系，居住地一直是在美国可获得的福利和福利水平的决定因素，并且存在巨大的地域差异。1996年的《福利法案》加剧了这种差异，特别是对移民来说。最后的关键差异涉及福利水平，虽然在国际背景下，英国的援助福利水平一直处于低端，但它一直高于美国（Nelson，2008：114）。美国的救助福利通常低于官方贫困线，而在英格兰、苏格兰及威尔士，福利待遇或略高于贫困线；英国贫困线的设定是更加慷慨的。由于新移民不得享受家计调查福利，因而这些差异对英国移民的重要性已经减弱，一旦居民、少数族裔和新移民符合资格，这些差异对他们来说仍然很重要。此外，在移民最容易陷入贫困的时期，他们无法获得福利。

在这两个自由主义体制国家的紧缩策略中，经过家计调查发放的补助也具有特别重要的意义。它们的战略的一个共同特征是收紧对家计调查补助的资格要求，从而以穷人为主要目标。在这个过程中，穷人获得收益的份额有所下降。由于贫困率较高，因而移民特别是非公民和少数族裔，在穷人受益较少的情况下，成为失败者的风险更大。福利国家重组和紧缩在英国出现了戏剧化的收入不平等。20 世纪 90 年代中期，英国的收入不平等超过许多西欧国家，接近美国的收入不平等（Hills，2004：29）。

纳入制度

纳入制度是如何影响两国的移民社会权利的呢？一个主要的区别在于它们对定居地位的态度，即英国采取了更为严格的立场。在美国，根据定义，移民一直是定居者，因而在合法入境时即获得永久居留身份。在许多情况下，英国的移民不得不等待 4 年才能被授予定居的地位。最近的变化是英国政府提出了对定居地位的要求，因此它们类似于归化要求，政府强调移民必须获得居留权。获得居留权的要求之一是经济上的自给自足，而无须求助于公共资金。正如我们所看到的，公共资金的不断扩大的定义已经将移民从越来越多的福利中排除，其中包括经济状况调查的福利、非缴费福利，如儿童福利和残障人士的各种福利以及税收抵免。

通过对移民和国籍立法的双重规定，英国的纳入制度变得更加严格。《移民法案》（1962 年和 1968 年的《英联邦移民法案》以及 1971 年的《移民法案》）重新定义了英国公民的权利，1981 年的《英国国籍法》引入了修改版的属地主义（ius soli）作为公民身份获取的基础。因此，在英国出生的非公民或没有永久身份的移民的子女，在父母获得定居或成为公民之前，不会获得公民身份。相比之下，美国坚持使用纯粹版本的属地主义，它比本书中的其他国家更具包容性。因此，所有在美国出生的孩子都是美国公民，不论其父母的公民身份或移民身份如何。纯粹版本的和经过修改的属地主义应用之间的区别似乎微不足道，但随着公民身份成为权利的基础，它可能对社会权利产生重要的影响。1996 年的《福利法案》实施的重大后果是，非公民父母的公民子女有资格获得福利；修改后的属地主义则开启了基于以外国人身份为由拒绝本土出生的社会权利的可能性。

公民身份与获得社会福利之间的联系得到了加强。2008 年，英国政府的绿皮书《公民道路：改革移民系统的后续步骤》（*The Path to Citizenship: Next Steps in Reforming the Immigration System*）设想了取得公民身份的几个阶段，其中包括控制和要求，以便进入下一阶段并最终让那些不符合要求的人离开。在“试用公民身份”阶段，移民不能要求非缴费型福利。入籍要求包括 8 年的居住要求，以社会志愿服务、经济自足、缴纳税款和良好行为的形式，用 6 年时间来换取“积极公民身份”的可能性（HO，2008：31）。2009 年的《边界、公民和移民法》是实施这些提案的第一步（Wilkinson and Craig，2011：180）。实际上，新移民只有在成为公民后才能获得充分的社会权利。

英国体制的限制性也反映在对难民和寻求庇护者的政策中。在寻求庇护者的权利方面，英国和美国都不是道德的典范（Gibney，2004），但这些国家在社会和就业权方面存在显著的差异。在美国，1996 年的《福利法案》包括难民和庇护者作为合格的外国人，他们在入境后的前 5 年和后 7 年内有资格获得联邦的家计调查。相比之下，自 20 世纪 90 年代初以来，在英国寻求庇护人员的社会权利受到严重侵犯，他们不再有工作的权利。减少寻求庇护者获得福利和就业的依据是基于这样一种信念，即取消社会权利是控制寻求庇护者流动的有效威慑手段。

尽管英国纳入制度的限制性倾向和美国体制的包容性本质不同，但它们共享几个特征。其共同点包括作为入籍要求的经济自给自足的重要性和受政府救济者要被驱逐出境；收紧赞助的经济要求，使低收入居民和公民更难将家庭成员带入该国；对依赖市场和志愿组织的移民安置政策实行自由放任的做法；明显不愿对雇用无证件移民的雇主实行有效制裁和强有力的反歧视立法，以保护少数族裔和移民的权利与机会。在这两个国家，通过核查移民身份，福利制度和移民制度之间存在一致性，移民对其资格和要求福利的后果越来越感到困惑（Morris，1998；Fix and Zimmermann，2004）。

新自由主义的兴起也使人们重新关注移民成本及其给两国纳税人造成的过重负担，同时夸大了移民对福利和服务的利用。英国政府甚至认为，移民应该为过渡基金捐款，以资助新移民的额外社会成本。这一论点忽视了大多数移民纳税的事实，但他们没有资格获得他们帮助融资的一些好处。它也忽略了英国绿皮书承认并在美国进行的研究所记录的证据，即移民已经是社会保护体系的净财政贡献者（Fix and Passel，1994；Büchel and Frick，2005：25；Ku and Papademetriou，2007；HO，2008：6－7，25，33）。

两个自由主义国家的福利制度和纳入制度之间的关键联系是对权利的契约观点，这种观点越来越强调权利的条件性。在这种观点中，权利是通过履行义务获得的，义务已经僵化。在美国，有资格获得福利待遇的“合格外国人”的应得权源于在军队服役或缴纳社会保障税 10 年。在英国，义务成倍地增加，主要包括学习英语、就业或雇用他人、缴纳税款、遵守法律和“加入英国的生活方式”，包括自愿的公民活动。个人的自立支持和家庭成员的支持也被看作限制移民获得福利的理由。《个人责任与工作机会和解法》及《无证件移民改革和移民责任法》等美国法律的名称都强调了责任；公众辩论强调了恢复个人责任以及捐助支持新来的家庭成员的责任。英国政府将其社会政策的现代化塑造为“所有人的机会，所有人的责任”。更准确地说，正如关于新福利合同的政策声明中所表达的那样，“个人供养自己和家人的责任必须始终与政府为个人提供自我发展机会的责任相匹配”（Morris，2007：42－43）。同样，关于公民身份和改革移民制度的绿皮书强调“权力、利益与英国的责任和贡献相匹配”（HO，2008：5，6）。

总之，《移民法案》和社会立法中的受政府救济者条款所导致的紧张关系，使得两国相同地运用家计调查的福利，造成了非常相似的政策结果，导致移民社会权利的收缩。美国和英国已经禁止新移民使用经过家计调查的福利，强调公民和非公民的社会福利之间存在分界线。然而一个主要的区别是，移民的社会权利在美国主要是通过福利立法来规范的，在英国则是通过移民法规和法律来规范的。因此，美英比较的一个重要教训是，不要将移民的社会权利分析局限于社会政策，而应包括移民立法甚至移民法规。由于 1996 年的《福利法案》将社会权利分析局限于社会政策，因而这将导致美国移民社会权利发生巨大变化，但在英国，通过社会保障法规或通过福利国家的紧缩和重组间接地改变其权利只呈现出微小的变化。

第四章　保守社团主义福利国家与移民的社会权利

保守社团主义体制的特点是与工作有关的社会保险计划，这些计划提供慷慨的福利，并由代表雇主和劳工的社团主义进行着结构管理。社团主义还助长了基于地位认同和共生的职业隔离的社会保险计划，导致了福利的分散和差异。严格的工作测评决定了福利和收入差距。政策重申了传统的社会价值观，即颂扬家庭和教会。传统的家庭角色的作用通过税收制度和家庭成员派生的社会权利得到加强，同时一家之主的权威也加强了。作为大公教会社会思想的核心之一的辅助性原则维持着照顾家庭的职责，正如家庭中的女性作用一般。这一原则认为，国家只有在家庭或公民社会不可能再提供福利的时候才应该介入（Esping-Andersson，1990）。

以德国和法国作为保守社团主义福利体制的代表为例，本章将解决三个主要问题。第一个问题是这种类型的福利国家是如何影响移民的社会权利的？更具体地说，在保守社团主义制度中起决定性作用的属性是如何作用于移民的社会权利的？第二个问题是这两个国家在制定移民的社会权利时，介于福利制度与纳入制度之间的动力是什么？德国和法国将作为公民资格和纳入制度的对比模型的典范。本章的最后一节根据过去20年里政策的发展对这一命题进行了重新评估。第三个问题是福利国家的改变给移民的社会权利带来了何种冲击？

德国：保守社团主义的福利制度
——限制性的纳入制度

德国一向被视为保守社团主义福利制度的典范。这个制度的核心是俾斯麦模式的社会保险计划，这一计划由社团机构管理，通过缴费来筹资，也包括雇员。其首要目的是保障已投保的劳工及其家庭的生活水平。通过严格的工作测评和等效原则规定，工作福利应与缴费相对应，工作绩效已给这一保险计划打上了深深的烙印。直到 2005 年，工作绩效在那些失业援助的福利水平高于正常援助的公共救助里甚至也有收益，而这些福利反映了收入差距。对于那些用尽失业保险救济的人，支付的失业救助也是没有时间限制的。与工作相关的保险金也反映出缺乏最低保险福利的问题。

有几个特征倾向于使阶级和地位的差异永久化。阶级差异通过给予劳工、白领雇员以及公务员单独的保险基金来维持，而阶级中的地位差异则通过合理雇用的理念来维持，这种理念保证了受保人有权拒绝较低薪资的或低于他们职业资格的工作。与收入相关的福利和无税收或边际税收的福利相结合，导致了领薪资的员工能比雇用劳工拿到更高的福利收入。德国的社会福利属于最慷慨的同时也属于再分配最少的那一类（Manow, 2005：256－257）。德国制度再分配能力薄弱不但与福利的建构有关，也与这个体制如何筹资有关。公务员以及个体经营者被隔离于体制之外，故而对体制的筹资毫无贡献，也没有将像投资回报等其他类型的收入作为筹资的来源。对于那些缴费的人来说，收入上限有利于收入较高的阶层。缴费作为一种低于所得税的比例税，从相对较低收入水平开始（Alber, 2003：31）。同时，德国雇员的收入贡献率一直是西欧最高的，从 20 世纪 70 年代中期的 15%至 20 世纪末的 20%，一直不断上升（Alber, 2003：18; SSPTW, 2010：23）。

辅助性原则的优越性也支持了德国作为保守社团主义福利国家模型的主张。这一原则铭刻在《宪法》和主要的社会法律中，同时联邦宪法法院（Constitutional Court）重申了它在提供社会服务方面的重要性。辅助性原则把提供服务的主要责任分配给家庭、当地社区和志愿者协会，而国家是这些提供者履行其义务的担保人。结果是，六个主要基于教会和劳工阶级的福利协会长期以来一直是主要的服务提供者，而有 65%到 70%针对儿童和老人的服务是由私人非营利性组织提供的（Freeman and Clasen, 1994：11）。社会保险的转账使社会服务黯然失色，而转账和服务都以老年群体为目标。养老金体系的整合、失业资格条件的变化与残障人士福利都更倾向于转移至 50 岁以上的人群，而 20 世纪 90 年代推出的长期照顾保险为老年人提供了更多的服务。

限制性的纳入制度

在战后移民的大部分时间里，德国的纳入制度是排他性入籍制度的典型例子。尽管居住在这个国家的外国人的数量在不断增长，政策制定者坚称德国不是一个移民国家。这种排他性的制度植根在德国的公民资格理念里，而这种理念是基于拒绝其他民族来源的移民的入籍申请而欢迎德意志血统移民的种族主义。德意志种族的移民一到德国就可以申请公民资格。相反，其他移民则要遭遇教条对待，德国对于永久定居和获取公民资格有非常苛刻的要求。渐渐地，对非德意志移民的要求变得不那么严苛了，并且对于种族新移民的特权减少了。德国开始在公民资格上由种族主义向公民主义的范式演变，2004 年的《移民法案》承认了德国是一个移民国家。尽管有重大改进，但是排他因子的残余依旧存在，因而德国的入籍制度目前最好被描述为一种限制性制度。很多限制虽已淡化但是并未被彻底消除，而新的入籍门槛仍在不断增加。

战后移民经历了三次浪潮。随着欧洲政治边界的重新划分，对政治避难和强制驱逐权利的宪法保护使战后德意志血统者重新定居。第一次浪潮之后的近 10 年里，基于进口劳动力暂时性存在的假设，有一半的劳动移民通过外来雇工制度的形式来到德国。随着劳动力流动在 1973 年的终止，移民的主要形式变成了家庭团聚或是难民。随着苏联的解体，寻求庇护者和德裔移民同时到来，20 世纪 90 年代早期的德国迎来了史无前例的移民浪潮。然而现在，种族混居的德裔移民遭到比以前更多的疑问，他们被看作外国人而非德国人。

移民社会权利的演变

在许多方面，德国福利国家的强大工作导向似乎会增加外籍劳工的社会权利，享有社会福利权利的主要原则是参与劳动力市场。为了避免短期工资和薪资的竞争，工会试图将外国劳工纳入社团主义的福利国家。早在1972年，外籍劳工就被授予参加工务委员会选举的权利，在20世纪90年代他们又获得了选举社会保险管理机构代表的权利（Guiraudon，2002：137）。更为普遍的是，工会为外籍劳工承担了融合和维护他们权利的一些责任（Heinelt，1993：92；Ginsburg，1994）。移民劳工的社会权利被欧洲公约和双边协议进一步强化了。外籍劳工享受健康保险，包括医疗福利、疾病补偿、养老金、残障人士福利、失业保险以及儿童津贴。此外，这些权利不受德国领土限制。举个例子，养老金和儿童津贴是可输出的，如果子女是住在生活开销低于德国的国家里，子女津贴的发放率会有所降低，（Guiraudon，2000a）。

将外籍劳工纳入这些慷慨的计划，往往是由于福利制度的类型而在三个方面遭到破坏：第一，严格的工作测评和缴费要求暗地里阻碍了移民获得全部福利的可能。工作45年才能拿到全额养老金的条件降低了20岁以后才到达德国的新移民的退休福利资格。同样，工作35年才能领取提前退休的养老金的条件，以及死板的扩大领取失业保险福利的缴费条件给权利使用制造了很多障碍。第二，由于福利是与收入相关的，因而德国人通常比外籍人士享有更高的福利。第三，从外雇劳工制度的全盛时期到21世纪初，非德意志移民的保险缴费通常是超过他们所获得的福利的。对那些作为外籍劳工来到德国的移民和他们的子孙来说，即使增加了他们可使用的福利，他们依然是纯粹的贡献者（Ginsburg，1994；Büchel and Frick，2005）。可使用的福利增加主要体现在社会救助、住房津贴和儿童津贴领域，并不是在更有利可图的保险福利方面。德国公民继续在更高的养老金和失业福利中获益（Kurthen，1998：203－204）。

辅助性原则粉碎了对外籍劳工的服务输送，并长期限制了用以帮助移民定居的综合公共项目的发展。教会以及劳工运动的福利组织大量地通过民族宗教线路为外籍劳工提供社会福利，其中罗马天主教负责为意大利人、西班牙人、葡萄牙人以及南斯拉夫的天主教徒们提供社会服务；路德教会则留心新教移民和东正教教徒（希腊人和塞尔维亚人）的需求。此外，一个隶属于AWO的组织为非天主教教徒（土耳其人、突尼斯人及摩洛哥人）以及许多南斯拉夫移民提供服务（Ireland，2004：34－36）。然而，辅助性原则鼓励通过发展移民联盟来处理本民族社团的福利问题。

纳入制度的特点体现在外籍劳工的社会权利上。潜在的外籍劳工的进入许可和非公民的工作机会在填充德国劳动力市场时享有优惠待遇，或者说是遵从优先原则（vorrangprinzip）的。只有在没有德国或欧盟劳工或无限制工作许可证的外国人可从事该工作的情况下，才可以雇用持有限制性工作许可证的外国劳工。此外，非德裔的新移民被禁止从事公职，这些职位是留给德国公民的。这使他们无法获得有丰厚社会福利的高薪职位。在工作被授予社会权利的同时，受雇成了获得居留证和居留权的核心条件，而失业将会置移民于风险之中。这对于那些有限制性工作许可的移民来说是尤其脆弱的，因为他们受制于特定的工作类型和雇主。如果一个职业介绍所不能在1年里为移民找到一份工作，就意味着劳动力市场的大门已经对他们关闭了，而一切对失业福利的申请都将被撤销（Faist，1995b：183）。虽然外籍劳工确实有资格申请社会救助，但是使用社会救助可能会危及其居留许可证的续期或获得永久许可证的前景。长期使用这些救助将招致驱逐或被取消获得公民身份的资格（Diehl and Blohm，2003：142－143）。在获得无限制定居许可前，移民对任何福利的依赖都是非常不利的。除了受雇，依靠自己——也就是不靠任何救助以及从1990年算起有5年的缴费记录——对无限制定居许可的获得有决定性作用。换言之，缴费要求相当于对第一代移民进行永久居留和公民身份的工作测试。此外，截至21世纪初，通常由个人贡献记录认证的教育和护理阶段，都不能满足无限制定居许可的条件（Hansen et al.，2002）。简而言之，在德国，工作成为联系福利和入籍的重要纽带。

准入的形式和移民的社会权利

德国社会保险计划的特点导致了移民和德国公民的福利之间的差异。纳入制度在德国人和外籍人士之间画出了一条明确的界线，准入类别进一步分化了移民的社会权利。处于权利结构的最底层是寻求庇护者，而相对地，近来公认的难民和德国种族移民以及欧盟成员国移民都占据了上层。

在德国的案例中，有关部门对准入类别所做的区分，影响了移民的社会权利及工作权利。

虽然寻求庇护者的工作权利得不到保证，获得保险福利的机会有限，然而他们却享有被救助的权利，通常是在实物、住房、紧急医疗和牙齿护理方面，有时他们也可以获得有限制的工作许可。在2004年通过《移民法案》之前，不被批准入境又不能回到他们的原籍国家的申请者们，是被容忍待在德国的（容忍居留），还被赋予人道主义地位（权力），两者都享受有限的社会权利。少数根据《宪法》或《联合国公约》获得难民地位的人的权利经历了重大转变，但即使在这里，他们的权利也是有区别的，《宪法》赋予难民更大的权利。

具有德意志血统的移民相比难民来说处于更有利的地位，因为他们被视为永久居民或目标更精确的移民，他们享有其他新移民所没有的特殊的社会权利。为了保证德意志血统移民和德国公民在社会权利上的平等，保险缴费在提供养老金、失业和残障人士福利以及健康照顾时是有所波动的（Münz and Ohliger，1998）。另外，作为公民，他们被赋予政治权利，作为德裔，他们享有《宪法》赋予德国公民的权利，例如地域流动、就业自由、平等从事公职的权利（Neuman，1998：269－270）。当新移民被重新归类于后期再定居者（Spätaussiedler），近似血统移民之间在20世纪90年代出现了差异，近期再定居者的社会权利弱于德意志裔移民的社会权利。

欧盟成员国的公民组成了最后一种特权准入类别。随着欧洲整合程度的加深，这类移民的权利稳步增长。作为劳工，他们入境和居留的权利以及平等获得社会福利的权利在20世纪60年代后期得到加强，由于90年代经济的稳定，资本充足的欧洲成员国的公民因而获得了入境和居留的权利。在劳动力市场上，欧盟公民与德国公民在就业方面享有同等的地位，他们可以担任公职。这种权利的延伸过程也具有差异化，体现在：（1）在欧盟成员国的公民和非公民居民之间；（2）在2004年和2007年扩张前后的欧盟公民之间。欧盟的非公民居民不包括公认的难民，由于其非公民身份而被排除在赋予公民的几项权利之外。与2004年的扩张相关联的是，德国及多数欧盟成员国决定不让新成员完全进入劳动力市场，这在欧盟公民权利之间造成了暂时的断层。在 2004 年欧盟扩大期间，德国的政策制定者对这些国家的公民实施了过渡性规则，这是在 2011 年年初之前允许的最长期限。

总的来说，让我们考虑一下福利制度、准入类别、纳入制度之间的相互作用。在保守社团主义体制下，德国保险计划冗长的工作测评和缴费要求，对移民取得标准福利的资格提出了挑战。参与劳动力市场是权利的主要基础，但工作权利因准入类别的不同而有所不同。那些没有工作权利的新移民无法获得社会保险福利，这是社会供给的基础。此外，倘若移民利用社会救助，他们获得永久居留权和公民权的前景就会受到威胁。简单来说，这项福利计划导致了阶级分化，而纳入制度导致了种族分化。同时，在 2004 年的《移民法案》出台之前，不同的准入类别赋予移民不同的权利，同时复杂的工作和居留许可制度都加剧了移民权利的分层。正如我们稍后会看到的，2004 年出台的法律简化了许可证制度，但并未终止按入境形式区分权利的做法。

紧缩和移民的社会权利

福利国家紧缩政策间接而又直接地影响了移民的社会权利。许多改革都没有考虑到可能对外国人造成的影响，然而一些变化严重侵犯了他们的社会权利。在其他情况下，移民，或者更精确的具体条目的类别是 20 世纪 90 年代福利缩减的直接目标。首先，本书考察过去的 30 年里，尤其是 20 世纪 90 年代后那段时期的紧缩政策对移民权利的间接影响；接下来，本书将把研究重点转到特殊准入类型的社会权利上。

间 接 影 响

从 20 世纪 70 年代中期到 21 世纪初的德国的紧缩政策可以很好地被概括为持续成本控制或增量紧缩，这样的紧缩影响了所有类型的福利。因此，与自由主义政体国家不同的是，德国的紧缩政策并没有将经过家计调查的福利单独列出来（Alber，2003：34）。德国的福利制度也没有像英国那样采取残余化的方式，用家计调查福利取代保险福利。家计调查福利的使用在增加，但是这种增加主要是由于人们没有足够的保险福利。从2000年起，政府通过家计调查的方法加强了安全网。然而在2010年之前，保险福利的持续发展让家计调查的福利相形见绌（Hinrichs，2010：45）。

除此以外，相对于极度紧缩的主张，削减往往伴有新的福利。总的来说，短期工资收入者的社会福利在被裁减的项目之列，与此同时，与护理相关的福利则在扩大（Bleses and Seeleib-Kaiser，2004）。最重要的新福利和项目中包含了儿童照料津贴（Erziehungsgeld）、休假（1986）、引进和增加照顾信贷在养老金制度中的占比（1986，1989，1997，2002）、老年人的长期照顾保险（1993）、父母照顾假（Elterngeld）以及休假（2006）。除这些改革外，在传统家庭福利上的花销维持不变。

保守社团主义体制的显著特点导致了紧缩政策。由于保险福利是社会供给的基础，而雇员与雇主的缴费是筹资的主要来源，因而产生了通过限制缴费率来降低生产的劳动力成本的想法。因此，削减开支的主要推力是控制在保险福利方面的支出——失业补偿、退休金以及残障人士福利。等价原则确保了福利应当等于缴费，典型的保守社团主义制度巩固了社会保险福利的紧缩。这些改变加强了缴费和工作测评的重要性。而结果是，权利分化增加了，优待内部劳工使得外部劳工处于不利地位，而很多对劳动力市场不感兴趣的劳工都是移民。

等价原则的影响在失业补偿的紧缩政策中很显著。同时，失业福利与移民有特殊的关联，因为他们从20世纪80年代早期开始就在失业问题上相较于德国公民更易受到攻击（Ginsburg，1994：200；BAMF，2007：27）。依照等价原则，政府将20世纪80年代中期有长期缴费记录的年老劳工领取保险福利的最大时间由12个月延长至32个月。虽然领取福利的最长期限在21世纪初期缩减回了18个月（Clasen，2005：55，65，195），但这相比于20世纪80年代早期仍旧标志着一种进步。此外，领取福利的最长期限在2008年被调整为24个月（Hinrichs，2010：72）。实际上，这些措施保护甚至增加了核心员工的社会权利，特别是那些年老的员工。相比之下，作为年轻的劳工和新移民，非德裔移民的缴费记录通常为一般或较差，他们也没有资格获得延伸的保险福利。与此同时，失业保险的缴费率相比于其他保险计划增长得更快，从 1975 年到 2000 年翻了三倍（Alber，2003：18）。

紧缩措施导致了失业者对失业救济金的依赖（Bleses and Seeleib-Kaiser，2004：54；Clasen，2005：59），并且移民比德国公民更倾向于利用失业救助（Nielsen，2004：260）。那项 2005 年的、有争议的失业救助改革（Hartz IV）也对移民产生了负面影响。这项改革通过将与收入相关的津贴转变为根据家庭人口多少调整的与住房相关的福利，也就是失业救助福利（ALG Ⅱ）（Clasen，2005：75，196－197），将福利降低为普遍接受的失业救助。这项改革之后，外籍人士对于 ALG Ⅱ计划的利用率是德国公民的两倍（BAMF，2007：29）。

21 世纪初期的养老金改革也没有为更好地改善未来移民的养老金前景做出贡献。养老金改革并没有改变终身收入与权利之间的联系，这种联系是使新移民处于劣势地位的养老金制度的主要特点。实际上，改革延长了领取养老金所要求的工作年数，而养老金比最低福利收益多（Hinrichs，2010：391）。另外，2001 年的养老金改革建立了新的国家补贴的私人养老金等级，以解决养老金替代率较低的问题。因为私人养老金级别是自愿性的，所以很有可能造成覆盖不均的问题，特别是在低收入群体（包括低收入移民）中。2008 年，私人层次的覆盖率大概只有劳工收入缴费支付给公共保险计划的 40%左右（BMAS，2008）。2003 年的一项社会救助改革通过消除代际家庭责任，包括老年人的子女参加养老金测试，为老年人和残障人士创造了实际经过收入调查的最低养老金（Bleses and Seeleib-Kaiser，2004：77－78）。如果最低福利是保险计划中的福利下限，它也就代表着移民所能获得的主要受益，然而作为社会救助的一部分，它的使用也许会影响居民身份或获得公民身份。

针对短期收入者的福利紧缩政策在许多方面是不利于移民的，但是在涉及德国福利国家的关怀维度和家庭政策的改革方面，移民的表现如何呢？这些措施看似会造福于移民和外籍人士，因为他们的家庭人口往往比出生在德国的本地人口多。然而在 20 世纪 90 年代的德国，人口多的家庭比人口少的家庭往往承担着更多贫穷的风险（Sainsbury and Morissens，

2002：317），相比于10年前儿童的贫困率也有所上升（Frick and Wagner, 2001：287）。

家庭福利的膨胀和儿童贫困率的增长之间的矛盾与德国家庭福利的再分配性质有关。在20世纪80年代早期，政府优先考虑横向的再分配（从没有孩子的人们到为人父母者），而不是覆盖全部儿童的社会最低保障。偏向高收入父母的家庭税收福利在定期增长，现金福利作为一个紧缩措施被削减，直到20世纪90年代中期前未曾改善（Bleses and Seeleib-Kaiser, 2004：80－82）。尽管已对这一体制进行了全面的改革，但家庭福利依旧继续为高收入父母提供了慷慨的福利（Clasen，2005：155，163，207－210）。换句话说，家庭福利很少为低收入且孩子多的家庭提供支持，移民家庭及其孩子往往比土生土长的德国人有着更高的贫困率，而外籍人士比德裔移民有更高的贫困率（Frick and Wagner, 2001：287；BBMFI, 2010：223）。

总的来说，德国保险福利的紧缩制度牵涉到增强的工作绩效和缴费要求——保守社团主义制度的两大关键属性。这一举措不但导致了给予移民的社会保险较差且常常不充分，也进一步解释了为什么外籍人士仍是社会救助体系的净贡献者。他们常常不能达到获得慷慨福利的严苛的新资格认证的要求，但却承担了稳步增长的缴费。同样严重的是，移民在劳动力市场上的地位被破坏了，这使得他们获得社会保险福利的权利越来越少。由于没有足够的保险福利，因而移民不得不更多地依赖失业救助或社会救助。与护理有关的福利也许已经为移民提供了帮助，尤其是具有传统分工的家庭。然而通过扩大税收优惠来实现国家对家庭的支持的横向分配原则，对低收入移民家庭几乎没有好处。

针对移民的紧缩政策

20世纪90年代，紧缩政策的两大目标是德意志血统的新移民以及寻求庇护者。根据近期的研究，对这两个群体的类似策略是显而易见的。其中包括了大量减少他们的社会权利、实施入境限制以及重新界定他们的准入类别。德裔的移民在1993年被重新界定为后期再定居者，特殊制度在 2011 年得以终止（Münz and Ohliger，1998：188；Joppke，2005：212－213）。1993 年的《宪法修正案》改变了对寻求庇护者的界定，政治庇护权不再适用于通过安全的第三国进入德国的寻求庇护者。

德裔移民的特权受到了全面的削弱。他们享有保险福利的特权在这个十年里被削减了，综合福利的慷慨性和持续性也在稳步减少。然而在综合福利之后，德国移民依旧享有失业救济和福利待遇（Münz and Ohliger，1998：171－172；Heinrich，2002：82；Klekowski von Koppenfels，2002：100，112－114）。成本节约措施使得每年用于德裔移民的支出急剧减少。即便如此，这笔钱仍是花在非德裔移民身上的近 10 倍，这还不包括花费在失业、社会保障以及福利上的开支（Münz and Ohliger，1998：194；Green，2004：119）。因此，尽管相近种族移民的社会权利被削弱了，德裔新移民依旧比非德裔移民享有更好的福利。

在 20 世纪 80 年代早期，寻求庇护者的社会权利被急剧削弱了，这一情况在 90 年代持续恶化。直到 1993 年，寻求庇护者才像德国公民一样，受《联邦援助法》管辖，但是随后他们的社会权利由一个独立的平台管理。在 1993 年的《寻求庇护者福利法》里，他们只有在停留的第一年才有权得到实物援助。支付给寻求庇护者的现金津贴被设定为低于最低标准的 20%。这些规定在 1997 年也延伸到内战难民以及所有临时的外籍人士，实物援助的期限也从 1 年延长至 3 年（Minderhoud，1999：141；Marshall，2000：58）。

普遍的紧缩策略和以特殊入境人群为目标的各项措施都导致移民更多地使用社会救助，从原先的不怎么要求救助到 20 世纪 90 年代早期移民的利用率猛增。《寻求庇护者福利法》的施行减少了对救助的使用，但是在这个十年里，仍约有 25% 的接受救助福利的人是移民。养老金收入、失业补偿以及家庭福利的不足是移民更多依赖于救助的主要原因（Voges et al.，1998：268－270；Alber，2003：22－24；Maschke，2003：231，236）。

纳入制度中的改革与持续

移民对于救助福利依赖的增长说明了德国入籍制度中的问题所在——

那些影响永久定居和公民资格的使用救助的规则。变革既削弱了规则，又强化了规则。2004 年的《移民法案》使得有保障的生计成了获得短期和永久定居许可的条件之一。具体来说就是，一个外籍人士只有在当他或她能够养活自己，这里包括充分缴纳健康保险费而不从公共基金中获取资金，才能称其生计是有保障的。重要的是，与英国的不同，德国的公共基金不包括儿童福利、父母福利，或“为了在联邦领土上居住而授予的”福利（BMI，2004：12，14，17）。2000 年的《国籍法》没有改变救济规则，即除了在申请者自身没有行为能力的情况下，依赖社会救助将不能获得国籍（Neuman，1998：290；BMI，2005：6）。2007 年，第二代移民申请国籍面临更为严苛的要求。这时他们必须提供生计稳定的证明，而稳定的生计被视为不依靠新的失业救助福利（ALG Ⅱ）或者社会救助（BBMFI，2007a）。2005 年，大量第二代移民缺少学历证明，他们的失业率很高（BBMFI，2007a）。

2004 年的《移民法案》正式承认德国是一个移民国家，并带来了许多重要的变化。它通过取消工作许可并将居留许可减少为两种形式——有限居留许可和定居许可，从而简化了许可证制度。然而有限的居留许可不是权利与义务相统一的标准许可。相反，许可证是根据移民的目的即准入类别——劳工、学生、家庭成员及寻求庇护者进行区分的。虽然这项法律取消了工作许可并且普遍地扩大了工作的权利，但有限的居留许可规定了就业条件。与先前严格的工作许可一样，工作授权会限制就业持续的时间、参与社会活动的类型、工作地点以及地区。同样重要的是，优先原则把非德裔以及非欧洲籍的新移民排除在仅有的劳动力市场之外（BMI，2004），外籍人士就业的限制性特征因此仍然存在。虽然新的许可制度改善了很多移民的现状，但是在 2010 年之前超过 40% 的非欧洲籍移民只有有限的居住许可。没有移民身份的外籍人士（没有许可的）的数目接近 100 万（SBD，2009），而那些没有居留许可的人是被排除在就业和社会福利之外的。尽管许可制度简化了，差异化仍旧是德国的入籍制的基础，不同准入类别的移民权利和社会权利仍然存在差异。

2004 年的法律也引出了移民权利的职业分化，即对高素质员工实施的特权化政策，同时保留了对不合格员工和一般合格员工的官方劳工移民禁令。高素质雇员仅限于联邦法律所规定的那些特殊职业的雇员，那些个体经营的、在德国投资并创造工作岗位的人也属于这一行列。相比于其他新移民，高素质雇员——科学家、杰出的学者、身居高级管理职位的人，即月最低工资不少于 4 000 欧元的人——很快就可以拿到定居许可。如果他们能够给出足以说明他们将融入德国的生活方式的理由，并且完全不需要依靠国家救济，那么他们就有资格定居。如若不然，那么获得定居许可需要满足以下条件：持有居留许可证 5 年，就业或有充足的收入，缴纳保险达到 5 年，没有犯罪记录或违宪活动记录，具有良好的德语表达能力，对法律、社会制度和生活方式有一定的了解，以及拥有适当的住所（BMI，2004：17）。而高素质人才则可以绕过这些要求，这就造就了对待精英与非精英的双轨制度。

纳入制度的排外性已通过改善第一代和第二代非德裔移民的准入机会而有所调整。2000 年的《国籍法》将申请国籍的居住期限要求由 15 年降低为 8 年，在满足要求的前提下，强化了归化权。这项法律也为非德裔移民在德国出生的儿童获得德国公民身份提供了新的可能性，前提是父母中的一方需要已在德国居住 8 年，并且有无限制的居留许可或者定居许可。由于很多外籍人士只有有限的许可，因而这个要求为他们获得国籍设置了严重的障碍，但这一变化意味着自 2000 年以来，由非德国父母所生的大约一半的孩子在出生时就具有德国公民身份（BBMFI，2007b：Table 8）。还有一个障碍是，这项法律未能废除“取消原国籍”这一个要求，但在某些情况下可以放弃这一要求。

总的来说，2004 年的《移民法案》和 2000 年的《国籍法》通过严格的要求，为获取定居许可和国籍设立了双门槛。随着时间的推移，获取永久居留许可需满足的要求在成倍地增加，且与获得国籍所需满足的要求相似。定居许可不但是第一代移民获得国籍的先决条件，也是其在德国出生的孩子获得公民资格需要满足的要求之一，近来的改革把稳定的生计的门槛延伸到了第二代移民。尽管德国入籍制度的大多数排他性规定已经被淡化，但在德国申请永久居留许可和国籍所需满足的要求在我们所有的案例里是最为严苛的。

法国：保守社团主义的福利体制——包容性的纳入制度

如果德国被看作保守社团主义福利制度的典型，那么学者们对法国的福利国家制度的性质一直存在争议。从基础层面来讲，批评者们认为法国政策的不稳定区分性对埃斯平-安德森体制类型学的稳健性产生了怀疑（如 Bonoli，1997；Levy，2000；Barbier and Théret，2003）。学者们也呼吁，要关注法国和德国模式的差异性，比如说法国与南欧社会供给模式的相似性（Bonoli and Palier，1996），以及法国作为强势国家的传统（van Kersbergen，1995）。

尽管法国和德国社会政策之间存在很大的差异，但是这两个国家都显示出保守社团主义制度的本质特征。在法国，俾斯麦社会保险模式是发放养老金、失业补偿金、疾病与健康福利以及最初家庭津贴的核心。社会福利主要基于从就业中获得的由雇员及雇主支付的供款，由社会参与者管理这项计划。就百分比而言，捐款在资助法国社会政策方面的作用甚至比德国更大（Palier，2002：134，321），并且法国在 21 世纪初的总缴费率是很高的（SSPTW，2010：23）。在德国，不同的职业和部门有不同的计划，福利则反映了职业奖励结构。覆盖面是高度分散的，导致了复杂的分层效应模式，这使福利的职业差异长期存在。慷慨的公共部门养老金在退休年龄、替代率以及缴费年限上占据了优势地位。由于福利在 1998 年之前没有纳税，因而福利收入的不平等仍然存在。安全网也以碎片化为特征，用一些社会最低标准去满足广大的需求（Palier，2002：434）。总的来说，法国社会福利和税收对收入不均等几乎没有影响（Cameron，1991：89 – 90；Levy，2000：311），而福利试图增强受益人的收益情况——保守社团主义制度的特色之一。

符合保守社团主义体制的服务被转型弱化了，辅助性原则对社会服务的提供产生了影响。由于教育与儿童保育的缺失（écoles maternelles），故而国家不提供服务。相反，社会服务由协会和半公共机构提供，尽管是由捐款和国家来提供资金的。

另外一个共同特质是就业水平低，这给保守社团主义福利国家带来了普遍的挑战。它们的政策促进了内部和外部的劳动力市场，而这导致了不利的供养比率——劳动力人口比例的下降以及福利国家受益人数量的增多。法国寻求一种通过提前退休以及其他计划的方式解雇年长男性劳工的政策，这是保守社团主义制度的典型做法。在 2010 年之前的几年中，法国的老年男性劳工的雇用率在西欧国家中属于最低的，并且低于德国（OECD，2011：241，245 - 247）。女性劳动力的市场参与率与代表保守社团主义体制的其他国家相似，也相对较低。

包容的纳入制度

两国的入籍制度在历史上表现出了根本性的分歧，它们往往被看作两种对立政策的代表。最鲜明的对比源于它们的国籍观念，这种观念影响了公民身份的获得。早在 1889 年法国即规定，国籍授予那些出生在法国并且外籍父母任何一方出生在法国（如果父母其中一方出生在法国）或在法国成年的人（Weil，2001b：58）。永久定居和家庭移民长期以来受到鼓励，入籍和同化被视为常态。与法国公民结婚的外国人可以立即或者经过一个相对较短的时期后申请法国公民身份。另外，5 年的居留要求没有对外籍人入籍提出障碍，也不允许双重国籍。相反，非德国籍的长期居民只有入籍的声明但没有入籍的权利，直到 20 世纪 90 年代早期，德国仍有严格的入籍要求。

在这项研究中，法国移民的模式区别于其他欧洲国家。自从 19 世纪中叶接收大量的移民后，法国成了一个移民国家。在两次世界大战期间，其外国人口占比达到顶峰时期的 6.6%（Kennedy-Brenner，1979：10）——略高于 20 世纪 70 年代早期的百分比。与战后移民政策主要基于经济考虑的欧洲其他国家不同，法国的政策还受到人口因素的影响，尤其是其低出生率。去殖民化进一步导致移民的流动和种族构成的变化，在英国，这些改变早于瑞典、德国和丹麦。从 1962 年到 1975 年，非洲人在外国的人口的份额从约占五分之一上升到超过三分之一（Kennedy-Brenner，1979：47）。1974 年，法国禁止劳工移民并在短期内也禁止家庭移民。随后，法国的劳动力迁移下降，但移民仍以非法入境、家庭团聚和寻求庇护者的形式出现。

移民社会权利的演变

在德国，基于工作和缴费的俾斯麦社会保险系统，意味着外国劳工在到达德国后不久，就能正式地获得很多福利。雇员绝大多数是移民，并且在法国和德国的工作资格要求是最低的。外国劳工也有参加管理层员工代表的选举和最终在两国社会保险行政机构中担任职务的权利。

与福利和缴费相关的结构要求，即与德国的情况类似的典型的保守社团主义体制，使外籍劳工处于不利地位。与收入相关的福利固然反映了职业奖励的系统，但是外籍劳工却一直处于低薪工作的状态中（Castles and Kosack，1985：79－80）。此外，从事同一工作和拥有相同资历的外籍劳工的工资比法国劳工低 10%～20%（Freeman，1979：190）。低工资的劳工也支付了其收入的很大一部分，这是由于缴款的上限使高收入者受益。

获得非缴费型福利

外国公民获得非缴费型福利是一个更曲折的过程，容易导致延误公民资格的取得，特别是在接受援助的情况下。第二次世界大战结束后，随着家庭津贴的调整，非公民获得家庭福利被正式引入相关政策中，主要的变动是家庭福利向非工作人口延伸，从户主向照顾孩子的人支付福利的变更，以及去除把父母的国籍作为获得单收入家庭津贴的资格条件之一（Lenoir，1991：157－158）。然而这项改革通过为留住外国人参加家庭独资优待工作考核，分化了法国公民和外国人。1978 年，如果孩子们在法国，那么该限制就会被取消（Steck et al.，1990：65）。如果非公民长期失业或遭受职业伤害以至于他/她不能再工作，那么家庭津贴就停止支付给他们在海外的孩子（Vourc'h et al.，1999：83）。与法国劳工相比，外国劳工更容易经历职业伤害和疾病（Miller and Martin，1982：70－71；HCI，2006：129－130）以及最近的长期失业。

国家援助福利的资格被延迟到20世纪90年代末。直到1990年，国家团结基金向老年人、残障人士和母亲支付的津贴是留给公民的。随后，立宪法院裁定获得非缴费型福利的资格扩展到所有普通居民，但直到1998年，立法才根据法院的判决进行了修改（Guiraudon，2000b：48）。然而，获得最重要的国家援助福利津贴的权利与许可证和工作要求相关。非欧盟移民必须有永久居留证或满足工作测试——最初是3年，但在2010年之前延长到5年（Guendelsberger，1992－1993：694；S－P，2010）。最后，非公民获得地方援助福利（社会救助）的资格涉及居住要求，现在这个要求已有所降低，但并未完全被取消，不过有关国籍的要求已经被取消了。

与法国颂扬普遍主义和平等相反，为了尽早满足移民的特殊需要，一个单独的组织或“制度”被创建。1958年，法国成立了社会行动基金会（FAS），用接待、教育尤其是语言培训和住房保障的形式帮助移民。它的成立体现了保守社团主义福利制度中福利服务典型的组织机构和法国社会团结概念的一个方面，即内部团结，这体现在围绕着职业或其他附件的互助传统中。最初，这个计划是针对不久之后成为法国公民的阿尔及利亚移民，资金的一个来源是由移民自己缴费。家庭津贴支付给国外孩子的费用均低于在国内的儿童津贴，这个差额的一部分被用于资助FAS计划。这类资金降低了该计划的再分配潜力，也遵循了保守的法人制度。该机构的行政委员会包含几个部门的代表，但服务和住房是通过私人公司、志愿机构和半公开的组织（Freeman，1979：79，168－172；Lieberman，2005：110－111）——大多属于保守社团主义模式。提供服务的志愿者除了移民协会的成员，还有在20世纪80年代早期在行政理事会中获得代表权的移民。因此，法国为移民提供服务的解决方案与德国不同，根据国籍和宗教，移民成了由教会和工会管理的主要福利组织的成员。

准入的形式

移民的社会权利也被他们的准入形式所塑造，两种入境类型——寻求庇护者和无证件移民——都经历了其权利的紧缩，这与我们下面讨论的紧缩有关。阿尔及利亚和法国前非洲殖民地的民族独立也改变了从这些国家来的新移民的权利。与其他非欧盟国家的公民相比，除了更早地获得公民资格之外，一系列的双边协议削弱了他们以前的特权，大大降低了他们的地位（Feldblum，1999：26；Money，1999：109－111）。

在过去的几十年中，除了无证件移民和寻求庇护者，非公民的社会权利得到了普遍改善。尽管整体得到改善，但被剥夺移民权利的队伍已经扩大，由于寻求庇护者的成功率比较低（根据联合国难民署 2007 年的数据，1995 年至 2005 年期间的成功率约占所有申请者的 20%，有 334 份），因而导致越来越多的无证件移民缺乏社会权利。对无证件移民和寻求庇护者的权利的削弱，往往通过移民立法的改变加以管制。这些改变已经被证明是控制移民的合理措施。同样，合法化的程序已成为越来越多的移民社会权利的核心。

移民的社会权利分层是由准入类型、入籍制度和福利国家制度形成的。与不同准入类型相关的权利的特殊集合在非公民的权利方面产生了三个主要的分歧：（1）难民和非难民；（2）无证件移民与合法移民；（3）欧盟公民与第三国公民。先前，第四个分歧出现在对待殖民地居民和其他移民不同的处理方式上；之后，规定不同民族的福利和福利水平的具体要求的各种双边协定，构成了合法移民社会权利不平等的根源（Freeman，1979；Steck et al.，1990：67－69）。

高度分裂的法国福利制度，沿职业断层线具有不同等级的福利水平。大多数移民获得适度的保险福利，因为他们集中在低技能的工作岗位上。在这种制度类型中，福利地位的增强倾向于限制再分配的结果。最后，社会最低标准已经被社会保障体系合并和管理，但是基于民族团结原则的这些福利中的大多数，只有在 20 世纪 90 年代末通过立法才完全提供给非公民，消除了公民和非公民社会权利差异的主要来源。

福利国家紧缩、重组和移民的社会权利

作为战后法国福利国家快速扩张的结果，法国社会支出稳步上升，在

近几十年里，法国已经成为除了斯堪的纳维亚国家以外的财政支出最沉重的国家（Levy，2000：309；Adema，2006：10）。不断增长的支出和持续缓慢的经济增长产生了严重的财政危机，在20世纪90年代出现了巨额赤字（PALIER，2002：171），而在21世纪初几乎没有改善。

在应对赤字问题时，法国政府通过增加缴费和扩大计税基数以及削减开支来筹集资金。在2000年后期，缴费在工资薪金总额中约占45%（SSPTW，2010：23），除老年人、残障人士和幸存者保险之外，缴费上限逐渐地被提高。1991年，政府通过一项新的税收——社会贡献（CSG），扩大了社会政策的计税基数。与保险缴费不同，这种税是适用于所有形式的收入的，包括资本收益和财产。自CSG出台以来，当它达到所有收入的1.1%时，其比例已经在2005年上升到7.5%（PALIER，2006：122）。

从1990年到2000年，福利削减的主要目标是失业救助、医疗保险、家庭福利和养老金。年龄差异化的工作绩效被收紧；这些测评确定了给付期限和年长员工的特权。替代率随着工作时间的延长而不断降低；失业持续的时间越长，替代率越低。此外，失业救助津贴几乎与20世纪80年代中期的保险金额相同，不过现在已经大幅度减少，失业人员领取失业保险金的百分比有所下降（Barbier and Théret，2003：139；Dollé，2004：73）。在众多控制医疗费用的尝试中，对病人的报销额约降至医疗费用的60%（PALIER，2010：93）。在控制家庭福利支出方面，法国政府引进了收入测试。服从支付能力调查的家庭福利份额从1970年的12%攀升到20世纪90年代末的60%（Palier，2002；Barbier and Théret，2003：137；Levy，2005：116）。

到目前为止，最重要的削减开支的法案涉及一系列的养老金改革。1993年，养老金改革减少了私营部门的退休津贴，主要采取了如下几种措施：（1）把按收入最高的10年的平均收入计算福利的公式改为25年；（2）获得退休津贴资格的年数增加到40年；（3）使养老金与物价挂钩，而不是与工资挂钩。在公共部门养老金制度中引入类似削减的努力，直到10年之后才取得成功，那时公共部门和私营部门的养老金更加紧密地结合在一起。此外，2003年的养老金改革将全额退休金的缴费年限延长到

42 年（2020 年生效），并且强化自愿的私人退休计划，将未来养老金的部分责任转移给市场（Mandin and Palier，2005）。2007 年、2010 年的改革进一步缩小了公共部门和私营部门的养老金差距，提高了领取养老金的年龄。

在这些成本节约措施中，有几项措施对移民权利有不利的影响，且和德国的情况有相似之处。他们作为后来者或第二代移民试图进入劳工市场，已经不太可能有必要的工作记录去获得更慷慨的失业保险福利的资格。由于法国劳动力和外国劳动力年龄构成的差异，因而其内部/外部政策有利于具有年老劳工间接优势的法国劳工。法国的年老劳工获得失业救助的最长时间比德国要长得多（60 个月和 34 个月）。具有移民背景的人口也有较高的长期失业率，因此他们更有可能享受由失业持续时间所决定的较低福利。1993 年的改革降低了私人部门养老金水平，由于非公民被禁止在公共部门中就业，因而该改革片面地影响了非公民。提高缴费年限和计算福利的年数消极地影响了中年移民的养老金收入。私人退休金覆盖面有限，主要适用于政府雇员和自由职业者（Mandin and Palier，2005），部门没有移民或很少有移民。医疗费用偿还率的降低对低收入群体造成了严重的打击。为了维持较高的报销率，85% 的人口已经有了补充保险（Levy，2000：338）。那些没有这种保险的人受到了改革的全面影响。然而正如我们将看到的，家庭福利收入调查的增加可能对在法国的合法移民有利。

削减目标移民

在 20 世纪 90 年代，随着紧缩力度的加大，寻求庇护者和无证件移民的福利成为被削减的目标。1991 年，寻求庇护者无权进入劳工市场，并且他们认领失业救助和其他保险福利的资格也被取消了。取而代之的是，寻求庇护者开始依赖其中一种援助津贴，而没有为儿童提供补充津贴。在 21 世纪初，为了减少寻求庇护者的流动，一系列新的削减行动发生了（ECRE，2004；Freedman，2004：57，63）。无证件移民的社会权利的最严重的恶化发生在 1993 年，当时他们被禁止享受保险福利，包括医疗福利，不论他们是否已经缴费和缴税。法律也否认他们享受的大多数社会援助福利（HCI，1998：Chater 1）。

偏离俾斯麦模式

法国的政策制定者面临财政约束，他们像他们的德国同行一样，引进了一种新的社会计划和津贴。因此，两个保守社团主义国家推行了改革，这与 20 世纪 80 年代初以来对福利国家的分析所强调的紧缩和回缩背道而驰。这两个国家实施的新计划的最主要区别是，法国的改革往往打破俾斯麦模式和促进非缴费型的福利，而德国的几项改革加强了社会保障中的保险成分。

历史上，法国福利国家的家庭政策占据了独特的地位，家庭福利在权利基础和资金基础方面都代表了与俾斯麦模式的早期背离。奖励不同类型家庭的措施使家庭的津贴、税收福利和实物福利成倍增加（Lenoir，1991）。家庭政策发展过程中的两大特征对移民有重大意义。福利的建设往往倾向于奖励规模更大的家庭，家庭福利经历了一个从横向到纵向再分配的转变（Levy，2000：131）。此前，与他们的收入无关，法国政策主要是从剩余人口到家庭重新分配资源。虽然税收制度继续支持除了非常富有以外的家庭，但是越来越多通过收入测试的措施针对低收入家庭（Barbier and Théret，2003：136－138）。住在法国的移民倾向于从这些趋势中受益，因为他们通常比法国家庭有更多的儿童和更低的收入。事实上，与本地出生者的家庭相比，移民家庭更有可能获得家庭福利（Morissens and Sainsbury，2005：650）。更大规模的移民家庭也为受益人提高他们对特殊补充福利的要求，这些受益人在获得退休、幸存和疾病福利的情况下至少抚养了三个孩子。孩子的数量也影响生育津贴的持续时间（SSPTW，2010）。

非缴费型福利的发展也受到俾斯麦模式的根本缺点的推动。自 20 世纪 70 年代中期以来，高水平的失业率大大地增加了社会保险的人数，集中于保险福利的紧缩措施导致保险覆盖面缩小。为了帮助那些没有被社会保险覆盖的人，法国出台了一些在社会保障体系之外的新的津贴。最重要的是1988年出台的《最低就业收入补助》（RMI），它被誉为国家安全网的创新（Levy，2000；Palier，2002）。不同于其他最低福利针对的类别，如单亲家庭、寡妇、老年人或残障人士，RMI为那些没有社会保障的人提供了一般的最低收入。2000年，为了扩大医疗保险的覆盖面，消除医疗服务方面的不平等现象，一种针对无收入或低收入人群的以居住为基础而不是以工作为基础的特殊保险成为可能（Palier，2006：120）。

最低就业收入补助是最重要的创新。2005年，受助人数已上升到130万，其中家庭成员受助者占全部人口的3.5%（Palier，2006：120）。RMI的利用率也表明移民从保险原则的突破中获利（Lieberman，2005：115）。2009年，具有更强的支持工人求职的责任感的团结工会（RSA）取代了RMI。RSA的目的不仅是为未就业者提供社会最低工资，而且也为了补充工资水平低于最低工资的工人的收入。据估计，在2010年以前，RSA影响了1 000万人或16%的总人口（Martin，2010：84）。

从福利国家紧缩和重组的角度来看，人们对移民社会权利的平衡表的评价是褒贬不一的。一方面，保险福利的资格条件的收紧以及恶化的外国人就业形势削弱了他们的权利；另一方面，福利国家重组的两个方面——家庭福利从横向到纵向的转变和非缴费型福利的增长，增强了许多具有法律地位的移民的社会权利。许多移民家庭可以申请定期福利和经家计调查的福利。消除民族团结基金提供津贴这个障碍，是非公民从非缴费型福利的扩张中获益的前提条件。在一定程度上，非缴费型福利的增长可以补偿没有资格获得保险福利的移民。然而这个福利水平比保险福利低很多，这开拓了福利国家分层的一个新来源，或者说它已经被贴上了法国社会保障制度二元化的标签（Palier，2006，2010）。

德国和法国体制的反思

为了把德国和法国的分析联系在一起，让我们重新审视其福利国家体制以及纳入制度的基本异同。正如我们所看到的，在德国和法国的福利体制中，工作均占重要地位，它突出地体现了移民社会权利的两个重要途径。首先，保险福利的资格要求是这两个国家社会服务的支柱，使移民劳工能最低限度地立即获得健康和疾病津贴、工伤保险和适度的失业保险。其次，作为劳工的外国人获得了选举和代表社团机构成员的权利，这涉及工业关系、管理社会保险，从而影响他们的社会权利。特别是在德国，工作作为权利基础的中心地位也导致向移民原籍国出口福利的可能性。

相反地，工作测评中对缴费的强烈依赖性和等价原则，倾向于弱化新来者的社会权利。严格的工作测评对新来者不利，因为他们不太可能满足缴费要求，所以没有获得福利的资格。在德国，严格的缴费要求和没有资格享受更慷慨的福利，意味着移民已成为社会保障体系的净支付者。在法国，无证件移民的权利被剥夺，这对这种准入类型产生了相似的结果；即使缴纳了社会保险费，他们也没有资格获得福利。此外，保守社团主义体制的收入保持功能已经损害了大部分移民，因为他们基本上都处于较低层次的职业和收入层次结构。

法国的福利制度与德国的福利制度对新移民的影响在四个方面有所不同。第一，在法国的社会保障条款中，工作绩效原则不是那么根深蒂固，它既促进了移民的社会权利，也使他们处于不利的地位。消极的一面是，对于居住在域外的非公民来说，法国支付以工作绩效为基础的保险待遇——养老金、残障保险金和死亡保险金的速度更慢。积极的一面是，工作测评已经不太艰巨，特别是在最近的养老金改革之前，它们有益于在法国就业时间较短的移民。第二，收入差距体现在保险福利方面，这在法国一直较弱；法国低收入者的福利替代率一直高于德国（Scharpf and Schmidt, 2000：372）。第三，法国雇员的缴费率已远低于德国（SSPTW, 2010：23）。第四，与工作绩效不相关的最低福利逐渐成为法国社会保障体系的重要特征。它们几乎完全脱离了社会救助，并且相当慷慨，特别是最低养老金（Korpi，1995：25，36）。非公民现在有资格获得这些福利。这一发展与没有最低保险福利的德国形成对比，德国的公共救助提供最低生活保障，使用公共救助会对居留证的更新和公民资格的获得造成损害。最低福利的日益凸显和家庭福利的长期重要性，都是非缴费型的，它们损害了对等原则——俾斯麦模式中权利的最主要依据。虽然这一趋势始于 20 世纪 50 年代，但它一直是近代福利国家重组的重要方面。

在这两个国家中，移民获得家庭福利相对容易，因为在这种类型的福利体制中，在历史上享受家庭福利是劳工的权利，在法国，工作测试是为移民而不是为公民保留的。相比之下，在这两个保守社团主义国家中，非公民享有按家计调查结果支付的福利是有问题的。1961 年的《联邦社会救助法案》授予所有德国公民法定最低权利，并将权利扩展到所有居民，但特殊情况适用于“外国人”（Maschke，2003：231）。非公民获得法国国家最低福利的权利也遇到同样的麻烦。在本书中，法国是最后一个以与其他人口相同的基础为移民提供经过家计调查的福利的国家。然而为当地援助而设的居住测试被保留了下来，在 2010 年之前，新近从非欧盟国家来的移民不能获得主要的社会救助，直到他们已经工作满 5 年或者取得永久居住许可证。

福利国家移民福利政策的紧缩强化了体制的特性，也产生了创新并且偏离了俾斯麦社会保险模式。在这两个国家，不同于代表其他福利制度类型的国家，保险福利的紧缩突出了等价原则和缴费原则，这以牺牲新移民和劳动力市场进入者的利益为代价来保障甚至改善核心劳工的权利。获得养老金和失业保险金的工作测评也变得更加艰巨，这些使移民处于不利地位。在法国，享有全额养老金的资格要求的变化更为剧烈，但这些要求仍然比德国的更为宽松。到 2020 年，与德国缴费年限满 45 年才能获得全额养老金相比，法国缴费年限需要满 42 年，而不是 37 年。法国也改变了福利计算公式：从收入最高的 10 年改为收入最高的 25 年（如 2008 年），这仍比德国的终身收入公式更为有利。法国也没有削弱劳工的失业保险福利的最长给付期限以迎合工作测评，甚至对年轻劳工也是这种情况。然而自 20 世纪 80 年代以来，这两个国家失业补偿金的紧缩已经降低了失业人员领取保险福利的比例，也降低了与保险福利相关的失业救助的福利水平。紧缩导致了双重福利，即核心员工作为内部人士享受优厚的福利，而局外人享受最低福利。

在这些改革中，两个国家共同的对策是增加自愿私人养老金的比重，根据社团主义的部署，工会应更多地参与自愿性私人养老金层面的工作。自愿私人养老金的覆盖面不完整，低收入群体覆盖面更差，影响到这两个国家移民的注册人数。如果没有私人养老金，移民将会经历公共养老金恶化的全部影响。法国和德国也引进了新的税收来筹措社会供应品，法国在这个方向已经走得更远（Manow，2010：292），但绝大多数缴费仍然是这两个国家资金的主要来源。通常，由于德国雇员的缴费率一直是法国的两倍，因而缴费对德国移民更加不利。

就其他改革而言，德国和法国的路径有分歧。尽管自 2000 年德国引进了偏离俾斯麦模式的措施，但一些改革更符合保守社团主义体制，主要的改革包括：一个新的覆盖老年人长期医疗费用的保险计划；养老保险制度中，强化了已婚妇女作为照顾者和在家庭中传统的劳动分工的照顾信贷；以及不属于保险制度的最低养老金。换句话说，德国选择了解决最低养老金的办法，这种办法并没有向作为领取养老金资格基础的工作测评妥协。德国对有些人没有被医疗保险覆盖的问题的解答，不是建立以居住为基础的新的公共计划，而是引入法律义务以加入现有计划或购买私人保险。德国政策制定者还扩大了对家庭的税收优惠；税收优惠强调了工作的中心性，主要针对家庭中负责赚钱的人。最近，对父母福利的改进又引入了保险的成分。除了针对妇女的保健福利，这些改革的影响对移民来说往往是不利的。虽然覆盖面越来越广（Hinrichs，2010：66），但在过去的 20 年中，没有医疗保险的外来人口的比例一直在增长。此外，只要移民享受援助福利，就会影响其永久居留权，并对其获得公民身份造成困难，那么把老年人和残障人士的最低福利并入社会救助中对移民来说就是有问题的。

法国的改革打破了俾斯麦福利体制和保险原则。通过为那些没有保险福利或保险福利不充分的人引入保险计划，法国加强了其社会保障制度中的非缴费型福利的成分。第二代移民有资格自动获得这些福利，而新移民必须是合法居民，直到 1998 年，他们才不受公民资格的影响。

总而言之，当充分就业不复存在且越来越多的人口没有适当的社会保护时，德国和法国的决策者最初对俾斯麦模式的根本缺陷做出了不同的反应。法国为没有社会保险的人引进了非缴费型福利，而德国倾向于依靠保险解决方案和增加覆盖面。为了给受照顾者和处于就业权边缘的人发放养老金，它们建立了新的保险计划或修改了现有方案。然而对缺乏保险的人来说，贫困的风险仍然存在。鉴于外国人口对社会保险计划的贡献持续下降，德国对俾斯麦模式的根本缺陷的反应令人担忧。尽管如此，与美国和英国的移民相比，新近移来法国的人员能够获得非缴费型福利，这已经很好了，因为去到美国和英国的移民在5年或更长的时间内被禁止享受这些福利。

纳入制度

关于入籍制度，需要强调的是，对不同国家的公民模式的关注掩盖了法国与德国政权的相似性。这些相似之处包括入籍的自由裁量方法、“公民身份是融合的标志”的观点以及类似的反歧视立法。近几十年来的趋同进一步提高了共性，早期的相似性和趋同性使法国纳入制度的包容性成为问题。

尽管在法国和德国的公民身份模式上存在差异，但在入籍问题上，法国和德国采取了自由裁量而非一种权利取径的做法（Brubaker，1989：110－111）。法国和德国的入籍程序在解释是否满足要求时具有相当多的官僚裁量权。在法国，省长和部长级官员都有自由裁量权，但自1993年以来，所有拒绝都需要书面理由（Weil and Spire，2006：203－206）。在德国，外国人入籍时的自由裁量权传统更加强大，但自1990年起，法律限制自由裁量权，还是因为德国联邦州（或国家）负责实施《国籍法》，所以对自由裁量权产生了不同的结果（Hailbronner，2006：239－243）。

此外，法国和德国共同关注公民权的改革。主流观点认为，公民权代表融合进程的高潮，而不是通过政治参与实现融合的手段。将公民身份视为实现融合的主要路径，也推迟了针对新移民的全面融合计划的落实，直到21世纪前十年才开始实施。

德国和法国都采取了类似的反歧视政策——更恰当地说，是反种族主义政策。发表种族主义的公开声明和煽动种族仇恨是刑事犯罪，对它的处罚一直是很严厉的。德国和法国政策的一个特点是，以刑法为中心而不是以民法为中心，在刑事案件中，强大的定罪的举证责任意味着歧视案件相对较少。由于担心纳粹政权和维希政府的种族主义传统会复活，因而它们的政策大力地处理种族歧视问题，但在打击涉及基于种族或族裔的不平等待遇的歧视行为方面，政策效果不佳（Lochak，1992；Fennema，2000；Bleich，2003）。

至于家庭团聚，法国对其有越来越多的限制，而且在一些情况下，当德国已经放松了它的规定时，法国却采取了比德国更为严格的要求。通过逐渐地将收入计算公式中的所有福利排除在外，法国已经为家庭团聚制造了更严格的义务，法国的收入审查变得比 2004 年德国的《移民法案》确定的计算公式更为严格。法国在 21 世纪初进行的改革提高了公民配偶的永久居留许可和获得公民身份的要求。这些公民的配偶在许多国家中已享有居留权和归化权（Weil，2001a：Table 1 – 3）。法国对公民配偶获得 10 年居留许可的要求从住满 2 年增加到住满 3 年。2006 年，法国婚姻入籍测试延长到住满 4 年，比德国的要求还长。

趋同的部分还体现在法国和德国的许可制度方面。趋同的第一个来源是，在法国获得许可证的工作要求越来越重要。最初，法国的许可证制度比德国更为宽松。所有的居留许可证均为可更新的，有效期为 10 年的特权许可证的居留要求是 3 年。普通许可证不能被撤回，除非移民触犯法律而被驱逐出境（Minces，1973）。从 20 世纪 70 年代初起，工作要求在法国的许可证制度中具有更大的意义。在 21 世纪的头十年，法国和德国的劳动力流动的恢复也产生了基于阶级与职业的新的分层效应，与专业人才、高管和富有的企业家相比，周期性合同工几乎没有享受什么权利。

趋同的第二个来源是在永久居留许可中成功融合的要求。德国纳入制度一直强调德国式的，以前的特权只限于同族移民，不包括其他族裔的移民。精通德语一直是获得永久居留许可证的要求之一，在 20 世纪 90 年代，精通德语成为德国对少数族裔移民的准入要求。在 21 世纪初，德国出台了永久许可的德国式新要求，这个新要求是文化知识和更好的语言技能测试的成功实现。随后，法国加强了获得永久居留证的融合要求。根据 2003 年的《移民法案》和《国籍法》，“让外国人融入法国社会，特别是对法语和法兰西共和国管理原则有充分了解”，成为颁发第一个永久居留许可和续签的条件（Legifrance，2003：4）。换句话说，成为法国人的条件不再局限于入籍而是拓展到外国永久居民。2007 年，对所有新来者关于融合契约强调外国人接受法国价值观的义务，新的移民部门、融合和国家认同也指出法国特性的重要性，模糊了公民身份中公民和种族模型之间的差别（HCI，2009）。总之，这两个国家在 21 世纪初已经出台了永久居留许可证的新要求，并且新要求类似于以前的入籍条件。实际上，新要求代表入籍制度中双门槛的第一道障碍。

考虑到法、德两国的入籍制度在几个维度上的趋同，把法国制度归类为包容的是否依然合理？最根本的是，对法、德两国来说，在入籍制度中关于获得国籍的规定具有差异性，这构成了法国代表包容性制度的最主要基础。长期以来，法国的入籍要求一直比德国宽松，法国第一代移民的入籍率大约是德国的两倍（Minkenberg，2003：230）。显而易见，2000 年，德国的《国籍法》的改进导致入籍数量在当年内达到最高，但此后的入籍数量有所下降（BBMFI，2010：443）。法国第二代移民中的国籍申请比例也很高——略超过 60%（INSEE，2005：35）。从更广泛的比较角度来看，法国的主张还是比较弱的。它不是像美国和英国那样基于属地主义，而是基于有条件的属地主义，即在第三代移民出生时才首先自动赋予其公民身份（Weil，2001b），取而代之的是从成年后半自动归属到第二代移民的包容性。

福利国家制度和入籍制度之间的关系一直存在。在德国和法国，入籍的最基本要求是经济自给自足，即就业而且有充足的收入，不用依赖于援助福利（Weil，2001a：Table 1－2）。因此，在这两个国家，利用社会援助可能会影响到移民国籍的获得，并且在法国，工作对于获得合法的居留许可证来说越来越重要。与法国公民不同的是，移民要想获得家庭津贴和援助福利必须通过工作测评。这个联系在德国仍然比法国要强得多。在德国的福利国家制度中，工作的中心地位更加突出。这同样适用于德国公司制度，自 2007 年以来，其永久居留和归化的工作测试甚至被用于第二代移民获得公民身份中。

由上可见，对德国和法国的比较为我们提供了两个主要的教训。第一，它呼吁关注福利体制的变化对移民社会权利的重要性。第二，这个比较阐明了对纳入制度单一政策维度的差异进行集中研究的困难。虽然国籍政策对包容性是至关重要的，但德国和法国的公民身份模型并不是一成不变的。相反，它们在过去 20 年中逐渐趋同，随着对定居地位的要求成倍地增加，它们的许可证制度变得更加重要，并且为纳入创造了新的障碍。

第五章　社会民主福利国家和移民的社会权利

社会民主福利国家制度的一个标志是全面的社会供给，其中一个主要的权利基础是公民身份。战后时期，与工作相关的福利逐渐补充了公民福利。因此，社会民主体制的特点是综合了基于国籍或居住权的普遍计划与基于收入替代率的计划。埃斯平-安德森（1990，1999）认为，这种组合削弱了市场的重要性，它最大限度地减少了社会政策的分层效果。资金反映的是社会公民的概念，而不是保险原则。参保的公民在社会保险计划中所缴纳的份额很小，也出现了对税收的严重依赖。综合社会供给也包括广泛的公共服务，例如通过国家干预为儿童、老年人和残障人士提供保障。另一个独特的方面是就业分配的重要性，埃斯平-安德森认为“工作权与收入保障的权利具有同等地位”（Esping-Andersen，1990：28）。最后一个特点是承诺将平等作为政策目标，这一承诺不仅限于机会的平等，而且已经延伸到结果或收入的平等。本章的中心问题是：社会民主福利体制的显著特征如何影响移民的社会权利？包容性体制对他们所拥有的权利有哪些影响？

瑞典：社会民主福利体制——包容性的纳入制度

美国一直被视为自由主义福利体制的缩影，而德国被视为保守社团主义体制的雏形，瑞典则是社会民主福利体制的典型。普遍主义能提高人口的覆盖率，在瑞典社会供给中，普遍主义突出体现在以下几个方面。瑞典的第一个主要社会保险计划——1913 年的《老年人和残障人士保险》——不同于英国和丹麦早期养老金计划中的家计调查补助，也不同于德国的俾斯麦模式。相反，瑞典体系的原则是，无论个人收入、劳动力市场参与度、性别或婚姻状况如何，均可享有养老金。然而直到1946年的改革才实现了这个原则。它引入了一种为全体公民提供统一费率的养老金，不对劳动力市场参与或家计调查提出强制要求。不同于其他国家的是，在20世纪40年代中期引入的儿童津贴立即覆盖到所有儿童。在20世纪50年代，医疗保险为所有母亲提供生育补助金，所有成年人可拥有一定的疾病津贴，就业人口也获得了收入补贴。20世纪70年代，由于生育津贴被转换成育儿津贴，因而福利已经涵盖到所有的父母。无论他们是否参与劳动力市场，都可以获得育儿津贴。

普遍主义也是扩大向全体居民提供公共服务的基础，特别是医疗、教育、就业服务及儿童护理。可是直到20世纪90年代，这些由私营部门提供的服务只发挥着边际作用，公共服务突出表现在社会政策的支出模式上。从20世纪60年代后期开始，瑞典花费了国内生产总值的20%~25%用于提供公共服务，这个数值大致与现金转移的国内生产总值的比例相同。然而到了70年代，英国医疗的普遍程度超过了瑞典。虽然瑞典议会在战后几年就通过了全民医保，但直到1955年，国家医疗保险才取代国家自愿补贴计划，并在1970年部分地取代医院和医生费用的报销制度。

自20世纪50年代以来，一个主要趋势是引进与工资相关的福利来防止收入上的损失。其中最重要的改革是与收入相关的养老金，包括退休和伤残（ATP）、改善的疾病补偿以及父母福利。这一改革引发了一些观察家的讨论，他们强调普遍利益的作用减弱以及与保守社团主义体制的趋同。然而需要强调的是，与收入相关的福利并没有取代固定费率的福利。相反，它们被叠加在公民福利上，导致了最终的双重收益。重要的是，劳务市场内外的人都得到了这些津贴。同经过经济情况调查的福利以及与工作相关的保险福利的结合相比，公民福利和与收益相关福利的结合产生了再分配效应。这在代表自由主义和保守社团主义体制的国家中是普遍存在的。公民福利为所有人提供了基本保障，与收入相关的福利为员工提供了收入保障，这在一定程度上是因为采取的积极的劳动力市场措施有所增加。与收入相关的福利已经减少了工作人群与以福利为主要收入来源的人群之间的收入差距。进一步的不同体现于，最近的工作测试难度已经没有那么高，而且被保险人的缴费在确定应享权利方面的重要性下降了。

此外，还有一个特征是充分就业的目标和能为每个人工作的权利。瑞典从 20 世纪 50 年代开始实施积极的劳动力市场措施——针对失业人群、劳动力市场进入者和难以雇用的人员。直到 20 世纪 90 年代，瑞典的失业率一直很低（通常约为 2%），积极的劳动力市场措施有助于在 20 世纪七八十年代的经济衰退期内保持低失业率（Sainsbury，1996：20）。这些措施还有助于提高劳动年龄人口中从事经济活动的比例，这一增长意味着更多的人有资格获得与工作有关的福利。尽管自 20 世纪 90 年代初经济衰退以来，绩效并不总是与充分就业的目标相匹配，但积极的劳动力市场措施仍然是一个重要的政策组成部分。21 世纪初期，瑞典的劳动力市场参与率高于自由主义体制和保守社团主义体制的国家（EUROSTAT，2009；OECD，2011：239）。

强调平等主义的结果和福利国家政策的再分配影响也是一个显著特征。虽然自 20 世纪 80 年代以来瑞典的收入不平等程度有所增加，但与自由主义和保守社团主义体制的国家相比，它仍然不那么明显（Hills，2004：29；NOSOSKO，2010：30）。21 世纪初期，瑞典的政策大大减少了收入不平等，政策的再分配能力在过去 30 年中没有明显下降（Sainsbury and Morissens，2010）。

包容性的纳入制度

瑞典的公司制度在战后时期已经具有包容性，其基本原则是基于居住地或住所（ius domicilis）的权利（Hammar，2003）。正如委员会的一份报告所述，在争取移民投票权时，“居住或居住原则是规范公共权利的基本前提”（SOU，1975：15，100）。最初，在移民的比较视角下，瑞典居民的北欧公民权利［译者注：北欧公民有其权利联盟，允许北欧各国公民在任何其他北欧国家自由旅行、居住（格陵兰岛及斯瓦尔巴群岛除外），而无须提供任何旅游证件（例如护照、国民身份证等）或居留证。］十分接近瑞典人的权利。随后，居民身份和以居住为基础的权利被扩展到其他移民。1954 年的《外国人法》为其他移民提供了谨慎的居民身份。在区分临时访客和永久定居者时，该法律为后者提供了特别的永久居留证，加强了他们的居留权。到 20 世纪 50 年代中期，三个非公民群体如其他北欧国家的公民、政治难民和拥有永久居留许可的移民获得了居民身份（Borevi，2002：80－81）。

纳入制度的包容性的本质也反映在简化移民许可制度的趋势中，该制度导致移民在抵达后不久即可获得永久居留许可。这是对难民的平等定义、对公约难民的平等待遇以及因人道主义原因而获得庇护的人家庭团聚的慷慨规则，也是对移民的文化权利和政治权利的引入。通过学校改革，在课程中增加了移民语言，补贴族裔协会，鼓励移民保留他们的文化遗产。《宪法修正案》加强了少数族裔和移民的权利。1975 年，移民在地方选举中获得了投票权和竞选公职的权利。与保守社团主义体制的国家一样，移民的公民身份也不再是公共就业的障碍。

这个包容性制度的一个异常现象是按血统（血统主义）继续确定公民身份。然而入籍条件已经相当宽松，但入籍率一直居高不下，甚至超过 21 世纪初期的美国入籍率。该制度的居住要求从 7 年减少到 5 年，并且在 20 世纪 70 年代中期取消了对移民成为公民的经济自立方面的要求；没有语言或公民测试，也没有宣誓效忠。2001 年的《国籍法》引入了双重国籍政策，去除了强制瑞典公民放弃他们以前的国籍的要求，进一步改善了入籍的前景。

战后移民的大致轮廓在某些方面类似于德国的模式。战争刚一结束，第一批外国工人就被招募进来。直至 1972 年，劳动力迁移是移民的主要形式。随后家庭成员和难民成为主要移民源，至 20 世纪 70 年代中期，这两类人各占移民人数的 50%左右（Lundh and Ohlsson，1999；MV，2009）。像德国一样，瑞典在 20 世纪 90 年代初迎来了大量寻求庇护的移民。

移民社会权利的演进

乍看之下，公民的权利似乎与来自不同国籍的移民的社会权利背道而驰，然而越来越多的居住权已经取代了公民身份而作为资格标准。此外，工作福利的重要性日益明显，这有助于加强移民对基于公民身份的退休福利和伤残福利的要求。

最早的外来工在工资和工作条件方面享受平等待遇。与德国一样，但与法国、英国或美国不同的是，瑞典的工会组织参与审批工作许可，并确保外国人享受到与瑞典工人的平等录用权。外国人也有平等获得失业和工伤福利的权利。当其他基于劳动力市场参与的福利得到实施时，外国工人也有权享受这些福利。较高的劳动力市场参与率，再加上适度的工作测试和收入要求，促进了移民获取这些社会福利。国民健康保险已经提供给注册并居住一段时间后的移民，并覆盖所有 16 岁以下的孩子（无须注册）。移民可以在 6 个月的居留期后申请儿童津贴。不论国籍如何，所有居民都可以要求教育救助、住房补贴和社会援助。

20 世纪 70 年代，瑞典人在解决剩余的权利差异时，移民获得社会福利的途径进一步得到拓宽，这些差异涉及单亲家庭津贴、长期使用社会救助福利和基本养老金。最棘手的问题是基于公民身份的基本养老金，它提供了老年人、残障人士和遗属福利。有许多移民，但不是所有移民，有权通过双边协议和 1955 年的《北欧社会保障公约》获得基本养恤金。为了消除不平等现象，调查委员会建议“在特定居住期限之后，所有永久居民都应获得基本养恤金的法定最低保障”（SOU，1974：69，148）。该问题最终在 1979 年得到解决，办法是将基本养老金的权利同与州收入相关的养老金计划 ATP 联系起来，该计划的最低资格条件为 3 年的收入。对于没有养老金的非公民规定了居住要求，从 10 年的养老金到 5 年的残障人士和遗属津贴不等（Elmér，1994）。与自由主义和保守社团主义体制国家的养老金要求相比，这一解决方案大幅下调了获得基本养老金的条件。

总的来说，在 20 世纪 80 年代初，移民在与公民相对平等的条件下被正式纳入福利体系，并且在引入类别中两者的社会权利几乎没有区别。居住作为社会福利的基础与简化的居留许可制度相结合，该制度几乎立即或在几年内达到了稳定状态，这也是包容性纳入制度的一个特征。这一制度在 20 世纪七八十年代最大限度地减少了基于准入的社会权利的分层。一旦家庭成员和寻求庇护者（1972 年之后的两大主要移民来源）获得居留许可，他们就能获得平等的社会福利和就业机会。与德国和法国的政策相反，瑞典并没有禁止家庭成员进入劳动力市场，也没有对各类难民的社会权利加以分类。然而正如我们所看到的，永久居住与临时居住成为 20 世纪 90 年代确定移民的社会权利的断层线，移民权利的分化也有日趋扩大的趋势。

20 世纪 90 年代和 21 世纪初期移民的社会权利

20 世纪 90 年代是瑞典福利紧缩的时期，移民与其他弱势群体遭受了福利紧缩的冲击。这十年也是一个经济动荡的十年：瑞典在 90 年代初经历了严重的经济衰退，瑞典的经济状况连续三年（1991—1993）为负增长，就业机会大量流失。1993 年，瑞典从充分就业锐减到 8%的失业率——1998 年以前，其失业率一直保持在这一水平。政府财政盈余变成了财政赤字，相当于 1993 年 GDP 的 12%（Kautto，2000：Chapter 2）。20 世纪 90 年代的经济衰退对移民造成了沉重的打击，群众寻求庇护的高峰恰逢经济衰退的低谷，新进者的就业前景不断恶化。总体来说，移民经历了就业率的急剧下降，这减少了他们的收入，限制了他们获得与工作有关的福利，许多人后来没有从繁荣的回归中受益（Sainsbury and Morissens，2010）。

国家福利在 20 世纪 90 年代的衰落

面对一个巨大的财政赤字和社会支出不断飙升的局面，政府战略的初始阶段是收紧投保资格要求，提高用户费用并削减福利水平。与自由主义体制国家的紧缩战略（关注低保补助）和保守社团主义体制的战略（强调对等原则）相反，瑞典政府的战略的一个关键方面是全面削减几乎所有的福利，几乎每一个公民都受到了影响。在这个方面，紧缩战略反映了一种普遍的、典型的社会民主主义的福利体制。该战略的一个缺点是给低收入群体带来影响。它的普遍性的特点是尽可能地避免减少公共服务，特别是教育、健康和儿童护理。在第二阶段，削减福利伴随着增加税收以巩固公共财政，财政预算最终在 1998 年得到平衡（Kautto，2000）。

20 世纪 90 年代，对许多移民来说，最重要的福利是社会援助、家庭福利和住房补贴。对于从劳工移民变更为寻求庇护者或难民的移民来说，社会援助福利变得尤其重要。难民的高失业率使得他们对援助的需求更多，并且他们被剥夺了与工作有关的福利，如疾病和失业救济金（SOU，1996：55，93；Bergmark，2000：147－148；SS，2007：21）。在 20 世纪 90 年代中期，外国人也参与到几个活跃的劳动力市场项目中，如劳动力市场培训和创造就业机会的计划（SOU，1996：55，91）。

家庭津贴和住房补贴被削减。1995 年，政府决定降低儿童津贴。政府为所有儿童保留权利，而不是引入家计调查的家庭津贴。对家庭津贴的裁减是短暂的，政府于 1998 年又恢复了原有福利，但现今的政策对有三个及三个以上子女的家庭并不像以前一样慷慨。与社会援助和子女津贴不同，在住房补贴急剧变化的 20 世纪 90 年代和 21 世纪初期大幅减少了受益者的数量，其中受不利影响最大的是有孩子的双亲家庭。

十年的紧缩措施对养老保险制度的改造有着严重的长期影响，两个方案的特点严重削弱了移民未来的养老福利权利。首先，新的系统（计划在 2018 年全面施行）巩固了俾斯麦的要素（工作业绩和贡献）在与收入相关的养老金中的地位。40 年就业的新资格条件和基于终身收入的福利计算对移民而言是严重障碍。个人贡献成为再次确定养老金福利的指标。然而在接受高等教育和从事其他研究，以及服兵役、失业、疾病和亲代抚育期间，一套精心设计的信贷系统中断了个人贡献，对终身收入产生影响。其次，保障养老金在提供基本保障方面已经取代了基本养老金，但公民和非公民获取全额养老金的居住要求被延长至 40 年。此外，引入了强制性私人养老金，旨在弥补公共退休福利的减少。养老金的强制性与本书中的其他大多数国家的情况形成强烈对比。其他国家的计划是自愿的，或者提供了外包的可能性，而在瑞典，所有员工（包括移民）都被包括在计划中。

20 世纪 90 年代的福利削减和养老金改革都没有考虑到对移民社会权

利的影响，也没有考虑到对他们的经济福祉造成不成比例的损害的可能性。尽管如此，裁员和经济衰退的综合影响使得这十年间出生的外国人的可支配收入下降，而新生的瑞典人的可支配收入略有增加（SOU，2000：41，70）。

寻求庇护者的利益

随着经济衰退程度的加深，政府出台了一些会影响寻求庇护者利益的措施。早在20世纪80年代末，给寻求庇护者提供的特殊津贴已经取代了社会援助。引入津贴的法律规定，保证了寻求庇护者有权享受基本生活，这与《社会救助法》（第1987/1988：80号提案）中规定的最低限度相同。1992年，政府将寻求庇护者的每日津贴降低了10%，并认为由于其他所有人的福利都在减少，因而寻求庇护者的津贴应作为一般紧缩方案的一部分予以削减。1994年，政府再次降低了津贴，但现在它切断了津贴与社会最低津贴之间的联系。该法案宣布，在申请过程中，寻求庇护者的经济标准低于永久居民是合理的，政府应该独立设立社会最低限度津贴（第1993/1994：94号提案）。1994年的改革是寻求庇护者接受制度改革的一部分，得到的结果是将寻求庇护者的福利从社会立法领域转移到了移民立法领域。这种转变以将寻求庇护者的福利区分开来为背景，且将其与社会政策的一般性辩论也区分开来。与大多数其他社会福利不同，寻求庇护者的每日津贴并没有因为经济复苏而回升。他们的生活开销自1994年削减成本以来也未被调整（SOU，2009：19，167），并且在2010年之前几年的津贴极低。总而言之，寻求庇护者的利益并没有像英国、德国和法国那样成为人们关注的焦点。相反，它们已将其移出议程，并在很大程度上无人过问。

20世纪90年代的社会改革

在20世纪90年代末的经济复苏后，政府实施了几项大规模改革，使新来的移民受益，并增加了老年津贴（äldreförsörjnings-stödet），也抵消了养老制度的主要负面特征，即对保障养老金的严格居住要求。2003 年，政府出台的津贴为未能达到保障基金要求的人们提供了最低限度的福利。其他重要的改革包括：设置由父母支付的儿童保健费用上限，2000 年保障失业父母的孩子的权利，2000 年和 2001 年增加儿童补贴，2003 年为所有四五岁儿童提供免费的学前教育，也使遗失儿女的父母更好地获得遗属津贴的权利，以及为在劳动力市场外的父母提供更慷慨的育儿福利。这些改革的一个共同特点是，它们普遍带动了儿童中心的增长。儿童保健改革增加了可用性和可负担性。在 21 世纪头十年的中期，移民父母的生产能力利用率与在瑞典出生的孩子的父母相同（SV，2007）。幸存者福利改革也明显改善了移民父母的子女的情况，他们的抚恤金权利可能很弱。

尽管有改善移民的社会权利的措施，较低的新移民就业率仍旧是一个严重而持久的问题。即使是在 2008—2009 年全球经济衰退之前（拥有强劲的经济表现力的几年），外国人的就业率并没有显示出持续上升的趋势，甚至还在 2005 年前后再度回落。就业率的下滑可能与 2004 年至 2007 年间超过 15 万的新来的难民有关（MV，2009）。同时，官方统计显示，那些最容易陷入贫困的一类人既无收益，也无与工作相关的社会福利，而不少移民都归在这一类人中。

纳入制度的变化

1980 年前后，瑞典的包容性整合机制发展达到了高峰。从那时起，实行了包容性改革，但也采取了限制性措施。改革的压力包括新进者和其他人之间的经济不平等，寻求庇护的人数增加，以及加入欧盟之后导致的成员国之间移民政策的协调一致。

从“移民政策”到“融合政策”：引入措施和反歧视措施

20 世纪 90 年代的经济衰退导致非公民和公民的经济福祉的水平差异变大，政府于是开始重新考虑移民政策，认为政策变化对于应对不平等加剧的挑战是必要的。90 年代中期，移民政策被重新定义为融合政策，重心转移到引入措施和反歧视措施。针对新移民的引入措施的目标是，在第一个五年内，改善他们在就业和参与社会方面的前景。除了瑞典语教学，引入措施还包括个人计划、补充教育、职业培训和其他积极的劳动力市场措施。参与者的范围从难民和他们的家庭成员扩展到其他从中受益的新来者。其中一项创新提案的内容是设定的税率高于社会援助的税收引入津贴，但这一提案由于预算限制而被拒绝。相反，地方政府保留了提供引入津贴的选择权，该津贴始于 1992 年，被看作区分财政支持与社会援助的一种手段，并为新移民参与引进计划创造了动力（Ds，1991：79；SOU，1996：55；第 1997/1998：16 号提案）。

虽然它被誉为对一项重大政策的重新定位，但政府的政策在很大程度上巩固了现有的引入措施，后来的改革主要包括类似的措施。其中主要的变化是，通过建立一个新的国家融合性机构，使一种积极的立场和积极的措施制度化，以对付基于种族的不平等待遇。该机构的任务是不论种族和文化背景，促进平等的权利和机会；预防和打击歧视、排外主义和种族主义；监督移民的融合。早在 20 世纪 80 年代中期，政府就已经设立了反歧视专员来处理劳动力市场上的种族歧视问题。1994 年，议会通过了一项反对种族歧视的法律，这项法律在 1999 年得到加强。关注劳动力市场歧视对于与工作有关的移民社会权利具有重要意义，但对解决住房、教育、医疗保健或其他公共服务的不平等待遇没有什么作用。

新抵达的难民加入劳动力队伍的持续困难，促使政府于 2010 年之前对引入福利制度进行了重大改革。引入福利成为一个国家而不是当地政府所分配协调的公共就业服务措施（arbetsförmedlingen）。这一项福利已经被标准化，它对整个国家的人来说都是平等的。为了提高工作的积极性，额外的有偿就业收入不会减少引入福利。引入福利比援助更加慷慨，但其最长的受益时间被缩短至 2 年。引入项目大致相同，包括瑞典语言教学、瑞典社会课程以及劳动力市场培训（第 2009/2010：60 号提案）。

在申请期间，未能配合当局处理申请文件或无理由拒绝参与接待中心的活动的寻求庇护者，可以被减少或撤回其福利。

影响难民和寻求庇护者社会权利的负面发展，是在 20 世纪 90 年代初因实行惩罚而产生的制裁；其可以撤回或减少引入福利和寻求庇护者的福利。不遵循引入计划会影响引入福利。如果无故未与当局合作处理申请或缺席接待中心的活动，政府可以减少或撤回寻求庇护者的福利。

许可制度

大量的寻求庇护者、欧盟成员国身份以及劳工移民的恢复给许可制度带来了变化。从 1991 年到 1994 年，为了解决寻求庇护者数量过多的问题（接近 18 万人），政府重新发放临时居留证而非永久居留证。许可证发放了 6 个月，这意味着这些移民不能登记为永久居民，因此无权享有全民健康保险（第 1993/1994：94 号提案）。在这种情况下的居住原则从包容的机制转变为排斥的机制。

居民许可证制度逐渐变得越来越复杂，导致准入类别的权利分化。与难民的全部权利相比，在 20 世纪 90 年代中期，获得临时庇护的寻求庇护者享有的权利较少。同样，在经济危机最严重的时期，缩减寻求庇护者的权利是合理的，因为他们不是永久居民。在寻求庇护浪潮到达高峰之后，申请定期居住证的程序再次回归正轨。

欧盟成员国身份意味着许可证制度的改变，以适应成员国公民的权利，并纳入欧盟指令。欧盟公民在居住 1 年后获得地方投票权，从而区别于具有 3 年居住要求的其他新移民的政治权利。2006 年修订的《外国人法》正式纳入欧盟公民的居住权，或多或少地使他们与不需要居住或工作许可的北欧公民相提并论。欧盟公民的权利源于注册居民身份，而非永久居民。2006 年的《外国人法》赋予工人流动性特权，并采用了优先雇用欧盟公民的原则。同时，对非工人身份的欧盟移民提出了足够的手段要求。

2008 年年底，瑞典重新开放了欧盟以外劳务移民的大门。与德国、法国、英国和丹麦不同，瑞典降低了对专业人士或者富有的企业家的重视程度。劳务移民的回归影响了许可要求和社会权利。它规定只有临时许可证可供移民工人使用。外国劳工在工作 4 年后可以获得永久居留许可，但临时许可证是有条件地对有就业和自食其力的能力的人开放的。法律还通过赋予个体雇主责任来改变招聘制度，舍弃了涉及劳动力市场合作伙伴协商和劳动力市场合伙人的否决权。发放许可证的条件是外国工人的工资、保险金和其他不低于集体协议的工作条件（第 2007/2008：147 号提案；SFS，2008：884）。

因此，瑞典的新的劳动许可证制度与德国、英国的制度大相径庭。与德国不同，它没有区分企业家、技术熟练劳动力和非熟练劳动力的权利及要求。在瑞典体系中，没有财富或收入要求、社会保险要求的对应物。富人或高薪者也没有像德国那样立即获得永久许可的可能性。瑞典的许可证制度也与英国的制度发展形成对比，英国政府已经引入了积分制度，作为获得定居地位和赚取居留权的基础。

简而言之，大规模寻求庇护和劳务移民都扩大了临时许可的作用，但削弱了立即或在 2 年内给予永久居留许可证的惯例。为了改善欧盟公民甚至外国工人的权利，这个协议比 20 世纪 90 年代规定的临时许可证的权利有所增加。随着欧盟指令被纳入瑞典法律和劳务移民的回归，作为入境和停留条件的就业与经济自给自足得到了更大的重视。2010 年出台的家庭团聚的赡养义务产生了基于引入类别的权利的新差异。引进它们的一个主要理由是，其他所有欧盟成员国都推行了此项抚养义务。

尽管有着自 1980 年以来的限制性举动，但是几种鲜明的包容性元素都被保留了下来，甚至得到了增强。虽然 1996 年的《庇护法案》取消了考虑庇护的具体类别，但它提出了广泛的保护，并且《日内瓦公约》对难民的定义过于严格，瑞典继续对获得保护的人的权利不进行区分，对任何难民类型都给予保护。当提出家庭团聚的自给自足和住处要求时，它们仅适用于极少数的申请人（第 2009/2010：77 号提案）。

2001 年，瑞典的《国籍法》提高了获取公民资格时的住房要求（Bernitz and Bernitz，2006：524－525，27－28），并允许公民拥有双重国籍。无论是语言能力，还是融合测试，都不是对申请瑞典永久居留许可或公民身份的要求。瑞典是欧盟成员国中唯一一个在 2004 年和 2007 年欧盟扩大后不对新成员国的公民实施过渡规则的国家，这也表明了瑞典政策的包容性（Lundborg，2009：69；Borevi，2010：114），瑞典也不曾禁止他们的社会福利。

综上所述，长期来讲，瑞典的融入制度的包容性已有所降低。相比较而言，在2010年之前，瑞典纳入制度的包容性不断脱颖而出，因为一些国家已经提高了获得永久居留身份和公民的要求，瑞典也未实行限制社会福利作为遏制移民的策略。最后，尽管就业和自我经济独立的比重日益增长，这是一大挑战，住所仍是在福利和混合制度之间的重要纽带。它潜在地提供了比需求和工作更具有包容性的基础权利。

丹麦：社会民主福利体制——限制性的纳入制度

在建立社会民主福利制度的理论中，有一个问题是，埃斯平-安德森已将瑞典作为他的主要参考框架，他已指定瑞典作为这种体制类型的典范（1990，1999）。这种关注倾向于使瑞典与其他北欧国家制度之间有政治偏差，并对其他国家特别是丹麦作为社会民主体制的代表的地位产生怀疑。为了确定丹麦福利制度的性质，我们研究了丹麦社会供给的基本轮廓，并在此过程中首先考虑两国之间的相似性，然后再考虑差异。

与瑞典一样，在丹麦社会供给中，普遍主义以统一方案的形式涵盖了整个人口及基于公民身份的福利（包括转移和服务）。因此，公民身份或居住地是一项主要的权利原则，这是社会民主制度的定义属性。与其他体制类型不同，国家通过地区或地方政府成为服务的主要提供者。丹麦在社会服务支出方面也基本上持平，但最近超出了转移支出（Adema，2006；Goul Andersen，2008：47）。公共服务已经成为社会家庭成本的重要组成部分，特别是通过普遍提供负担得起的日托所。

税收在提供福利和服务方面发挥了重要作用。这种筹资形式有利于实现全面覆盖，因为缴款要求经常将没有足够缴款的人排除在福利之外。自1970年以来，就社会支出占GDP的百分比而言，丹麦和瑞典一直是支出最大的国家，所得税提供了很大一部分资金。收入和公司税总额大约占丹麦国内生产总值的三分之一，这比20世纪90年代末经济合作与发展组织（OECD）的任何其他成员国都高得多。瑞典的比例大概是五分之一，占第二大份额（Scharpf and Schmidt，2000：364，361；Adema，2006：8，10）。

与其他大多数国家相比，工作原则（强调工作权和促进获取有偿就业机会）导致男女工作适龄人口的活动率很高、男女之间的就业差距较小。丹麦和瑞典两国还采用了根特（Ghent）失业保险模式，会员是自愿参与的，该保险由工会管理，并已在很大程度上由国家补贴。尽管入会是自愿的，但会员的覆盖率一直很高。福利水平已经足够高，特别是在丹麦，福利的持续时间很长。

最后一个共同特征是政策的平等主义。社会政策促进了高就业率，使广大的适龄劳动人口都有收入。工资制定方面的相关政策导致收入差距缩小，从而导致工资结构以低扩散为特征（Scharpf and Schmidt，2000：358）。与税收一起，这些政策减少了净市场收入的差异。通过将大部分预转移贫困人口提升到贫困线以上，社会福利在减轻贫困程度上非常有效。其结果是，贫困率一直很低。此外，优厚的福利和负担得起的公共服务挤占了市场的替代品，这往往会产生更多的平等分配结果。这一政策矩阵有助于减少收入不平等，从比较的角度来看，丹麦和瑞典人口的收入分配不平等程度比代表自由主义和保守社团主义体制类型的国家要低（Korpi，2002：102；NOSOSKO，2010：30）。

丹麦和瑞典社会的这些共同点使它们成为社会民主体制中的两个国家，但它们也存在着很重要的差别。丹麦有更为严格的检测手段，并且在困难时期就已经断断续续提出要有检测手段。此外，丹麦人纷纷推出创新性的改革，例如用来测试征税，这减轻了援助效益的就业陷阱。他们还支付部分的福利和个别不论家庭关系的个体化社会救助。但家庭收入需要确定资格，因此对他们来说找工作的不利因素仍未消除。相反，双方的合作伙伴只有满足就业测试、基本保障（按固定费率的公民利益提供）和收入保障相结合（通过收入相关的福利），才有资格获得援助。在养老金领域，丹麦社会的公民福利在退休收入中所占比例高于瑞典。

丹麦为公民的基本养老金提供优厚的福利待遇，但与收入相关的养老金却很低。丹麦未能保持从20世纪70年代中期起的充分的就业率，然而到90年代初瑞典却成功地做到了这一点。最初，高失业率的丹麦做出的反应是引入改善失业工人福利的被动措施。但在90年代初，丹麦便对积极的劳动力市场措施做出重大政策调整，导致这两个国家（Eitrheim and

Kuhnle，2000：55－56）的政策趋同。丹麦的社会保障资金主要来自政府一般收入。相比之下，瑞典的现金转移支付越来越多地受到雇主的工资税资助，与此同时，员工的贡献在很大程度上减少了。在国际范围内，丹麦为孩子和老人提供公共服务的覆盖率最高（Anttonen and Sipilä，1996：94；NOSOSKO，2010：60，154）。

总之，这些差异，尤其是家计调查方面的，已代表从社会民主体制的理想型偏离。然而至少在四个方面，丹麦比瑞典更接近社会民主体制。以公民身份为基础的权利更加突出，特别是在养老金方面；在更大程度上，一般收入一直是主要的资金来源；历来儿童保育服务和其他家庭服务的覆盖率较高；在21世纪的前十年，丹麦劳工移民的劳动参与率高于瑞典，丹麦更接近充分就业的目标。最后，无论现有的政策差异如何，丹麦和北欧其他国家同样的低贫困率和收入分配不平等的现状依然是既定的事实。

越来越严格的限制性纳入制度

乍一看，丹麦和瑞典这两个国家的纳入制度的特点似乎也差不多，因为它们早期都共同致力于协调民族立法和北欧公民的权利。丹麦也像瑞典一样授予北欧公民特权，包括居住和工作许可豁免，以及较容易成为其公民的规则。这两个国家也有过自由的庇护政策。丹麦还推出了由瑞典改革者发起并颁布的一些创新政策，如在学校进行移民语言教学，并与其他特别措施一起来帮助移民和非公民获得投票权，同时在地方和区域选举中获得竞选公职的权利。尽管如此，丹麦和瑞典在对待移民获得公民身份与永久居留身份的难易程度上已经产生了越来越多的分歧。

对比瑞典，丹麦的入籍要求更为严格，对移民无犯罪记录的要求和获得居住权的要求也更高。丹麦还要求想获得国籍或居住权的人必须熟练掌握丹麦语，熟知丹麦的社会和文化，宣誓对丹麦效忠，经济上要能自给自足，放弃先前的国籍，但瑞典却没有这些方面的要求。2000年，丹麦将居住要求延长至9年，提高了无犯罪记录的要求和语言能力要求，并取消了外来人员在丹麦生孩子后通过申报公民的第二代移民的可能性。自2005年以来，除所有国民和北欧国家的公民外，其他人只能通过入籍成为丹麦公民。总之，血统主义的原则保持不变，受到入籍障碍阻挠的人数增加了，而且越来越多。

成为公民的要求显著提高，这伴随着一个相同的趋势，即移民获得居住地位的认可越来越难。自 2002 年起，丹麦要求永久居留许可成为其中最严格的案例。居住要求调整为至少 7 年，没有犯罪记录，完成引进计划，全职工作 2 年以上，熟悉丹麦社会情况，没有公共债务。家庭成员和难民是 20 世纪八九十年代的两个主要移民入境类别，许可证制度对这两类人群的限制也越来越严格。

对公民身份、永久居住、家庭团聚和寻求庇护者的限制性立场似乎是自相矛盾的，因为在各个国家的调查中，丹麦的外国人出生率的比例最低。20 世纪 60 年代初，当大量劳务移民开始抵达丹麦时，战后移民首先获得了动力。阻止自发移民的第一步发生在 20 世纪 60 年代末，后来政府于 1973 年全面禁止劳务移民。与其他国家一样，20 世纪 80 年代来到丹麦的寻求庇护者人数急剧上升。大约在 2000 年，在丹麦出生的外国人口占丹麦人口的 5% 至 6%（Hansen et al., 2002：12），而瑞典的比例是 12%。如果移民的规模无法解释丹麦纳入制度日益严格的限制，那么移民的增长及其种族构成也许可以解释这个现象。与瑞典相比，丹麦的大部分移民来自发展中国家（Blume et al., 2005：325），这增加了丹麦社会的种族数量和种族多样性。同时，由于瑞典移民的数量要大得多，因而来自发展中国家的移民实际上占瑞典人口的比例更大。

移民社会权利的演变

战后瑞典外来移民的第一次浪潮主要是由农民工组成的。对于这第一批人来说，外来移民的社会权利和丹麦人相比，在工作环境和工作福利方面并没有明显的区别。外来移民享有平等的就业服务、假日工资及职业培训的权利。此外，为了确保覆盖范围的平等性，在 20 世纪 70 年代初，丹麦强制要求有工作许可证的外国劳工必须加入自愿失业保险计划。

取而代之的是，向社会民主体制国家移民的主要挑战是基于公民身份权利的重要性及将其扩展至非公民的重要性。在应对这一挑战时，丹麦政策制定者一直在缓慢地根据公民身份和长期援助的情况给予移民社会权利，而这种援助最初只有丹麦公民享有。

最初，非公民在居住的前 3 年内无法享受儿童津贴和其他家庭福利。只有与丹麦达成双边协议国家的公民通常在 6 个月后才有资格享受（Betkning，589：310）。但在 1972 年，大约一半的外国工人没有达成任何协议（calculated from Hjarn et al.，1973：132，134）。在 20 世纪 70 年代初期，丹麦政府把对一般儿童津贴的居住要求缩短为 1 年，到了 80 年代中期缩短为 6 个月（Betkning，761：10；Hammer，1995：324）。特殊儿童福利需要 1 年的居住要求，以及单亲家庭额外福利需要有 3 年居住要求（Hansen et al.，2002）。与瑞典相比，丹麦更不愿意将家庭福利扩大到移民。这个过程进展缓慢，在 21 世纪初期仍然存在对特殊家庭福利的限制。

同样，获得以公民身份为基础的老年人和残障人士的养老金也是一个问题。国家规定的职业养老金计划提供微薄的退休收入；除工伤补偿外，还缺少伤残抚恤金的补偿，这些都加剧了这一问题。在 20 世纪 70 年代早期，没有国际协议保障的外国人无权领取养老金。对于协议所涵盖的外国人来说，在达到退休年龄之前的 5 年内，其居住时间需要超过 15 年才能领取养老金（Hjarn et al.，1973：154）。20 世纪 80 年代中期，对老年人和残障人士养老金的居住时间要求减少到 10 年，对那些被双边协议所涵盖的人的条件更为宽松（Hansen et al.，2002：41）。

更棘手的问题是，居住时间的长短决定了退休金福利的多少。领取全额养老保险金要求在丹麦居住 40 年以上。丹麦在加入 EEC（现在的 EU）时颁布了这项要求，目的是限制其他成员国的人在丹麦居住时间达到 3 年后，与丹麦公民在相同的情况下，都有资格获得丹麦的退休金（Goul Andersen，2007：258）。养老保险的金额被设置成和居住时间成比例。例如，如果居住时间为 10 年，获得的福利则为全额数量的四分之一。相较于其他的登记类别，对难民有利的福利往往意味着更高的福利水平（Pedersen，2000：166 – 167）。公民退休金的获取以及收益水平在 21 世纪初期依旧存在明显的分化。然而这一分化也被社会救助福利或者特殊补助抵消了（Hammer，1995：29 – 32，231 – 232）。

最后的绊脚石是社会救助。虽然所有合法居民都有权利接受救助，但是不是所有的合法居民都能获得持久的救助（时间超过1年）。以前这项社会权利仅仅为丹麦公民所享有，但是现在被延伸到北欧公民、欧盟公民、被双边协议所覆盖的公民以及难民。其他国家也没有资格提出驱逐，然而如果他们打算永久定居以及在丹麦生活3年或者更久的话（前2年）他们就不会被驱逐出境。社会上关于取消《社会救助法》这一规定的讨论很少。事实上，在20世纪90年代，《社会救助法》经讨论后得到了限制性方式的修改。总而言之，不仅获得公民身份是困难的，丹麦政策的制定者一直不愿给予移民以公民为基础的社会福利和充分享有社会救助的权利。尽管如此，自20世纪60年代后期以来，移民获得多项基于公民的福利的情况有了很大改善。

丹麦社会供给的两个显著特征对移民具有特殊意义。首先是在权利基于公民身份或居住地的计划中突出固定利益。在这些计划中，无论以前的工作和收入如何，每个人都享有同等的福利。这些福利和援助都被固定在相对较高的水平上来防止贫困。其次是制订主要的与工作有关的计划，其中包括失业补偿、疾病和产假生育福利。与保守社团主义体制相比，保险福利保留了收入差异。在丹麦，与工作有关的计划福利的上限一直很低，因此大多数受益人获得了最大的福利。这种结构对净收入率高的中等收入者和低收入者有利，而替代率随着收入的增加而降低（Hansen et al., 2002：49－50）。获得这些福利的移民受到青睐，因为其中许多人的收入低于丹麦人（Büchel and Frick, 2005）。丹麦失业救济金的建设对移民来说也很重要，因为他们的失业率高于当地人。大约三分之二的失业移民获得了保险福利，而且移民和丹麦人的福利水平差异非常小（Morissens, 2006a：224－227）。

福利削减、福利国家改革和移民的社会权利

从20世纪70年代中期到80年代中期这十年间，裁员使失业率从70年代初的约1%升到了1983年的最高值10%（Scharpf and Schmidt, 2000：341）。失业同时伴随着不断增加的社会支出，丹麦在经济上面临严重不平

衡的问题和巨大的财政赤字。在 20 世纪 80 年代早期，政府的预算占 GDP 的 80%，一系列的削减方法包括考察家庭福利、收紧失业津贴的派发、暂停福利指数化、增加服务费以及减少援助（Johansen，1986：361 - 363）。具有长期影响的是几种与工作相关的福利的替代率的下降，包括疾病补贴、失业补助和工伤补偿（Korpi，2002：75）。

一些观察家认为，20 世纪 80 年代的开支紧缩是 90 年代经济复苏和普遍福利国家进一步巩固的前提。即使在福利地位倒退的年份，依旧通过社会服务的继续增长和新的失业福利来不断扩张，例如发放遣散费以及 50 岁及以上人员的失业津贴。当经济得到发展时，全民儿童福利会得到普及，也会引入学生津贴，产假也会被延长。基于公民身份的福利受损相对较少，基础养老金福利水平保持得相对稳定，家庭福利的购买力有所增加（Benner and Vad，2000：449）。虽然直到 20 世纪 90 年代中期失业率一直很高，但失业者享受了经济安全的实质性好处。新的津贴保障了老年失业者的收入，而年轻的工人们因为宽松的资格要求和工作测试，几乎拥有无限的权利去获得失业福利。这些或多或少相当于一个公民的工资，或达到最终的福利普遍主义。简而言之，改革加强了丹麦福利国家的普遍性（Goul Andersen，2000：72 - 75）。

福利国家变化的一个主要特征体现在劳动力市场政策的重新定位。在 20 世纪 90 年代，重新定位是最重要的改变，但人们对于这是不是区分社会民主体制的条件产生了不同看法。一方面，根据理想的类型，重新定位包括更加重视采取积极措施，扩大工作权利和提高就业率。另一方面，诸如削减失业津贴的期限和水平的制裁措施，以及由于拒绝参加激活计划或者提供就业而削减社会援助，增加了社会权利的条件。制裁同时适用于年轻和年老的工人。更严格的规定适用于 25 岁以下的援助人员等。年轻人只能接受 6 个月的福利，之后他们将必须接受 18 个月的教育，并且他们的福利将被减少 50%。与此同时，老年失业津贴已被淘汰，遣散费也被收紧。这些限制是老年工作者留在劳动力市场的强大动力（Benner and Vad，2000；Goul Andersen，2000）。正如下面将提到的一样，21 世纪初严厉的制裁措施增加（Goul Andersen，2008），这将对移民带来直接的影响。

丹麦的养老金改革并不像瑞典那样全面。公共养老金最大的改变是2006年对退休年龄上调的改革，这一改革的实施被推迟到遥远的未来（2019—2040），对提前退休福利有更加严格的缴款要求（30年的贡献），连残障人士获得退休金也受到了限制。与工作相关的养老金依旧没有得到发展，而且非常分散。最主要的改进是关于养老金筹集方式的延伸，它由工会、雇主和社会捐助共同筹集。私人养老金基本保持不受监督。家计调查补助在公共养老金制度中得以加强，因此与工作相关的养老金范围的扩大，能够轻易地使较年长者在未来公共系统的家计调查补助中失去他们的资格。在21世纪初期，主要的家计调查的补助大约占基本养老金的一半，而补助金则增加了最贫穷人口的福利（Goul Andersen，2008：41－45）。

与其他国家一样，无论是削减还是扩大福利改革，丹麦政府都没有考虑它们对于移民的影响。最初丹麦采取的被动的方法是，通过引进新的失业者福利来缓解失业带来的困难（尤其是老员工），这一点很像欧洲大陆的政策。实际上，新福利要求的20年的贡献对移民是不利的。在20世纪90年代末，对工作贡献的要求被提高到25年，2006年又被提高到了30年（Goul Andersen，2008：46）。一方面，许多移民获得福利更加遥不可及。此外，在与工作相关的养老金计划中，个体户所占比例很低，而且在来自非西方国家的移民中，个体户所占的比例高于丹麦人（Schultz-Nielsen，2000：108－113）。另一方面，公民养老保险制度的最低福利很高，加上家计调查的补助，可能会取消移民在与工作相关的福利计划中得到援助的资格，并使他们得不到私人养老金。长期的居住要求意味着移民几乎不可能得到全部福利。

融合方案和削减移民福利

在20世纪90年代末，丹麦出台了一个全面的为期3年的融合方案。这个方案包括丹麦法律法规、丹麦的公民课程以及积极的劳动力市场措施，如职业指导、工作培训和涉及工作经验与实习方面的高等教育的其他教育项目。目标群体是难民及其家庭成员，其他来自发展中国家的外国人以及不能养活自己的人。最新的提案拓宽了参与的群体，包括外国工人、学生以及来自欧盟的新成员（MFII，2010）。

对劳动力市场政策的重新定位，尤其是其惩罚性方面，给这个新的方案留下了一个印记。个人在融合方案中接受介绍性的津贴，确立一个比标准社会救助福利更低的比例。经过多次的抗议，津贴被提高到和援助同一比例。到 2002 年，介绍津贴再次被降低了，获得全额社会救助的居住条件被改为 7 年。另外，申请人获得更低的介绍津贴，大概为标准救助福利的 50%～70%（MFII，2004：37；Goul Andersen，2007：263）。实际上，这种变化建立了一个两级公共救助系统——丹麦人获得全额福利，新来的移民在丹麦的前 7 年中获得第二等福利——福利水平的差距是相当大的。丹麦最近加强了对新来者的要求，他们在通过增加了两年半的全职就业的工作测试后才能获得定期的援助（MFII，2010：102－103）。

减少不遵守规则的人的福利，这也是纪律处分的明显表现。在瑞典，对于不能配合当局的申请程序或者不参加积分计划的人员，则可取消或者减少其福利。此外，在介绍期间未经当局同意迁入新市镇、未登记、不与就业服务处保持定期联系、拒绝接受当局提供的工作的，其福利都将受到影响。

最后一个惩罚功能是针对不依赖救助的非公民的出现，作为获得居留许可证的条件，家庭团聚或组建家庭也可能因利用援助而被拒绝。为了创造一个不依赖于救助的激励机制，最快在 2002 年获得永久居住许可证就成了可能。在融合中表现良好的外国人 5 年后——后来被减少到 4 年——能够得到永久居留许可。除了熟练掌握丹麦语和了解丹麦社会之外，良好的融合标准还包括就业情况及在过去的 3 年里没有接受救助福利（MFII，2010）。

在 1998 年的《融合法》（*The Integration Law*）以及后续的更改中，难民的社会权利也被削弱了。以前难民一旦被正式承认和获得他们的永久居留证，就和丹麦公民享有同样的权利。将难民置于法律之下，这使得他们最初没有权利接受救助，直到他们完成介绍性方案。由于全额救助福利中住宅要求的变化，因而他们要得到定期救助的福利，不得不至少等待

7 年。

总之，社会政策已经成为移民政策的一个方面，因此福利削减被视为阻止寻求庇护和家人团聚的工具。自 20 世纪 90 年代以来，限制性措施削弱了移民的社会权利。最可疑的发展是侵犯了《日内瓦公约》保护的难民权利。此外，社会权利，特别是救助福利的利用，永久居留身份和公民身份已经与核心的中央政权相衔接。由于救助福利中的支持义务和工作测试的实行，因而家庭成员特别是已婚配偶的社会权利日益受到损害。另一方面，移民正式获得其他社会福利的机会没有受到限制，这些权利并没有和政治体制相关联。转移支付，特别是住房福利和家庭福利，往往增加了新移民的收入。

瑞典和丹麦体制的比较视角

与自由主义和保守社团主义体制的国家相比，代表着社会民主福利的国家面临一个由移民带来的独特的挑战，因为北欧国家非常看重公民身份，此身份也一直是公民应享权利的重要基础。虽然丹麦和瑞典以不同的方式应对这一挑战，将社会权利扩展给新移民的时机也有所不同，但大多数基于公民身份的社会权利被转变为基于在两国居住的权利。在 20 世纪 50 年代，对于移民已经给予基本的福利、儿童津贴和生育津贴，然而丹麦却放缓了为新来者提供儿童津贴和家庭福利的节奏。到了 20 世纪 80 年代中期，两国的主要家庭福利——一项为期 6 个月的简单居住测试在大致相同的条件下都可以享受。同英国一样，瑞典和丹麦没有任何措施能够终止这种资格。

在扩展移民养老金权利上，丹麦和瑞典最初采取了不同的方式，然而在 20 世纪 90 年代后它们双方越来越接近。在丹麦，最初改善移民权利的主要方法是与更多的国家一起加入双边协议，同时保留了 10 年居住要求。这种办法对移民的社会权利进行了分层，同时也尊重没有加入任何协定的新来者以及加入不同协定的人。瑞典给那些没有被双边协议所覆盖的移民一个通用的解决方案，新的规则通常比已有的规则更加慷慨。更为重要的是，当 20 世纪 70 年代丹麦成为欧洲经济共同体的成员时，丹麦人提出了严格的居住要求来保障其全民养老金。瑞典在加入欧洲经济共同体和欧盟后，在养老金居留要求上和丹麦达成了一致。瑞典比丹麦加入欧盟时采取了更加迫切的措施。全额养老金 40 年的要求是本书中最极端的居住要求，它接近于其他国家的一个全额退休金的工作测试，但还不像德国的工作测试那么严格。然而作为回报，瑞典和丹麦都推出措施，确保所有不能满足居住要求的居民（包括移民）获得完整的养老金，也能获得足够的最低福利。

普遍主义描述丹麦和瑞典社会特征强化了包容、平等的观念。一个共同的特点是，都是面向所有居民的服务，相比于本书中提到的其他国家，丹麦和瑞典在 21 世纪初期由于提供了医疗保健以外的社会服务，所以它们能够脱颖而出（Adema，2006）。私有化削弱了普遍服务，但私有化的模式因服务而异，因此很难概括对移民造成的后果。然而为儿童提供的服务，特别是儿童保育服务，在这两个国家都有所扩大，减少了 21 世纪初外国和本地出生的孩子父母的利用率差异（Goul Andersen，2007：262；SV，2007）。

福利税收和资金类型也促进了平等的结果。瑞典主要对与收入有关的福利进行征税，但不包括大多数非缴费性福利，如儿童津贴和基本养老金（尽管养老金在 21 世纪初已开始征税）或经过经济状况调查的福利。税收福利减少了收入不平等产生的与利润相关的福利。丹麦采取了一种更加全面的方法来征收福利税；1994 年的税制改革增加了社会救助和基本养老金的应税福利。通过收税而不是捐赠得来的资金能促进重新分配，因为全部成年人都能有一个普遍的经济收入福利，而捐款则为属于一个特定计划的成员提供资金。税收作为资金的基础也促进了移民的纳入。丹麦与瑞典的福利和资金这两种税收已经不同于保守社团主义体制的国家。对与收入相关的福利不征税以及社会保险体系的分裂限制了福利国家减少不平等的潜力。

瑞典和丹麦的失业保险计划，由于其自愿性质，似乎很难成为促进平等结果的候选人。尽管如此，20 世纪 90 年代，这两个国家在向失业者提供失业保险方面做得比大多数其他欧洲国家都要好，而且最大救济金的上限额度也很低。丹麦和瑞典的计划在福利方面的差别往往较小。直到最近，国家大力补贴保险计划，从而减少了工人们缴纳的保险费。该补贴扩大了保险项目的覆盖范围，降低了由缴款要求带来的获取障碍，并最大限度地减少了浪费缴款的问题——缴纳缴款，但没有资格获得福利。

另外一个共同点是两国都提供最低的福利，或者为基本的安全提供所需的物品。丹麦最低福利援助的形式已经比其他许多国家更加慷慨。到20世纪90年代晚期，瑞典的最低福利大约达到了中等收入的60%。与自由主义体制的国家相比，瑞典和丹麦除了对移民提供介绍性福利之外，其最低福利的额度也是十分大方的，同保守社团主义国家相比，它们又是高利用率的。与自由主义和保守社团主义国家相比，在丹麦和瑞典，经过家计调查结果确定的福利对于促进收益人超过贫困线更有效率（Sainsbury and Morissens，2002）。

丹麦与瑞典的紧缩政策不同于那些保守社团主义体制和自由主义体制的国家。在福利国家削减福利的时期，这两个社会民主主义国家反而延伸了服务，尤其是对儿童的服务，这两个国家都不愿意削减服务。同自由主义国家相比，瑞典和丹麦采取了全面削减转移支付的措施。尽管瑞典和丹麦提高了对福利的缴款要求，将其作为一项紧缩战略，但它们一般没有对保险要求进行细致的区分，这是保守社团主义体制国家所追求的。

关于瑞典和丹麦的主要差异，主要体现在以下几个方面：

第一个不同之处在于，是什么因素对移民的社会权利产生影响呢？正如前面所提到的，瑞典的一个比其他国家更强大的通用政策立场包括对儿童津贴的引进，这在1948年对所有的儿童来说都是可以得到的。同时，为孩子们实行税收减免。津贴被视为儿童的福利并促进所有儿童的健康成长，从而使得人们更加无法否认移民的好处。相比之下，直到1967年，丹麦都没有引入普遍的儿童津贴。1952年，它的战后第一个对家庭帮扶的计划才被介绍，后续计划涉及了测试手段。儿童津贴在丹麦通常是深受争议的，民众的态度也是不冷不热的（Goul Andersen，2007，2008）。

第二个不同之处在于，瑞典将提供基本保障的统一税率福利和提供收入保障的、与收入相关的福利结合起来。当生育福利转化为父母福利时，这种结构就得以延续，因而无论是在工作的父母，还是不在工作的父母，这两种类型的人都可以得到生育的福利，尽管这项福利对于正在工作的父母可能显得更加的慷慨。因此，几乎所有的母亲，包括移民，在瑞典都能收到生育的福利。然而平均而言，在瑞典之外的国家生育孩子的母亲，尤其是那些来自欧洲和亚洲的母亲将获得更低的福利（Duvander and Eklund，2006：45，54）。在他国生育孩子的母亲更有可能得到按时计价的福利，因为她们不会被雇用，加上更少的工资使她们获得与工作相关的福利时比在瑞典生育孩子的母亲更低。总之，瑞典福利国家的普遍主义促进了包括移民在内的广泛的覆盖面。它的缺点是福利水平的分化，某些特定国家获得的福利水平更低。丹麦的生育福利被要求和劳动力市场相挂钩（NOSOSKO，2010：38－39），移民妇女的低劳动力市场参与率影响了她们获得福利。尽管本质上移民妇女比丹麦妇女有一个更高的生育率，她们却很少获得生育津贴（Pedersen，2000：171）。

相比之下，丹麦政策对普遍性的特殊要求，一直突出固定税率或平等福利。即使是与收入相关的补偿收入损失的计划，也倾向于提供事实上的统一福利，如丹麦 ATP 养老金、失业、疾病和生育福利。因此，当移民在丹麦获得福利时，非公民和公民的福利水平几乎没有差别。

第三个不同之处是关注贡献在确定福利资格中所扮演的角色。矛盾的是，因为在丹麦社会规定的资金中，一般收入构成一个大的份额，而贡献在丹麦似乎成为获得权利的一个大的障碍。特别令移民担忧的是，规定特定年限的缴费要求很可能将他们排除在外。例如，对于提前退休津贴的 30 年要求以及获得全额 ATP 福利的 40 年要求，皆是如此。相反，工作测试、最低收入要求和贡献要求通常都是适中的。在 20 世纪 70 年代中期的瑞典，与工作相关的保险计划中的大部分的贡献要求都被淘汰了，对于公共养老金、医疗保险、疾病补偿、生育保险都没有贡献要求。因此，瑞典并没有碰到浪费捐款的问题，也没有像自由主义国家和保守社团主义体制国家的保险计划那样，支付不成比例的收入份额。

第四个不同之处是，丹麦的经济状况调查及其与公民福利的联系更加牢固。丹麦经济状况调查的轨迹表明，必须通过一种广泛的方法来消除歧视，让所有的公民都能获得福利。将经济状况调查与公民福利结合起来似乎是不愿意向非公民提供家庭福利、养老福利和长期援助的原因。相比之下，瑞典的策略和援助相结合减少了污名，其引入新的福利，如失业救助（KAS）、寻求庇护者的福利、介绍津贴以及最近的老人津贴。瑞典政策的制定者通常不愿意分配给经济调查更多的分量，而把它视为背离普遍主义。然而在丹麦，一旦移民获得了享受福利的资格，进行经济调查以及它在丹麦的显赫地位常常促进移民对福利的要求。

最后，居住权利作为社会权利的基础，理论上是有包容性的，因为其资格涵盖所有的居民。尽管如此，正如我们所看到的，通过区分永久居民和临时居民，或者对领取福利的资格施加居留要求，居留也可以作为排斥的基础。尽管基本养老金的居住要求是由社会立法规定的，然而通过居留要求限制社会权利的现象，时常伴随着移民立法和纳入制度的变化而发生。

纳入制度

两国的纳入制度在尊重公民权和永久居留权方面的分歧越来越大，并在 21 世纪初有加快的趋势。瑞典有适度的入籍要求；随着时间的推移，瑞典放宽了要求，取消了经济自给自足这一条件，并且允许双重国籍。注册成为公民的资格也在扩大。相比之下，丹麦增加了入籍要求来提高他们的严格性。丹麦对成为公民最严格的要求是在过去的 5 年中有 6 个月不领取救助津贴。它们对于注册成为公民也有限制，首先要没有犯罪记录，其次必须是北欧公民。《国籍法》被修改后，入籍便是转变为丹麦公民的主要途径。丹麦要求第二代移民在经济上自给自足，在这一点上和德国相似。

这些差异反映了深思熟虑的政策目标：为瑞典的新来者提供公民身份的选择，减少丹麦的入籍人数。这些政策目标反映在两国的入籍率中；在 2005 年以前，丹麦的入籍率仅为 33%，大约是瑞典入籍率的一半（Sainsbury，2005）。总之，在本书提到的国家中，瑞典出台的成为公民的规定是最慷慨的，然而在进入 21 世纪之前，丹麦的要求却成为最严格的。

获得永久居留身份变得越来越困难，正如在丹麦获得永久居留身份，从一个适度的要求变成了一个十分严厉的要求，并且还增加了一些新的要求。同样，当丹麦重新引进移民，它所采取的选择性的方法相比于瑞典更接近于德国。对于劳动力短缺的职业来说，有利的进入和许可条件也是存在的，有特殊技术和能力的公司员工个人会有一个高的收入，最初每年收入 450 000 丹麦克朗（大约€60 000），之后降至 375 000 丹麦克朗（接近€50 000）。2004 年，欧盟扩大之后，丹麦还对新欧盟成员国的公民采取了一个严格的过渡性规定，限制他们获得福利（Vad Jønsson and Petersen，2010：199）。虽然相比于更早的时候，进入 21 世纪初期，在丹麦获取定居身份更加困难，但它并没有与公民身份类似的多重制约，例如法国、德国、英国和丹麦已经引入的融合和语言测试，以及经济自给自足的具体要求。

其他关于纳入制度的政策方面，如参与权的引入、反歧视政策以及居住政策、融合措施，丹麦和瑞典有一些相似之处。这些相似之处常常与自由主义和保守社团主义体制国家的政策形成鲜明对比。所有移民在丹麦和瑞典都能获得当地政策权利，但在丹麦仍然是一个有争议的问题——丹麦在 2010 年提高了住宅要求。德国和法国一直抵制引入这样的权利，它们也一直面临着反对者的声音，根据《马斯特里赫特条约》的相关规定，欧盟的成员国都为公民引入了这些权利。在英国，英联邦移民作为英国臣民被授予平等的政治权利，接下来是爱尔兰，然后是欧盟公民，但对一般移民的政治权利的讨论却不普遍，在美国这是一个沉寂的问题。尽管当地有很多争取移民投票权的运动，但美国根深蒂固的观点是，公民身份被赋予了投票权（Hayduk，2006）。

至于反歧视政策，瑞典和丹麦的最初反应是最接近保守社团主义国家的。瑞典和丹麦将反歧视政策规定合并到《刑法》中。但它们，尤其是瑞典，比德国和法国更快地意识到依靠《刑法》作为主要的法律文书来打击歧视的不足之处。在 20 世纪 90 年代早期，瑞典和丹麦引入了《反歧视法》。更重要的是相比于丹麦，瑞典更加强调采取积极的措施，在 20 世纪 80 年代中期，瑞典就创建了反歧视委员会，然而丹麦放慢了成立国家机构以处理对歧视的投诉问题的步伐。直到 20 世纪 80 年代晚期，它才在反歧视立法方面有所作为（Vad Jsson and Petersen，2010：185）。

20 世纪 90 年代，丹麦和瑞典更加注重纳入政策与引入项目的发展，其中最相似的是：介绍项目措施的类型（包括参与者的范围），通过强大的交付模式参与的直辖市、国家财政援助计划的参与者。与自由主义和保守社团主义国家相比，一些能反映它们的相似之处的例子也显得很突出。例如，丹麦和瑞典的方案已成为劳动力市场培训的重要组成部分，鼓励参与者制订个人计划，免费为家庭成员提供服务，并提供津贴福利。

然而丹麦和瑞典两国的一些差异是显著的，它们对移民的社会权利和发展前景同样起作用。第一个区别在于，从一开始，丹麦引入福利就有意设置比一般的援助更低的利率，从而区分公民和非公民的社会权利。为了进一步加强这种分化，移民在 7 年内不能获得常规援助，现在他们还必须完成一个两年半的全职工作测试。在瑞典，当地政府对提供介绍性津贴和确定他的数量是有选择性的，这导致居住在不同城市的移民的福利也是多种多样的，但是非公民和公民有平等的权利去获得社会援助。为了消除地方性的差异，在介绍性津贴方面，政府在 2010 年提出一个标准的介绍性津贴，它比社会提供的最低援助更加慷慨。第二个区别是，完成引入程序是在丹麦获得永久居留许可的一项要求，但在瑞典则不然。最后，也是极其重要的，入籍的效率、康复以及救助津贴阻碍或延迟了移民成为一名丹麦公民。在 21 世纪初期，入籍要求中关于救助的使用变得如此的严格，在过去 5 年内接受 6 个月的援助就没有资格从新移民变成公民（MFII，2008）。换句话说，参加 3 年的引入程序有着一个明确的目的，旨在使移民融入社会，同时成为公民，从而获得公民身份所赋予的平等地位和平等利益，进而使他们融入社会的可能性更大。

进一步的对比涉及移民融入社会的愿景。尽管丹麦和瑞典融合政策的目标有强烈的参与性，但丹麦人强调，引入程序应该传达出移民需要接受的价值观。作为融合进程的一部分，移民必须签署一个声明，承诺自己和家庭成员为融合项目工作，并且成为活跃的丹麦社会成员。声明类似于宣誓效忠，这涉及一个对丹麦基本价值观的承诺。它还包括义务学习丹麦语，尽快地供养自己和家庭成员，让自己的孩子学习丹麦语以及与日托中心和学校合作，打击恐怖主义（EI，2010）。而瑞典的融合政策目标强调，“一个以多样性为基础的社会社区和一个以相互尊重和容忍为特征的社会发展，每个人不论背景如何，都参与其中，并共同承担责任”（SOU，1996：55；第1997/1998：16号提案）。虽然民主观念和自由被提及，但它们并不是瑞典独有的价值观念，瑞典社会的引入课程被视为一种促进参与的手段，丰富移民的知识及其参与资源（SOU，2010：16，23），新人也没有被要求签署一份承诺或融合合同。

在2010年之前，丹麦对国家的定期救助福利有一个7年的禁令，然而丹麦没有像英国那样用所有的工作测试和没有贡献来禁止新移民，或者像美国那样通过主要的联邦工作测试福利阻止新移民。此外，救助福利的禁止期间，新移民获得介绍性津贴，诚然介绍性津贴比救助的水平更低，但是新移民在这个国家的最初几年并没有被完全剥夺社会福利。定期救助福利是禁区，引入福利和康复福利能影响永久居留身份与公民身份的获取，但对移民来说其他的福利是可得到的。

总之，对瑞典和丹麦的比较，强调了在移民的社会权利中区分福利制度的影响和集成制度的重要性，而不是简单地假设从福利制度定义的性质来限制移民的社会权利。对瑞典和丹麦的比较也同样揭示出：一种包容性的福利国家制度不一定就蕴含一种包容性的纳入制度。这一比较进一步警示我们，不要将某一特定福利制度类型的国家的经验推广到具有相同制度的其他国家。福利制度和纳入制度可以彼此独立，它们政策层面的改变能够向一个包容性或排斥性的方向发展。最后，这一比较强调了社会政策和移民政策之间接口的重要性。在丹麦，削减移民的社会权利是和它的移民政策目标——减少“非西方”移民的流动紧密相关的，然而到目前为止，瑞典不存在这样的关联。

第六章　跨越福利国家的移民社会权利

在确定了我们列举的六个国家移民的正式社会权利之后，必须解决一系列以实质性权利或有效性权利为重点的关键问题。最核心的是两个问题：一是就获得福利而言，在何种程度上，移民的正式权利被转换成了实质性的权利？二是新移民的实质性权利如何与本土公民的实质性权利相比较？前几章已经指出了移民社会权利恶化的问题，以及许多例子中有关新移民和少数族群相较其他人来说，他们获得社会福利和权益的机会更加渺茫。本章为移民和公民的社会权利的质量提供了一个系统的跨国比较。我们使用三个指标来评估社会权利的质量，即商品化、有关需要的权利使用和权利的分层化。

本章的结构如下：首先，我们讨论评估社会权利质量的三个指标；其次，讨论关于数据、研究方法和运行过程；最后，分析有关移民和公民的内容。为了捕捉移民产生的族群/种族的影响，我们也涉及了显而易见的以移民身份前来的少数族裔。

社会权利的质量

在评估三种类型的福利国家制度的社会权利的质量上，埃斯平-安德森利用去商品化作为主要的标准或尺码。他将“去商品化”定义为，在独立于市场参与的情况下，能享受社会可接受的生活标准的能力（1990：37）。然而对“去商品化”的定义有一个疏漏，因为“去商品化”有双重的含义。

在狭义上，去商品化的前提是商品化，即劳动力已成为一种可以在市场上出售的商品。埃斯平-安德森认为，“去商品化的概念仅和那些完全地且不可逆地依附工资关系的人有联系”（1999：45）。以这种方式定义的去商品化可能与一些移民和少数族群联系更小。许多移民很难找到工作，并且他们对劳动力市场有着微弱的依附。此外，正如妇女的情况，使移民“商品化”的政策（帮助其获得有偿工作的政策）是一种有效的策略。然而一个狭隘的去商品化的概念使人们的注意力从这一行动移开了。另外一个问题是，埃斯平-安德森（1990）的去商品化的运作可能在移民和少数族群的情况下是有误导性的。他对不同国家的去商品化打分是基于一个高收入的制造业工人的平均产量数据。分数可能表明了这类工人的社会权利的质量，但问题是其是否能涵盖移民或少数族群的社会权利的质量。

在广义上，埃斯平-安德森指出，当一项服务作为一种权利时，当没有严格根据绩效授予权利时，当一个人可以不依赖市场而维持生计时，去商品化便发生了（1990：21－22）。正是在这个意义上，我们利用去商品化定义一个最低限度可接受的标准——生活在贫困线以上的标准。这种概念化为分析移民的情况提供了一个有用的视角。它使我们能够检测到，福利国家为移民（特别是那些身处劳动力市场之外的移民）提供社会认可的生活的可能性已经到了什么样的程度。

我们的第二测量标准是与各种需求相关的利益的利用。社会供给的目的是保护个人和家庭，主要从一系列的突发事件如养老、疾病、残障、失业、抚养子女的额外费用、贫困或低收入人群中来体现。对移民和公民来说，它们是相同的吗？

第三测量标准是分层。埃斯平-安德森（1990）认为，虽然国家的福利会动摇不平等的社会结构，但是这也构成了分层的系统。他认为，一个特定的分层模式与每一种体制都有联系。在自由主义体制中，社会政策导致一系列的二元论，将人们分为贫困和非贫困。保守社团主义体制的分层效应则是加强传统的地位关系；社会民主体制的普遍主义强调最大限度地减少分层影响社会政策；我们的方法是更加开放的，着眼于资格和福利水平条件的分层效应。资格条件根据人们是否享有特定福利来对他们进行分层，并且不同的福利水平会导致受益者的分层。

综上所述，在这些衡量标准的基础上，我们提出以下关于移民的实质性社会权利问题：第一，去商业化如何成为不同类型的福利国家的移民和少数族群的社会政策？或者说，在协助移民和少数族裔维持一个可接受的生活水平上，社会政策扮演什么样的角色呢？移民和公民的利益有不同的商品化水平吗？第二，遇到不同类型的需要时，移民比公民获得福利的机会是更多还是更少呢？第三，社会政策对移民和少数族群的分层影响是什么？对移民和公民来说，它们是一样的吗？

数据、定义和方法

我们的分析是基于卢森堡收入研究数据库（Luxembourg Income Study Database，LIS），利用了2004—2005年度的最新数据[①]。LIS是一个跨国数据库，其中包含大约35个国家/地区的家庭收入来源的详细信息。因为主要收入变量（可支配收入、总收入、市场收入）是相协调一致的，所以LIS是一个分析贫困、收入分配以及国与国之间收入不平等问题的非常有用的数据银行，通过提供关于社会补贴接受者和金额的信息，LIS也为超越正式权利和评估社会权利的实质性或有效性提供了可能。

然而在LIS数据中识别移民身份的可能性是有限的，而且各国之间以及随着时间推移的可比性是远远不理想的。LIS的数据集包含几个可以用来识别移民和少数族群人口身份的变量。第一个变量是户主的种族，第二个变量是户主的移民身份。不幸的是，在国家数据集中有关这些变量的内容并不一致。

在美国的数据集中，户主的身份变量包含以下几类：在本土出生的美国公民、在外国出生的美国公民和非公民。种族变量混合了人种和种族。它区分黑人、西班牙裔、印第安人/因纽特人、亚洲人/太平洋岛民和白种人。2004年的数据集还包括这些移民到来的年份，但并没有关于移民来源国的信息。而我们的三个欧洲国家德国、法国和瑞典的数据集包含了更多关

① 有关卢森堡收入研究数据库的更多信息，请参阅 http：//www.lisdatacenter.org.

于国籍与移民身份的信息，从而有可能建立起关于来源国的数据。在分析所涉及的种族和人种时，这些信息已被用来选出主要的少数族群人口。

丹麦和英国的数据是最有问题的。丹麦 2004 年的数据集的更改，消除了分析族群这一维度的可能性。国籍这个变量，以前包含了出生国，而现在已经被减少到了三类：丹麦国民（仅限于本地出生的公民）、一代移民和二代移民。另一个后果是，它不再可以识别入籍公民的身份。

在英国，只有一个族群变量而没有移民身份的变量。正如美国的情形那样，英国的族群变量合并了种族和族群。它由白人、加勒比黑人、非洲黑人、其他黑人、巴基斯坦人、孟加拉人、印度人、中国人、亚洲其他国家人和混血儿组成。我们使用族群作为移民的指标，这种用法是有道理的，不仅因为族群人口是移民的产物，而且因为族群成员更可能是在海外出生的。2001 年的人口普查显示，白人人口绝大多数是在英国出生的（95.2%），而其他族群人口中的很大一部分是在英国以外出生的（Morissens，2006：54）。因此，在我们的分析中，白种人是作为非移民群体的，尽管欧盟公民和其他白人移民可能被上述群体所代表。与此相类似，即使许多在英国本地出生的人也可能被列入样本，其他族群类别也代表了移民。鉴于所有这些困难，我们必须谨慎地对待分析结果。

这里的分析检验了五种类型的家庭的结果：公民家庭——由本土出生的公民所组成的家庭、移民家庭——由所有国外出生的人员所组成的家庭、入籍的移民家庭、非公民的移民家庭、少数族群移民家庭——由显而易见的少数族群组成。

关于少数族群移民家庭，我们只有其中的四个国家的数据。丹麦的数据不包含族群的信息。在英国，少数族群家庭的移民状况不明，我们报告的结果是针对所有少数族群家庭，而不是少数族群移民家庭。

对贫困的测量是我们实现去商品化的重要方面，即独立于市场享有一个社会可接受的生活水平的能力。我们将一个可接受的标准定义为生活在贫困线以上的标准，并在测量收入贫困上，对移民和公民采取相对的方法。这意味着贫困家庭被定义为那些可支配收入低于某一阈值的家庭，该阈值代表一个特定国家的人口福利水平。正如在许多对比研究中，我们根据家庭规模调整，用中等收入的50%作为贫困线。为了适应家庭规模，我们采用了经济合作与发展组织的等价尺度①。

为了说明福利国家的完全去商品化能力，所有的家庭都被列入分析。将全部人口包括在内，而不是将选择范围限于工作年龄的家庭，这一决定对我们在贫困发生率和减贫实效方面的成果具有重要影响。我们的分析包括养老金领取者，他们的收入因为社会福利的重要性②而与处于工作年龄的人们有所不同。此外，移民人口的年龄结构不同于公民群体。一般来说，移民人口更加年轻并且养老金领取者更少。然而这一情况正在改变，因为在20世纪六七十年代进入国家的移民已达到了退休年龄。事实上，在大多数国家中，年长移民貌似比年长公民更易陷入贫困。

为了测量去商品化对社会政策（社会补贴和税收）的影响，我们使用相对的减贫成效进行评分。相比于埃斯平-安德森使用的去商品化打分，相对的减贫成效评分有两大优势：第一，他的分数是建立在模拟接受方（即经济合作与发展组织中多个国家的标准生产工人）的基础上的，因而他的分数反映了一个普遍存在于福利国家接受方的主要弱点；它们是基于假设的接受方，而我们研究的是实际受益者的经济效益。第二，他的分数假设商品化，并低估或忽视了家计调查的去商品化影响。

相对的减贫成效评分通过社会福利和税收使转移前贫困人口超过贫困线的百分比来衡量贫困减少程度。为了计算出分数，我们使用了以下算法来比较接受社会福利和税收前后的家庭经济情况：

（税收和福利前的贫困率-税收和福利后的贫困率）/税收和福利后的贫困率×100（Mitchell，1991：65）。

以市场收入为基础的贫困率被用作衡量税收和社会福利前的情况的一个指标。市场收入是由收入和薪金、自就业收入和资本回报构成的。基于

---

① 在分析中被使用的经济合作与发展组织等价尺度，给家庭中的第一个成年人赋予1的价值，给其他的成年人赋予0.7的价值，以及给每个孩子赋予0.5的价值。不同的等价尺度可以产生实质性的贫困率差异，当移民的家庭规模不同于平均值时，似乎这种情况尤为指向他们。例如，我们可以去看看伯绍德（Berthoud）的成果（1998：39－42）。

② 至于对被限制在处于工作年龄人口的移民和公民家庭的分析，就去查看莫里森斯的成果（2006a，2006b）。

家庭规模调整后可支配收入的贫困率，成为衡量社会福利和税收后情况的一项指标。社会福利和税收两者之间的差异，为我们提供了一个衡量指标，用以检测人们被提升至贫困线以上的过程中社会福利的有效性，以及社会政策的去商品化影响。通过比较移民家庭和公民家庭，我们可以清楚地了解社会福利和税收是否对他们的经济状况有不同的影响，以及由此带来的去商品化影响是否不同等问题。

社会权利和去商品化

正式的社会权利不能保证一定去商品化，即不受市场影响的可接受的生活水平。在这一部分中，我们对六个福利国家的移民和本地公民家庭进行了去商品化的研究。第一步，我们确定了这些家庭拥有一个社会可接受的生活标准的比例，即在贫困线以上的家庭比例。显然，这个结果是市场收益和社会福利的综合结果。为了对两者的影响进行分类，我们用相对的减贫成效评分方法来分析社会政策对家庭收入的影响。以这种方式，我们可以建立起这些政策在减贫或相反地在维持社会可接受的生活标准中所扮演的角色。第二步，我们通过研究贫困家庭的主要收入来源（市场收益和社会福利）来研究这些家庭的贫困率。这提供了另一种衡量去商品化的指标，当社会福利成了与收入相比的主要生计来源时陷入贫困风险的可能性。

第一部分的表 6.1（A）报道了拥有社会可接受生活标准的家庭的比例。前两个展示了所有家庭和本土出生公民家庭的百分比的专栏，整体格局与三种福利制度类型的预期表现高度一致。我们发现，在那些代表社会民主福利体制的国家以及保守社团主义体制的国家中，达到可接受生活标准的家庭比例最高，而在自由主义体制国家中的比例较低。再看看各种类型的移民家庭，我们发现，在福利体制下他们比本地出生的公民家庭脱贫的可能性更小，非公民移民家庭与显而易见的少数族群家庭之间的不平等在增加。值得一提的是，虽然在美国几乎达到了平等，但没有哪一个国家的入籍公民家庭达到了与本地出生公民家庭之间的平等。

表 6.1　贫困线以下的家庭　（单位：%）

国家	所有家庭	本国公民家庭	入籍的移民家庭	所有的移民家庭	非公民的移民家庭	少数族群的移民家庭
A. 贫困线以上的家庭						
美国	83.2	84.9	83.0	74.4	67.8	73.2*
英国	89.7	90.7	—	—	—	79.2**
德国	92.3	93.2	87.1	85.6	84.0	75.3
法国	91.3	92.8	83.3	80.2	78.8	80.0
瑞典	95.2	96.4	90.5	88.4	83.8	81.0
丹麦	95.4	96.2	—	85.6	—	(81.4)***
B. 贫困线以下的家庭						
美国	16.8	15.1	17.0	25.6	32.2	26.8*
英国	10.3	9.3	—	—	—	20.8**
德国	7.7	6.8	12.9	14.4	16.0	24.7
法国	8.7	7.2	16.7	19.8	21.2	20.0
瑞典	4.8	3.6	9.5	11.6	16.2	19.0
丹麦	4.6	3.8	—	14.4	—	(18.6)***

注：—表示数据不可用。

* 表示是少数族群人口却没有提及移民身份，即以和英国相同的方式运转少数族群家庭，各自的百分比为 72.3%和 27.7%。

** 是指具有未知移民身份的少数族群家庭。

*** 百分比的计算使用了丹麦 2002 年的注册数据。种族变量也不同于其他国家，包括那些贫困率低于显而易见的少数族群的东欧（Morissens，2006a：127，134）。在瑞典，使用这种操作，其百分比分别为 82.4%和 17.6%。

资料来源：卢森堡收入研究；自己的计算。

正如在第二部分表 6.1（B）中可以看到的，大部分移民家庭是在贫困线以下，这在非公民移民家庭和少数族群移民家庭中更为显著。这些结果表明，移民身份和族群/种族都伴有较高的贫困风险。对美国来说，显示的数据使我们得以区分开族群和移民身份。它们表明，少数族群和种族比白人有着更高的贫困率，但在大多数族群/种族类别中，包括白人，那些以非公民移民为主的家庭比同一类别以公民为主的家庭有着更高的贫困率。其中，主要的特例就是土生土长的非洲裔美国人和印度人，他们在本土出生的少数族群中有最高的贫困率。相比之下，外国出生的黑人，无论是入籍移民还是公民，都有着较低的贫困率。

各个国家的贫困率有着巨大的差异，对非公民移民家庭和少数族群移民家庭来说，贫困率在15%到30%的区间内浮动。虽然在两个自由主义体制的国家之间存在着巨大差异，但变化模式在很大程度上符合基于福利体制类型的去商品化水平的期望。

去商品化和贫困减少

到目前为止，我们已了解到，公民家庭和移民家庭之间在维持一个社会可接受的生活标准方面存在着显著的差异。现在我们转向基于相对减贫成效评分的社会政策的去商品化影响问题研究。社会福利在何种程度上，使接受福利前的贫困家庭在福利体制下脱离了贫困？

图 6.1 展示了本地出生的公民家庭和移民家庭分别在社会福利与税收前后的贫困率，以及每个家庭的相对减贫成效得分。在该图底部的百分比是减贫成效得分，表示通过税后社会福利脱贫的先前穷人的比例。

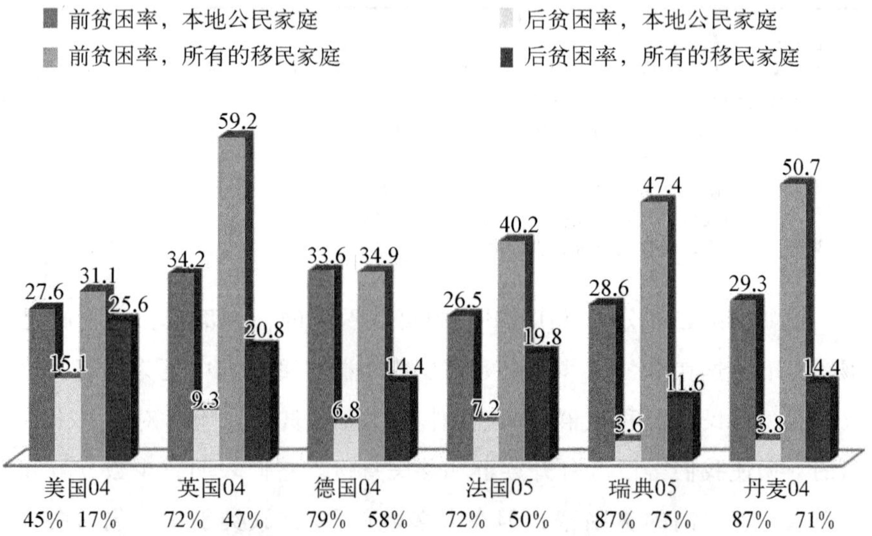

图 6.1 本地公民和移民家庭的福利与税收前后的贫困率

对减贫成效得分的比较表明，在所有国家中，社会福利对公民的去商品化的影响比对移民的影响更大。在福利国家中，对公民来说，去商品化影响在45%至87%之间不等，而对移民家庭来说则从17%到75%不等。换言之，社会政策使45%～75%的接受福利前的贫困公民家庭和17%～75%的贫困移民家庭得以脱贫。图6.1的数据还揭示了每个国家的移民和公民的分数的明显差异。虽然它们未被涵盖在图6.1中，但是我们还是计算了非公民移民家庭以及入籍移民家庭的减贫成效得分。它们的分数揭示了福利国家去商品化效应的分裂模式。非公民移民家庭的得分低于所有的移民家庭得分，其比率最低为10%，最高为68%。相比之下，入籍移民家庭的得分高于所有移民家庭的得分，其比率在30%至近80%间浮动。然而去商品化对入籍移民的影响不可能比得上对本土出生公民的影响——在德国差距最大，其次是法国。简而言之，不仅是公民更可能处于贫困线以上，而且如果公民在接受福利之前是贫困的，那么他们相比于移民更可能脱贫，不论这些移民是公民还是非公民。

然而根据福利制度类型，通过图6.1的相对减贫成效得分来衡量，社会政策的去商品化影响可大致归类①。这两个自由主义体制国家的得分普遍低于其他国家，但美国是个例外，因为它在帮助公民和移民家庭脱贫方面做得较差。社会福利对改变移民家庭的贫困状况几乎没有什么帮助，而这些福利却帮助了45%的公民家庭。相比之下，英国的移民减贫成效得分高于美国的公民减贫成效得分，而英国公民的得分略高于70%。虽然英国公民的得分与法国的得分相同，但它低于其他保守社团主义国家公民的得分（约80%）和社会民主体制国家的得分（超过85%）。

---

① 莫里森斯和塞恩斯伯里（Morissens and Sainsbury，2005）认为，丹麦的结果大幅偏离了基于福利国家体制类型的预期，并且与瑞典的结果形成鲜明反差。数据特性貌似能解释这些差异。我们使用的是1997年的丹麦数据集，后来被丹麦人记起，随后的态势消除了族群变量，因而去复制这部分的分析是不可能的。其他的分析（FM，2004：17；Morissens，2006a）呈现出的结果更接近于本章的结果，但是利用丹麦2002年的登记数据，莫里森斯还发现非西方移民的贫困率较高，而索马里人的贫困率最高（37%）（Blume et al.，2005）。虽然数据问题无疑影响了我们文章中的结果，但丹麦政策的两个重要变化也可能导致不同的结果。首先，1995年，丹麦人承认，约有20 400名寻求庇护者，但在2005年这一数据已下降到每年1 000名左右。其次，移民的失业率在20世纪90年代中期达到大约40%的顶峰（Nannestad，2004：761），但在21世纪初已下降到约15%。

一方面，公民和所有移民的减贫差距，体现在社会福利和税收的去商品化影响的百分比差异，它也符合体制类型。在自由主义体制国家中差距最大（美国为28%、英国为25%），然后是保守社团主义国家（法国为22%、德国为21%），在社会民主国家中差距最小（丹麦为16%、瑞典为12%）。

另一方面，白人人口和少数族群移民之间的减贫差距不符合制度类型。德国的去商品化影响差异最大（40%），接着是美国（30%）、英国（25%）、法国（20%）以及瑞典（14%）。此外，与本地公民和移民相比，减贫政策的效果在少数族群和白人人口之间的差距明显更大。

没有市场参与的去商品化

我们最终对去商品化影响的衡量取决于去商品化的广义概念化，即达到一个社会可接受的、独立于市场参与而生活的标准的能力。实际上，它通过确定福利国家是否为劳动力市场以外的人提供了获得体面生活水平的可能性，为反补贴提供了一个试金石。这种比较也决定了许多移民在劳动力市场上处于不利的地位，这可能是移民家庭贫困率较高的原因。此外，通过对依赖于社会福利的家庭和那些依靠收入的家庭的贫困率的比较，可以揭示去商品化的另一方面，即缺少对退出市场行为的处罚。

图6.2依据主要收入来源详细阐述了本地公民家庭和移民家庭的贫困率。其中，上方的图展现了主要收入是赚得的钱的家庭的贫困率，下方的图展示了主要收入是社会福利的家庭的贫困率。

不出所料，在所有国家中，主要收入来源是赚得的钱的家庭相比于那些大部分收入是社会福利的家庭，更有可能达到一个社会可接受的生活标准。然而有赚钱能力的移民家庭始终比公民家庭有更高的贫困率，非公民移民家庭有着最高的贫困率。尤其是在美国和英国，尽管大部分的移民家庭有收入，但是大都在贫困线以下。这表明，即使在美国，移民的劳动力市场参与度比本地公民高，但他们的工资水平较低，对劳动力市场的依赖度较弱。

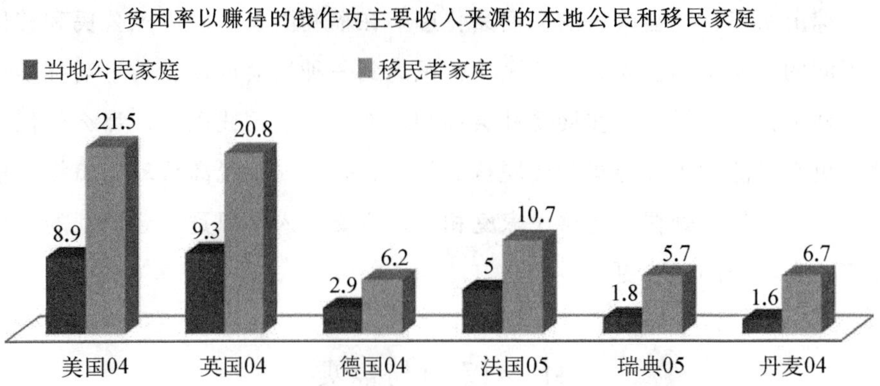

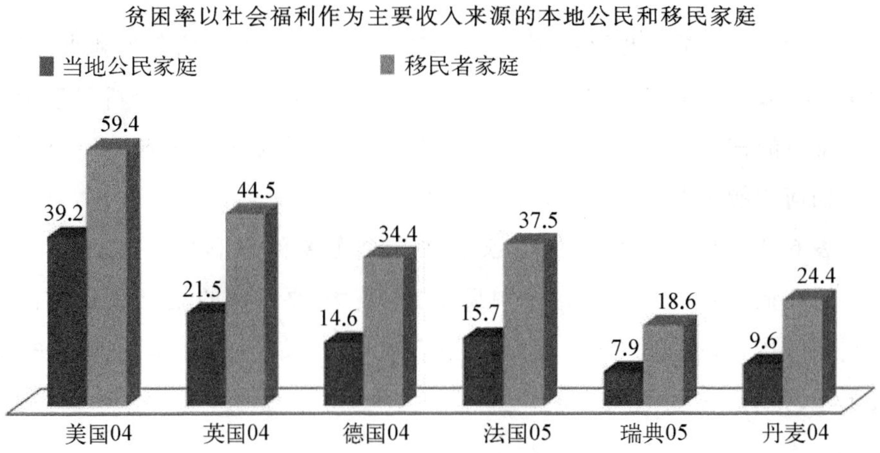

图 6.2　主要收入来源的本地公民和移民家庭的贫困率

转向那些主要收入来源是社会福利的家庭，公民家庭的贫困率比所有国家中的移民家庭的贫困率都低。换言之，当人们的主要收入来源是社会福利时，在达到一个可接受的生活标准方面，公民和移民家庭之间有着巨大的差距。然而在社会民主体制国家中，公民和移民家庭的贫困率比其他国家低得多，在这里相比于其他类型的福利国家，有一个较小的对退出市场的公民和移民家庭的处罚。对瑞典和丹麦的家庭来说，不论其主要收入来源是什么，脱贫的可能性都很大。而在美国，无论移民家庭的主要收入类型是什么，人们陷入贫困的风险都更大。尽管这样，如果他们离开市场，他们也面临非常严厉的处罚。在其余的国家中，有关部门对退出市场的行为都有很高的罚款，并且对移民家庭来说更高。

综上所述，社会政策的去商品化影响在福利国家中对本土公民和移民是不同的。从总体上来看，公民比移民达到一种社会可接受的生活标准的可能性更大。如果公民在接受社会福利之前掉入贫困线以下，那么他们比移民更有可能凭借社会福利而脱贫。最后，公民如果脱离劳动力市场，他们会面对较低的处罚；与移民家庭相比，主要收入来源是社会福利的公民家庭陷入贫困的风险更低。

社会权利与需要

社会权利的质量也可以用一个人根据需求所接受的社会福利来评估。由于 LIS 数据的重点是放在收入的形成上，因而我们必须将分析限于参与收入维持的核心项目上。移民的社会权利在获得与其需求有关的福利方面，如何才能比得上公民的社会权利？

表 6.2 呈现了公民和移民家庭在几个主要的福利项目方面的参与度，这也同样从它们的利用率中反映出来。需要强调的是，重要的比较是在同一国家的家庭之间，而不是在不同的国家的家庭之间。在同等情况下，跨国比较是危险的。

表 6.2　按家庭类型参与社会转移计划（利用率）

类别	家计福利 /% 有子女的家庭	养老金 /% 老人家庭	失业救 济金 * /% 失业家庭	社会 救助 ** /% 家庭
美　国				
公民	n/a	86.6	27.6	2.2
移民	n/a	72.3	21.4	2.2
非公民	n/a	57.4	17.5	2.6
族群移民	n/a	68.1	22.5	2.4
英　国				
公民	96.6	98.9	68.9	7.4

续 表

类别	家计福利/% 有子女的家庭	养老金/% 老人家庭	失业救 济金 */% 失业家庭	社会 救助 ** /% 家庭
移民	88.5	92.7	63.6	13.2
德 国				
公民	98.4	94.7	28.0	1.5
移民	98.2	94.6	24.2	2.9
非公民	97.7	92.8	14.9	2.9
族群移民	98.3	—	—	—
法 国				
公民	60.4	94.5	23.9	2.4
移民	64.4	89.6	16.7	7.4
非公民	61.6	93.0	14.8	8.3
族群移民	62.0	—	—	6.5
瑞 典				
公民	94.9	99.5	41.4	2.4
移民	95.5	97.4	25.0	13.4
非公民	95.9	92.7	24.0	18.7
族群移民	96.2	—	—	43.7
丹 麦				
公民	94.4	92.0	78.1	5.9
移民	92.7	82.3	60.7	25.9

注：—表示数据不可用或数字太小而无法获得可靠的估算。
n/a 表示不适用。
* 指除英国以外的失业保险金，其中包括求职者津贴的保险和经过家计调查的部分。
** 指主要的安全网福利。
来源：卢森堡收入研究；自己的计算。

对家庭福利的调查显示，除了法国和英国之外，拥有未成年子女的移民家庭和公民家庭的比率非常相似。法国公民家庭的参与率较低，是由于家庭福利的特殊结构：一个家庭要享有资格，通常必须有两个孩子，并且有几项福利都是经过收入水平测试的。在英国，移民家庭比公民家庭的福利利用率更低。外来者已被禁止无偿获得福利，而主要的家庭利益就是这种类型的。当然，仍有移民和公民有很高的利用率，而且几乎所有的家庭都获得了福利。

与所有国家的公民相比，养老金显示了一个较低的移民参与率；在失业救济金方面，移民家庭更是属于弱势群体。利用率显示，虽然移民的失业率较高，但公民中一直领取失业救济金的人数比例要比移民高。相反地，公民对于社会援助的利用率要比移民低。在我们拥有的关于少数族群移民家庭的数据中，德国和瑞典的少数族群移民家庭往往比一般的移民家庭表现出较高的利用率。表 6.2 报告的利用率是主要的安全净收益。对财产测试福利的利用率显示了一个相似的模式，但所有家庭的利用率都要高得多。公民家庭的比例在 14%到 32%之间，而那些少数族群移民的家庭在 35%到 80%之间（Morissens and Sainsbury，2005：650）。

在表 6.2 中出现的利用率模式强调了两点：第一，在老年和失业的情况下，移民家庭比公民家庭获得与需求相关的标准福利的可能性更小。即使移民可能会得到比公民更多的失业福利，相对于失业公民来说，享受福利的失业移民比例更小。第二，移民对于社会救助的更高利用率是与他们对其他标准福利的较低接受率相联系的。

社会权利与阶层分化

分层的重点是社会权利的分化或不平等。在我们的方法中，福利国家的分层首先源于在获得或参与社会项目方面的不平等，其次是福利方面的不平等。在这一节中，我们研究公民、移民在社会福利项目以及福利等级方面获得和参与模式的差异。

表 6.2 表明，在移民享有养老金和失业救济金的过程中存在分层效应，而在家庭福利方面则没有。在享有养老金的情况下，公民参与是近乎普遍的，其次是移民家庭的较低参与度，以及甚至更低的非公民和各国少数族群移民家庭的参与度。而反向顺序则适用于社会救助的情况。公民参与最少，而移民一般有较高的参与率，非公民和少数族群移民的参与度进一步增加。

公民和移民家庭之间的利益不平等以何种程度存在？为探讨这个问题，我们研究给予公民和移民接受者的福利。表 6.3 介绍了以该国货币为单位的平均支付情况。移民的养老金往往较低。虽然失业的移民家庭不太可能获得失业福利，但在美国、德国、法国，那些确实得到福利的家庭比公民家庭有更高的福利水平。值得注意的是，即使福利水平与家庭利益相类似或比移民家庭的高一些，但由于移民家庭平均有更多的孩子，福利不平等可能依然存在。

表 6.3　按受援家庭类型划分的社会转移计划的福利水平

平均（平均数）支付金额

类别	家庭福利	养老金	失业救济金	社会救助*
美　国				
公民	n/a	16 840	4 273	3 519
移民	n/a	14 691	4 956	4 278
非公民	n/a	12 724	5 258	4 424
族群移民	n/a	13 936	5 151	4 158
英　国				
公民	1 344	6 385	2 504	4 726
移民	1 457	5 528	2 421	5 582
德　国				
公民	3 218	17 623	5 729	4 068
移民	3 614	14 359	8 270	5 197
非公民	3 621	13 652	7 913	6 407
族群移民	4 025	—	—	5 690
法　国				
公民	2 722	16 446	6 319	3 942
移民	3 658	13 864	6 408	4 528
非公民	3 728	13 490	4 248	4 762
族群移民	3 625	—	—	4 171

续 表

类别	家庭福利	养老金	失业救济金	社会救助*
瑞　典				
公民	20 147	174 941	66 731	29 458
移民	22 598	159 141	52 644	58 445
非公民	21 151	138 651	47 167	64 895
族群移民	22 760	—	—	71 147
丹　麦				
公民	20 608	116 255	95 383	58 203
移民	24 311	97 948	98 893	89 944

注：—表示数据不可用或数字太小而无法获得可靠的估算。
n/a 表示不适用。
*社会救助是指主要的安全网福利。
来源：卢森堡收入研究；自己的计算。

我们在早期的研究（Morissens and Sainsbury，2005）中发现，相比于移民，家计调查福利在非公民移民收入整体中的作用更大。然而在除美国和英国之外的其他国家中，由其他社会福利所贡献的份额等于或超过了家计调查福利。

在我们拥有数据的那些国家（丹麦、法国和瑞典）中，我们特别考察了少数族群移民家庭收入一揽子福利的重要性，我们发现家计调查福利占据了他们收入整体的很大比例，比在所有移民收入整体中的比例要大。在瑞典和丹麦这种最极端的情况下，家计调查福利构成了移民收入整体的40%～50%。尽管如此，其他社会福利也对这三个国家中的这些家庭做出了重要贡献。对于美国，我们的数据显示了关于定期社会福利对家庭收入的贡献、公民和移民之间的差异。对于黑人、西班牙裔和亚洲国家移民来说，其他社会福利在他们的收入整体中所占份额要比同一种族的公民小得多（Morissens and Sainsbury，2005：651－653）。

总之，检测分层的一个重要维度与社会项目在维持一个社会可接受的生活标准（或者说阻止穷人和非穷人之间的二元对立）方面的不同能力有关。我们的分析揭示了这种二元论。相比于公民家庭，移民家庭陷入贫困的概率更大，非公民和少数族群移民家庭甚至更容易陷入贫困。

在研究各种福利项目的参与度时，我们已经发现公民和移民之间的不同模式，除了家庭福利之外，移民家庭更难获得失业救济金和养老金。相反，移民对社会救助的利用率比公民要高，并且家计调查福利在移民收入整体中所占比例更大。该模式更是在显而易见的少数族群移民身上体现出来。在某种程度上，社会救助与申领者感到耻辱和他们所拥有的福利不足有关，移民的社会权利质量受到损害，而且与公民的社会权利并无平等的关系。此外，家计调查福利以及较高的利用率对移民收入整体作用更大，在福利制度下与基思·班廷（Keith Banting，2000）的关于自由主义体制国家中家计调查福利的好处和移民对这些福利的过度依赖的观点不完全一致。在两个社会民主体制国家中，公民和移民家庭的收入总体情况及其对家计调查福利的利用存在着巨大差异。对许多移民来说，社会政策的分层效应与社会民主福利国家的最低层次背道而驰。

福利国家的移民家庭更难获得主要的保险福利，他们的养老金也较低，反映了他们较低的收入。给移民家庭的较大社会救助付出和家庭福利弥补了保险福利的不足，但并不能完全证明其较高的贫困率。

结　论

与国际移民文献中普遍存在的假设（即公民和移民的社会权利几乎没有差别）相反，前面的分析揭示了福利国家的移民和公民家庭的实质性社会权利存在主要差异。此外，在非公民和有色人种移民方面的差异增大了。与公民相比，即使当市场是他们主要的收入来源时，移民更不可能达到一个社会可接受的生活标准。他们不太可能通过社会福利而脱贫，并且当社会福利是他们的主要收入来源时，他们陷入贫困的风险比公民更高。相比于公民家庭，移民家庭是不太可能获得与需求相关的福利的；当他们属于易陷入贫困的群体时，移民家庭比这一群体中的公民家庭拥有更高的贫困率。

同样重要的是，分析强调，移民是社会权利分化的根源。表 6.1 显示，不论福利国家的体制是什么，移民身份都会影响移民陷入贫困的可能性。在外国出生的人比本地出生的公民更加贫穷，甚至入籍公民也未能消除与本地出生公民之间的差距。利益最易受到侵害的是非公民的移民，不仅仅是贫困的可能性参差不齐，社会政策的去商品化等级也是如此。总之，一个有关移民和公民身份分层的新模式出现了，并在很大程度上跨越了福利国家。

与移民相关的分层的另一个层面是与不同录入类别相关的正式权利的分化，这些权利是有层次结构的。公认的难民、同种族的公民和欧盟公民拥有特权，而家庭成员、寻求庇护者和无证件移民往往处于不利的地位。不幸的是，LIS 数据使得能探讨这种分层的可能性几乎为零，但前几章指出了其对移民实质性的社会权利的潜在影响。

最后一类分层是以低就业概率（体现在基于市场收入的贫困率）和贫困地位（体现在福利和税后的贫困率）来定义的社会排斥的族群化和种族化。这一现象发生在五个国家的福利制度中，我们关于族裔和种族的 LIS 数据证明了这一点。安·莫里森斯（Ann Morissens，2006a）发现，丹麦也有类似的模式。在许多情况下，移民身份和身为一个显而易见的少数族群成员，这两者是交叉的：少数族群的贫困率比白种人的贫困率高，外国出生的比本土出生的贫困率高。此外，去商品化对显而易见的少数族群的影响小于对白人的影响，即社会福利在使他们摆脱贫困方面的有效性更弱。未能扭转这一格局可能会巩固和加强族群、种族方面的社会经济分歧。

尽管有这些共同点，在代表不同福利制度的国家之间仍存在着重要差别。虽然移民社会政策的去商品化影响对移民较弱，但对公民和移民的影响与基于福利制度的期望相一致。美国是一个极端的例子，它在减贫方面的整体表现不佳，它拥有非公民的最高贫困率。

尽管如此，美国和英国却在移民的社会权利方面有着显著的联系。这两个国家在那些将收入作为社会权利的移民中有较高的贫困率，在主要收入来源是社会福利的移民中有着极高的贫困率，因而这两个自由主义体制国家不同于其他体制的国家。相比之下，社会民主体制国家的政策对移民和非公民群体的去商品化影响更大，因此它们的贫困率大幅降低，相对于自由主义体制国家以及保守社团主义国家的移民和非公民群体来说尤为如此。公民和移民之间减贫成效得分的差异在社会民主体制的国家中最小，而在自由主义体制的国家中最大。与其他制度类型相比，以转移支付为主要收入来源的公民和移民的贫困率较低，这也许是最引人注目的，并且清楚地表明了瑞典和丹麦等福利国家政策的去商品化能力。在瑞典和丹麦，本土出生的公民和移民之间的贫困差距依然是显著的（瑞典为 4% 和 12%、丹麦为 4% 和 14%）。瑞典和丹麦的政策在使本土公民免于贫困这方面做得极好，但对于移民只是做得好而已。

总之，本章的分析表明了福利国家制度的类型对移民的社会权利和经济福祉有重要的意义。虽然福利体制的分层影响往往在移民被纳入分析时土崩瓦解，然而福利国家体制不同的去商品化影响却依旧强劲。对于移民社会权利的质量、新来者达到一个社会可以接受的生活标准的能力和他们的社会融入来说，这些差异尤为重要。

第二部分　包容与排斥的政治

第七章　第二部分介绍

第一部分以移民的正式和实质性的社会权利为根据对政策结果进行分析，而在这一部分的有关章节中，为了了解政策的变化，则将政治作为重点。这部分重点分析这六个国家政治输出的方法和原因，调查政治的包容和排斥，着眼于社会政治和移民政策的接合点。如第一部分所述，移民的社会权利是福利国家体制通过具体的社会政策来塑造的，条目类别是由国际协议和国家立法来调节管制的。换句话说，移民社会权利的变化要求我们分析社会政治和移民改革。如果我们仅仅考虑社会政治的改变是如何影响移民的权利的，就忽略了很多国家移民社会权利恶化的主要根源。因此，分析政治的纳入和排斥需要关注：（1）有关社会权利扩展和收缩的政策；（2）有关移民社会权利和包容或排斥他们的纳入制度的政策变化。

理论视角

此外，关于福利国家和移民制度的文献及其中对体制变化的解释为研究提供了一个有用的出发点。两种学术传统的共同点是强调历史遗产是差异的来源。有关福利国家制度的文献强调了意识形态的遗产和它对塑造现代政治决策的重要性（Esping-Andersen，1990），而移民政策的文献则侧重于研究国家独特概念的遗产（如 Brubaker，1992；Hansen，2000）。

然而尽管这两个研究传统有着显著的差别，但两者都认为政治是政权更迭变化和权利延伸的决定因素。研究者们不仅对政治的重要性有不同的观点，还对政治类型有不同的区分，正是在这个领域里两者能充分互补。对福利制度变化的讨论已经赋予政治越来越多的意义。人们讨论的中心是权力资源分配的方法，这突出了社会阶层是社会变革中的集体行动者和主要参与者。这种方法认为阶级力量的平衡对再分配的结果具有决定性作用（Korpi，1980）。在这种观念中，阶级动员、阶级同盟以及左、中、右翼政党的相对实力在很大程度上决定了福利国家制度的差异。福利体制的文献与权力资源分配方法很少关注国家参与者和官僚政治。从本质上来看，权利扩张的动力是“自下而上的政治”。

国际移民的文献倾向于强调，扩大政策源于限制冲突的范围和参与者的名单。在《自由民主国家的移民政治的模式》（*Modes of Immigration Politics in Liberal Democratic States*）这篇有影响力的文章中，弗里曼（Freeman，1995）提出了基于移民参与者的成本和收益计算的通用模型。他假设公众舆论是一种由于安全信息的高成本导致的合理的无知，由于获取移民信息存在严重障碍以及合法讨论移民政策的边界受到限制，成本随之增加，因而即使是采取更加严格的政策，舆论动员也非常缓慢。政党就移民政策达成共识，试图在公众议程中回避这个问题。弗里曼进一步认为，以分散成本、集中利益为特点的利益集团政治和团体动员导致了顾客型政治。这种复杂性为那些从移民中获益的人——雇主、企业和构成移民潮的族裔群体提供了更大的激励。直接成本落在与移民竞争的少数人身上，但是他们组织不善，缺乏政治资源，否则成本将落在所有人身上。在这种模式下，国家行动者是被选出来制定政策的官员。他们为了自身的利益再次当选，他们对更好的有组织的利益集团做出回应，而且政客们依照一个强大的“反民粹主义规范”行事，那就是他们不应该使用种族、族群、反移民等相关的争议性话题来赢得选票。总之，移民政治的典型模式是一个由政治家和有序的强烈利益团体的狭小圈子组成的顾客型政治，它在很大程度上不受外界干扰。

后续的理论强调，法院和官僚机构是操作入选的主要政治代理人，而政治权利扩张是相对封闭的精英事务。克里斯蒂安·乔普克（Christian Joppke，1999，2001）强调了宪法政治与法律程序在理解自由民主国家移民政治的广泛性和包容性方面的重要性。他认为，独立的和有积极态度的法院对移民权利的扩张至关重要。弗吉尼亚·吉劳登（Virginïe Guiraudon，

1998，2002）的结论是负责移民事务的法庭和行政管理机构促进了权利的扩张，强调了这些决策是秘密地与外界隔绝地做出的。她进一步指出，选举舞台的特点是“在压力、公众舆论和参选政客之间的自我强化的消极动力”。与福利国家学者们不同，“从上而下的政治”的观点是大量的国际移民著作中扩张性政策背后的推动力。最极端的观点宣称，政党和选举中的民主政治不是朋友，而是包容的敌人。

因此，两种研究传统在划分政党的重要性上截然不同，以权力资源的方法（power resources approach）分析，党派的组成是政府出台政策的一个至关重要的因素，而不是决定性因素。相比之下，国际移民著作和国家案例研究常常在移民问题上注意党派协议与左右联盟。左翼和右翼政府引入了扩大移民权利的政策——或者相反，两者都引入了限制性立法。自从主流政党被视为有着与移民和移民政策相似的立场以来，它们没有被视为决定政策输出的变量。与此同时，国际移民著作已经越来越关注极端右翼和反移民政党及其政治影响。总之，除极右翼政党外，政党的作用在国际移民文献中基本上是缺失的。

此外，在弗里曼的模型中，政党即是选举产生的有连任意愿的官员。事实上，最初对这一模型的批评主要集中在政党的待遇和反民粹主义规范的力量上，这种规范使移民政策脱离选举政治。一些反对观点指出，抗议反民粹规范的概念不是源自模型，不仅边缘政党提出了限制性的申诉，欧洲主流政党也提出了限制性的申诉，而且研究各国规范的程度是一个至关重要的实证问题（Brubaker，1995：907－908）。批评的另一种观点强调了政党在欧洲政治中的中心地位和政党对移民问题的政治化或去政治化的鼓励。特德·珀尔马特（Ted Perlmutter，1996）提出，通过在塑造政策和政党与政治体制之间的关系中插入左右意识形态维度的重要性来改善政党之间的讨论，以决定它们封闭或开放政策性辩论舞台的偏好。但是，他的类型学的难点在于，它假设政党更喜欢一个封闭的领域，这就排除了移民政治化和主流政党的移民政策。最近的理论化研究集中在政党策略和政党竞争结构上，以影响政党是否将问题政治化（Bale，2003，2009；Meguid，2005，2008；Green-Pedersen and Krogstrup，2008）。

最后，比较大西洋两岸的理论显示了不同的重点。一个主要的差异是谁被确定为关键的参与者。以弗里曼和他的模型为例，美国理论家经常把种族动员和移民组织归为关键的参与者，而移民在欧洲的讨论中通常被忽视或者被看作没有影响力（如 Guiraudon，1998：276 – 278；Statham and Geddes，2006：56）。相反，最近的欧洲理论化关注的是法院和官僚机构，而官僚制和行政政治则在美国的文献中得到了应用。其一，欧洲主义者主张将政党放到对移民和移民政策的分析中来。其二，在关注政治排斥或包容上存在不平衡，也就是说，更多地关注了欧洲政治环境中的排斥政治，而忽略了其中的包容政治。其三，作为福利国家和国际移民著作的主要理论观点，一种全面的方法需要综合两组理论的见解。

探究政治的包容和排斥

在过去的 20 年里，人们有意识地进行理论驱动的比较，而这种理论分析已经确定了一些关键因素，这些因素是我们分析包容性和排斥性政治的标志。本书研究的是影响移民权利背后的政治，而重点是政策制定过程。在之前研究的基础上，本章对这六个国家的权利扩张和收缩的观点进行了重点介绍：（1）框架问题；（2）制度安排、政策场域和政策联盟；（3）地域维度；（4）政党；（5）移民组织的性质和政策制定过程的渗透。对于每个分析部分，笔者提出了一系列研究问题，探索这些因素在这六个国家制定影响移民权利的政策方面的重要性。

框架

在政策制定过程中，框架是一个至关重要的因素，它涉及问题的构建和论证。问题构建往往决定了政策场地和相关的政策网络。因此，框架确定了谁应该对一个问题拥有管辖权并制订解决方案。框架变化与问题构建同样意味着政策地点和参与者名册的变化。制定框架和辩护政治可以影响政策支持的范围，动员支持者和反对者，从而影响联盟的建立及政策联盟。例如，从社会或经济融合而非文化融合的角度来制定移民政策，就能产生不同的效果。就社会或经济一体化而言，主要的政策场域是社会事务部或者劳动部，而文化一体化需要不同的政策场域。在此，本书研究的问题是：更普遍化的移民社会权利和移民政策的主要框架是什么？它们对移民权利产生什么样的影响？框架如何影响政策场域？

政策场域

在分析权利扩张过程中，政策场域和制度安排至关重要。通过使用“政策场域”或“机构场域”的概念，吉劳登（1998，2002）强调了政策决策所在地的关键性质。她把政策场域定义为“对特定问题做出权威性决策的机构场域”，每一个特定的场域都有自己的游戏规则、优先顺序和享有特权的参与者。例如，在立法环境中，协商、妥协和互惠被视为最重要的，而官僚场域的主要规范是专业知识、合理程序和公正。这个理论提醒了我们，检视制度的安排在国家内部和国家之间所产生的结果有何差异具有重要性。

更具体地说，吉劳登提出了可以被称为政策场域的论点。她认为，官僚和司法机构在授予移民权利方面特别有利，主要是因为这些场域与公众的观点和压力无关。这一主张是对托马斯·哈马尔所观察到的行政政治在移民和移民政策领域的突出地位以及法律与行政决定取代政治决定的倾向的一个重大扩展（1985：279，289）。官僚和司法“场域扩大了外来人权利”的结论（Guiraudon，2002：139）是基于法国、德国和荷兰三个国家的经验，需要在更广范围的国家中重新检验和评估这个主张。此外，吉劳登的目的是在不关注收缩的情况下解释社会权利的扩张。在测试政策机构的论文中，笔者分别查询了有关社会权利扩张的成功和失败的案例，探究哪些政策机构负责相关事务，政策机构对移民权利有什么影响？

地域维度

地域维度涉及两个组成部分和它们之间的相互作用。第一个部分是在各级政府之间权力和责任的分配，以及它们与社会和移民政策的关系。负责制定这些政策，以及执行这些政策和为这些政策筹措资金的标准是什么？地域维度同时存在于单一中央集权制国家和联邦制国家中，但我们将看到，它们可以为移民权利的支持者和反对者提供不同的机会结构。第二个部分是移民定居的模式和移民集中的程度，这因国家而异，而美国与英国表现出高水平的集中（OECD，2004：95）。同样重要的是，移民定居如何映射到地方和区域的政治辖区，地方性机构与国家机构相比的政治影响力以及地方政治与国家政治之间的联系。更普遍地说，这被假定为在地方层面决策权力和权力下放违背移民与少数族裔的社会权利（Wilensky，1975；Lieberman，2005：59－60）。

地域维度要求我们重新考虑成本效益的计算方法，因为移民往往集中在特定区域，成本可能和弗里曼的顾客型政治模型假定的有所不同（Brubaker，1995）。事实上，珍妮特·莫尼（Jeannette Money，1999：60）认为，在移民高度集中的地区，对资源的竞争能够改变移民政策的计算，从而导致限制性政策，而不是扩张性政策。在重新审视他的模型时，弗里曼（2002）承认空间成分，如果移民导致集中成本和分散利益，政治模式将涉及更高层次的政治冲突和限制性的结果。

在对地域维度的重要性和成本效益计算进行理论化时，本研究用它们来分析移民权利，而不是分析移民政策。社会政策的成本效益计算和纳入制度的政策规模不一定与移民政策相同。在定居政策的筹划中，同社会政策一样，成本和收益可以集中（Freeman，2001：83，2006：30）。然而由于地域的原因，移民社会权利的成本收益计算不能被看作与人口整体的成本收益计算相同。最后，在反歧视政策方面，成本和效益都可以是分散的。这里的关键研究问题是：在六个案例中，地域维度何时和怎样促进移民社会权利的扩张和收缩？这是否会对他们的社会权利产生不利影响？

政党

与福利制度理论家将主要角色分配给政党的观点一致，这里的分析使政党重新成为焦点，并使其重要性成为一个主要的经验问题。这里重点关注三个重要方面：第一，政党是问题提出和政策制定的主要参与者。换句话说，政党通过框架可以影响公众舆论和选民的看法。公众舆论和政党之间的关系是互动的，而不是单向的；它并不局限于影响各方行动和政党偏好的公众舆论。第二，赢得选举和选票最大化对于政党来说至关重要，关于政党和移民的文献中有一条强调，选举政治是政策变化的来源（Money，1999；Tichenor，2002；Schain，2008：21－28）。第三，也是本书分析中最重要的，政党在制定政策中至关重要，也是政策制定过程中的关键的参与者。最重要的是政府的政党组成、政党系统分裂的程度和政党竞争的结构。

此外，最近的研究超越了对极右派反对移民的政党的关注，认为主流政党的角色通常被低估了，它们的策略决定了反移民政党的成功（Bale，2003，2009；Meguid，2005，2008；GreenPedersen and Krogstrup，2008）。其中一种观点强调，中间偏右的政党需要接受审查，因为它们的成员经常在政府中任职，而且这些政党在移民和融合问题上持限制性立场，这符合它们在法律和秩序、低税收和国家安全方面的传统立场（Bale，2009：5）。与此同时，许多学者也记录了各方在确定移民政策立场时（特别是在移民权利和公民政策方面）左右维度的重要性（Gimpel and Edwards，1999；Joppke，2003；Lahav，2004：134；Givens and Luedtke，2005；Hix and Noury，2007；Howard，2009）。在研究移民的社会权利以及社会政策和移民政策之间的联系时，左右维度可能具有根本的意义。本书研究政党的主要问题是：对于弗里曼的反民粹主义规范的理论，主流政党在竞选活动中不将移民和移民问题政治化，我们找到了什么证据？在选举中将这些问题政治化以及制定影响移民权利的政策方面，左派和右派的分歧有多么重要？

移民的组织和渗透

许多关于欧洲国家移民的研究（如 Guiraudon，1998：276－278；Money，1999：55；Södergran，2000；Songur，2002），都淡化了移民的政治影响，主要争论是移民缺乏政治权利，他们是少部分人，与大多数人群相比缺乏政治资源。欧洲文献从对比的角度分析移民政治往往倾向于种族动员、移民组织、索赔和抗议（如 Ireland，1994；Koopmans and Statham，

2000；Koopmans et al.，2005）。笔者提议对移民政治进行更广泛的概念化。与其将移民政治局限于种族动员和政治主张，不如考虑政策制定过程和"政治参与"，将注意力从代议制政治中的"什么"转向"谁"（Phillips，1995）。审议不应局限于选出的职位，也应包括任命的职位，例如政府调查委员会的成员与专家以及政府和国家行政当局的职位。我们还应该调查政党的族群渗透程度。简而言之，分析需要考察移民渗透的政策制定过程和移民参与的潜在政策影响，移民在多大程度上、如何渗透到政策制定过程中以及达到了什么效果。

总之，借助于比较福利国家研究和国际移民文献，本书确定了政策回应变化的几个决定性因素，通过参照这些决定性因素来研究政策制定过程，并分析说明它们在这六个国家的重要性。这使本研究能够解决现有文献中的两个问题。其一，现有的理论主张受到具体研究的国家背景的影响。一个主要的问题是，它们在多大程度上是所选择的案例研究对象，或者它们是否具有更广泛的相关性。接下来的章节提供了评估这六个国家的理论假设和结论的可能性。其二，一些国际移民和种族关系研究的重点一直在政策层面上，而很少关注政策背后的政治（Aleinikoff and Klusmeyer，2002；Boeri et al.，2002；Tranæs and Zimmermann，2004；Guild et al.，2009；Carmel et al.，2011）。笔者的分析试图纠正这个缺点。

审查过的政策决定是影响第一部分所确定的移民权利的最重要的法规。笔者对政策制定的审查使用了过程跟踪。过程跟踪有几个优点：第一，它能够发现看似相似的现象可能发生的变化，并确定具体政策产出的政治因素的组合。第二，过程跟踪有可能发现一些并不明显的重要因素。它同时强调了测序，从而帮助分析人员排除事件发生后的影响因素。第三，过程跟踪使得特定情况更易被理解。

笔者的方法结合了案例研究方法和比较策略，跟踪每个国家的权利扩张和收缩过程，而且对两个代表相同福利国家的政治进行比较。每一对国家呈现出一个独特的难题。在自由主义体制国家中，移民社会权利恶化的政策产出都非常相似，但是过程跟踪揭示出政策背后的巨大政治差异。此外，就分析框架的几个部分而言，美国和英国存在很大差异。对自由主义体制国家的比较为我们提供了一个有启发性的例子，它告诫人们不要假设类似的政策是由大致相同的政治产生的，但它也帮助我们找到一个主要的解释。保守社团主义国家采用了几种类似的政策，但是它们也在影响移民社会权利的政策上存在分歧。对法国和德国的比较集中于它们不同的政策反应，并解释为什么不同。这两个社会民主国家的体制和社会政策有许多共同之处，但它们的政策却在过去 20 年中朝着相反的方向发展。丹麦纳入制度的若干政策已变得越来越排外，并对移民的社会权利产生了影响，而瑞典纳入制度仍然十分包容，且在公民政策上变得更加包容。这里的比较是希望了解在瑞典和丹麦影响移民权利不同的政策的发展轨迹。本研究的最后一步是对所有这六个国家的政策进行比较。

第二部分综述

第二部分是再次以福利国家类型为例，比较每个国家的政策制定和实施过程。第八章考察了在自由主义福利国家中政治的包含和排除（美国和英国），后面则是第九章的保守社团主义福利国家（德国和法国）、第十章的社会民主福利国家（瑞典和丹麦）。这些章节对这六个国家进行了深入的分析。我分析了这六个国家中包容与排斥的政治力量，分析集中于政策制定过程中的主要行动者，包括官僚机构和法院。

第十一章比较了本书的分析框架在六个国家中塑造移民权利的重要性，再回到本书的主要研究问题，并从对各个国家的分析中得出证据。笔者同时还讨论，这里的分析在多大程度上证实或有别于先前的研究及其理论主张。

第八章 自由主义福利国家及其包容和排斥的政治

关于美国和英国这两个自由主义体制国家的包容性和排斥性政治，本章重点研究这两国家移民的社会权利的变化。在美国，包容性与排斥性的政治以移民福利权的扩张与收缩为中心。在英国，战后早期福利国家的普遍主义惠及所有的居民，因而移民也能够享受大多数的福利。因此，其包容性政治已经较少关注移民社会权利的扩张，而是通过建立反歧视法来巩固移民的社会权利。

在自由主义福利国家中，其权利收缩的过程有一个共同点，那就是一直专注于家计调查福利。这两个国家的紧缩策略旨在削减对于公民的家计调查福利，而这对于非公民也是一样的。在 21 世纪初期，美国和英国的新移民在 4 年至 5 年内不得获取家计调查福利，而且在许多情况下这个禁令甚至会持续更长的时间。因为家计调查福利在自由主义体制国家的社会法规中有突出的地位，这些禁令的危害性已经特别严重，并且这些禁令在英国已经被扩展到由雇主支付的福利和税收抵免领域。

尽管有相似的政策出台，但是排斥性政治在这两个自由主义福利国家中已经有相当大的不同，正如过程追踪和本书的分析框架中的组成因素所显示的那样。首先论述美国的包容性和排斥性政治，其次探讨英国的状况，最后总结这两个自由主义福利国家排斥性政治中的异同。

美国：移民福利权利的迅速上升和下降

在国际背景下，美国移民的社会权利有两个方面的发展十分突出。第一个方面是他们福利权利的脆弱性，这在他们的权利迅速上升和下降，以及被剥夺移民的合法居留身份方面体现得最为明显。第二个方面是家计调查和社会保险之间特有的联系。所有这六个国家要么已经禁止非公民身份获得福利，要么继续禁止他们从家计调查福利中获得帮助，但是美国的立法者们迈出了史无前例的一步，为合法外来移民制定了获得家计调查福利的社会保险缴费要求。

美国政治体系的标准描述是，高度分散的拥有丰富否决权的场域，很可能出现僵局，这个体系提出了一个理解移民福利权利迅速上升和下降的难题。解开这个谜题的第一步是追踪移民权利的扩张，要特别注意框架、政策场域和联盟、地域维度、政党和族群动员以及政策进程的渗透。接着，笔者将转移到权利收缩和其部分恢复方面。最后，本书总结了分析框架所提供的见解，这有助于我们理解美国移民社会权利的变动轨迹。

扩大移民福利权利的政治

权力扩张的政治为理解移民社会权利的脆弱性提供了若干线索。权力扩张的政治的一个重要特征是缺乏单一的轨迹；政治因入境类别而异。行政部门的官僚政治最初决定了难民的权利，而司法和国会却塑造了其他移民的福利。框架、政策网络、维权联盟的参与及党派冲突的程度也不同，这些差异需要我们分别去检视难民、合法的外来居民以及无证件移民。

难民的权利和 1980 年的《难民法》

第一批接受联邦福利援助的新来者是冷战时期逃离了动荡国家的难民。政策制定者将这种作为人道主义保护区的援助设计为美国传统的一部分，特别是对那些因政治和宗教信仰而寻求避难的人。那些难民们是某种与美国所倡导的价值观不同的政权的反对者，应该提高他们应得的福利。冷战言辞强调，难民们（自身与生存家园）成功恢复重建（的事实）表明，相比较苏联集团国家而言，西方的政治和经济体系具有优越性（Pedraza-Bailey，1985：154－155）。

行政部门，特别是总统和国务院，通过 1952 年的《移民和国籍法》中一个鲜为人知的条款对难民政策产生了直接影响。该条款确立了在紧急状况下或者在“被严格地视作公共利益”的情况下，假释（条件盟友承认）任何在美国的外国人的权利。总统反复使用总统假释权力接纳大批难民来到美国（Freeman and Betts，1992：82）。随着每一拨被接纳的难民的到来，总统都承诺提供安置援助，而这一做法后来被国会正式授权。最终，美国国会于 1980 年通过了《难民法》，扩展了难民的福利权利。

1980 年的《难民法》产生的一个主要催化剂，是对消除难民政策的临时性和解决假释权相关问题的渴望。假释权引发了国会和行政部门之间的摩擦，而这些摩擦由于 20 世纪 70 年代频繁使用假释权接纳印度支那难民而加剧。国会也着手处理人权问题，并且在积极接纳来自其他动荡国家的难民、拒绝来自其他专制政权难民的双重立场上直面尼克松和福特政府（Reimers，1985；Loescher and Scanlan，1986）。

当作为民主党人和人权的坚定倡导者的吉米·卡特被选为总统，参议员爱德华·肯尼迪（民主党—马萨诸塞州）被任命为司法委员会和移民小组委员会主席时（Loescher and Scanlan，1986），改革的舞台已经被搭好。支持开放移民政策的自由派活动家肯尼迪接替了一位保守的南方民主党人。众议院的移民小组委员会也被自由党成员所掌握，她是伊丽莎白·霍尔茨曼（民主党—纽约）。这个政治阵营提供了一扇仅在第 96 届国会期间（1979—1980）存在的机会之窗。

随着卡特总统的背书首肯，肯尼迪提出了一项法案，该法案包括了 1980 年的《难民法》（CQA，1979：329）的主要特点。它呼吁增加难民的准入量，废除假释权力，以及扩大重新安置援助。参议院以压倒性的多数投票支持该法案，但该法案却在众议院会议上遇到了强烈的反对，只能算勉强通过。1980 年的《难民法》在众议院引发了尖锐的党派分歧，特别是在重新分配、建立一个新的福利机构以及建立难民安置办公室的问题上。对最终法案进行的投票在很大程度上遵循党派的路线：大约四分之三的民主党人赞成该法案，四分之三的共和党人反对该法案（Gimpel and Edwards，1999：124－131）。

美国国会少数族裔成员比白人成员在更大程度上支持1980年的《难民法》（Gimpel and Edwards，1999：132）。非洲裔美国人和拉美裔人都在促进权利平等的基础上进行投票。该法案试图废止对于逃离动荡国家的难民的特殊待遇，并将平等权利扩展到所有的政治难民，特别重要的是针对在古巴和海地寻求庇护者的待遇差别。拥护海地人事业的美国国会黑人议员团在争取难民的平等权利方面发挥了关键作用，认为这是争取黑人平等权利的延伸（Fuchs，1990：297－300）。1980年的《难民法》规定了难民的福利权利，使他们不太容易受到未来立法的侵害，但它并没有从行政侵害和防御方面保障他们的权利。

法定永久居民和权利革命

移民获得联邦福利是从20世纪60年代中期到70年代中期福利改革的一部分。通过建立新的项目和扩大受益资格，福利权利得到增长。法定永久居民的社会权利以平等的权利和平等的待遇为框架，而移民的价值来源于他们对社会的贡献。

扩大移民的权利涉及司法和立法政治。1971年，最高法院的一项判决改善了州一级的移民福利权利，而国会的一项法案将移民的权利扩展到联邦福利金。最高法院在1971年的判决认为，美国不能禁止来自援助计划的移民，因为根据《宪法》第14条修正案（Joppke，1999：46）的规定，他们作为个人享有平等保护和正当程序的权利。1972年，非公民获得了进入联邦福利体系的机会。当国会用为老年人和残障人士设计的新的联邦计划——社会安全生活补助金（或称补充保障收入，Supplementary Security Income，SSI）来取代联邦国家援助计划时，合法居留的外国人和难民也都有资格获得福利。

在很大程度上，人们忽视了SSI计划和移民权利的通过。相反，政治争论的中心是尼克松总统提出的家庭援助计划，该计划会提出对未成年孩子家庭援助（AFDC）的联邦计划。在国会讨论期间，两院的法案结合了其他的援助计划，但它们在家庭援助方面产生了分歧。为了消除分歧，它们不采用家庭援助计划，保留了SSI计划。其他的改革使人们的注意力从

SSI计划上转移（Bowler，1974：147；Derthick，1990），因为它只是1972年的《社会保障修正案》所包含的几个主要变化之一。

在很大程度上，依靠合法外籍居民的身份，难民们得到了享有正规福利项目的权利。来自难民最为集中的佛罗里达州的民主党参议员劳顿·奇利斯（Lawton Chiles）提出了修正案。这个修正案扩大了获得SSI计划资格的人群，包括难民和被假释者（Parrott et al.，1998：4）。这个修正案是在最后投票时被提出的，并经口头表决通过（CQA，1972：911-913）。如果没有这一修正案，美国将不得不承担全部老年人、残障人士和盲人难民的援助费用。在这种情况下，政治权利的扩张偏离了利益集中的逻辑和弗里曼“顾客型政治模型”中的成本的扩散。相反，成本的集中和将成本分摊到全国的尝试性做法都促使了这个修正案的通过。

无证件移民、法院和西班牙裔动员

无证件移民的社会权利是非常脆弱的和具有争议性的，他们理应因为非法入境而受到惩罚。由于他们是违法者，因而反对方驳斥无证件移民对于他们任何权利的主张。辩护者则认为：第一，他们拥有作为个人的权利；第二，由于无证件移民容易被侵害，因而他们需要受到保护；第三，有一个关于贡献争论的变体——他们作为辛勤工作而被剥削利用的下层阶级，应该有资格享有福利。基于人道主义的考虑，一些最低限度的规定，比如紧急医疗照顾，也被证明是合理的。美国《国籍法》对出生地主义的广义的解释让人们得到了一个额外的理由：作为美国公民的父母，无证件移民有权因他们的孩子而获得福利。

法院在确立初步的无证件移民权利上发挥了重大作用，国会给予拥有合法身份的外国人教育和医疗服务，而为无证件移民提供了紧急医疗和营养计划。移民和族群动员也扩大了新无证件移民的社会权利，推动了移民的合法化。针对司法和立法的政治，西班牙裔组织进行着诉讼和游说的双重策略。

第一个里程碑是1982年最高法院关于普莱勒起诉能源部的决定，它代表了墨西哥裔美国人在法律辩护和教育基金上的胜利（O'Connor and Epstein, 1988）。法院宣布了得克萨斯州的一项法令，否认对无证件移民子女的公众教育是违宪的。在一个具有分歧且分歧双方势均力敌的决定中，多数人认为孩子是无辜的，他们不应该因为父母的违法行为而受到惩罚。尽管法院指出，教育不是一项基本权利，教育与其他公共福利有区别，但是教育对维护民主制度至关重要，对于个人“领导经济生产生活，造福于我们所有人”也十分重要。法院还指出，贡献是应得权的基础，此贡献是要观察无证外国人工作、纳税和参与未充分利用的社会服务（HLR, 1983：1304－1330）。法院判决还规定，无证件移民中的妇女可以享有产前护理和营养计划，理由是她们未出生的孩子是美国公民（Fix and Zimmermann, 1994：279）。

1986年的《移民改革和控制法案》（IRCA）对无证件移民的社会权利产生了重要影响，引发了一场旷日持久的争论。该法案对无证件移民实行了有限特赦，它同时扩展和限制了他们的社会权利。对于特赦计划，产生的分歧主要围绕资格要求、计划的成本和资金，以及合法移民的社会权利。里根政府表示了对于特赦计划成本代价的高度关注，而反对特赦者则强调，移民合法化将会是福利制度的一个巨大负担。最终的结果是无证件移民将在5年内没有资格获得福利。正如就难民情况而言，因特赦而分裂的国会，尤其是众议院、党派和非白人成员，几乎无一例外地赞成特赦计划（Gimpel and Edwards, 1999：137－139, 155－159, 163－167, 169, 175－176）。

西班牙裔游说团体及其在国会的盟友设法扩大特赦计划的资格，并禁止基于移民身份的歧视。移民团体也在监测合法程序的实施。里根总统面对一个比他所希望的更为宽松自由的特赦计划，转向行政政治以完成国会未能做到的事。移民归化局制定了严格的资格规则，以限制移民合法化，但移民权益团体成功地挑战了法院的规则（Tichenor, 2002：263－266）。

总结权利扩张

国会的学者认为移民是一个由国会推动的政策领域（Gimpel and

Edwards，1999），正确地把立法机关作为主要的政策场域。然而这种观点忽视了官僚政治和司法政治在扩大移民权利方面的重要性。

行政部门和官僚政治影响难民政策，并提供给美国新移民最广泛的安置政策的措施。即使在 1980 年的《难民法》实施之后，行政部门在接纳和资助难民安置援助方面仍发挥着强大的作用，官僚的影响也促进新移民获得享有联邦福利待遇的资格。尽管国会授予移民得到这些福利的机会，但社会安全局的官员似乎有责任将移民纳入 SSI 计划立法草案（Bowler，1974；Derthick，1990）。

司法政治在三个方面对权利的扩张具有重要意义。首先，最高法院在国家层面清除了获得合法外国人永久性福利权利的障碍。最高法院对居民和公民身份要求的判定也完善了 SSI 计划，使该计划将移民福利纳入其中。其次，法院扩大了在边缘地区的居民——例如，母亲和没有法律地位的孩子，以及地位较低的外国人获得福利的机会。最后，司法降低了“受政府救济者”依照《移民法案》被驱逐的可能性。法院规定非公民有义务在拒绝偿还援助时承担被驱逐出境的后果（Parrott et al.，1998：28）。由于大多数援助计划并没有这样的规定，因而在法院的判决下，《移民法案》中关于“驱逐出境”这一条目就变成了一个空洞的威胁。

移民申请永久居留权的资格是一个焦点问题，与此同时，白宫和国会就难民问题和移民权利合法化问题产生了严重的冲突。难民的福利援助和移民合法化等问题也加剧了政党的纷争，在援助难民、移民合法化和移民基金方面，众议院的投票因党派而产生分歧。移民州所付出的难民成本问题凸显了地域维度的重要性，来自这些州的立法者试图通过关于难民获得联邦福利的建议来减轻费用。

除了国会之外，没有任何倡议性组织促进合法永久居民获得福利，利益团体和倡导团体动员扩展难民与无证件移民的权利。20 世纪 70 年代，一个广泛的由教会和宗教团体、移民律师、人权和民权活动者、移民和种族组成的组织出现了。特别重要的是，西班牙裔群体开始试图影响移民政策和移民的权利。围绕泛族群标签，如西班牙裔或拉丁美裔以及讲西班牙语的少数族群一起参加了一个包容性的联盟。成立于 1976 年的国会拉美裔党团，也为游说工作提供了一个重点。

分散性质的政治权利的扩张导致了移民社会权利的脆弱性。相对来说，这里各国在移民权利方面的趋同点较少，也没有跨入境类别的政策联盟。作为一个无关紧要的问题，合法的永久性移民的社会权利很少遭到反对，但人们对此也没有什么积极性。这样一个无关紧要的问题，在权利的扩张上是一个优势，但当移民的权利受到攻击时则是一个不利因素。合法永久居民权利的维护者很少，他们的维护者也存在分歧。

权利的收缩和剥夺

1974 年，国会立法赋予非公民永久居民身份，并在永久居民身份所获得的社会福利生效之后，几乎是同时，随着新的到来者加入福利计划的问题产生了（GAO，1975）。1981 年，国会出台了一个限制性法令，这也遇上了联邦福利排斥移民的趋势，这一现象在 20 世纪 90 年代达到了顶峰。1996 年，国会通过的《福利改革法案》对移民的社会权利产生了巨大的影响。

移民和“终结我们所知道的福利”

福利改革，广为人知的拼写是“终结我们所知道的福利”，这是比尔·克林顿在 1992 年总统大选时的一个竞选承诺。改革的主要目标是家庭福利计划（AFDC），但削减移民的福利也是改革的一部分。当初，1996 年的《个人责任与工作机会协调法案》（*Personal Responsibility and Work Opportunity Reconciliation Act*，PRWORA）剥夺了大多数曾经是永久合法居民的非公民受益的权利——福利历史上规模最大的剥夺，这些变化主要来自联邦家计调查计划。

改革的亮点不是移民，而是单亲母亲和让她们摆脱福利（Weaver，2000）。进入设计图景中的移民福利，最初是一种资助改革的手段。1994 年，克林顿政府的《福利法案》提出，通过资格认定，将增加担保人的责任（归因于经济资源和即将进入美国的移民的担保人的收入，使新来者失去家计调查福利的资格）。该法案的扩展已经注定，新的到来者将不能再有机会接受5年主要的联邦救助计划（SSI，AFCD，and Food Stamps），但是它保留了移民获得联邦福利的资格（Parrott et al.，1998：6）。

在1994年国会选举中，随着共和党的全面胜利，福利权利政治的改革和移民福利发生了巨大的变化，共和党40年来第一次在众议院和参议院中都获得了多数席位。众议院共和党人的法案大幅修改了福利条款，禁止外国人从多达50多个项目中获利，但难民和无证件移民中年龄超过75岁的例外。所有其他现有外国人受益者将在方案出台（HR4，1995）1年之后被计划移除。对于众议院的共和党人，削减移民的利益不仅是一个资金改革的大事，而且是一个政策目标。

众议院共和党人通过其法案占据了领导地位，使民主党人处于守势。关于移民社会权利斗争的一个主要方面是谁有资格或者是通过各种价值标准如军事服务、经济贡献、严重的障碍和难民身份被判定为合格的外国人（Parrott et al.，1998：7－9）。在众议院和参议院中的民主党人试图使获得工作和纳税的合法移民获得福利资格。参议院有影响力的共和党人没有被众议院共和党人在否认合法移民福利方面的热情所感染。参议院通过的法案相关方涵盖了已经支付10年社会保障税的外国移民，该法案确保其不会失去福利资格，而众议院的法案则没有包括该规定（CQA，1995）。

调和众议院和参议院法案之间的分歧的谈判是共和党的事务，民主党人被排除在外（CQA，1995：7，50－51）。两项涉及合法移民权利的法案差距很大。众议院和参议院的共和党人对如何限制合法移民的权利有着截然不同的看法。众议院共和党人试图通过改变资格要求来限制他们获得福利，用以区分非公民和公民的权利。较为温和的共和党参议员提出了间接途径，加强了担保人的财务责任。

送到总统那里去审批的方案混合了两种方法。它使所有没有合法资格的外国人无法领取SSI计划和食品券，直到他们变成公民。它对参与所有其他联邦经济状况测试项目的新移民实行了为期5年的禁令，但是它使各州有权授予合法外国人享有新的家庭援助计划（TANF）、医疗补助计划和联邦政府资助的社会服务的资格。该法案还对担保人和将其视为未来移民提出了更加严格的要求。5年的禁令期满之后，担保人的资产可被视为家计调查的福利，而担保人的经济责任将被延长到移民工作十年或成为公民。

1996年1月，克林顿总统否决了1995年的《福利法案》，谴责它削减了食品券和学校午餐以及它们在孩子与合法移民中的影响。1996年8月，当总统不情愿地签署《福利法案》时，该文件中关于非公民（权利）的规定几乎和他早前否决的法案一样，总统发誓要改变“削减太多的合法移民的计划”（Parrott et al.，1998：9，12）。

移民改革

移民改革被提上共和党的议程，主要是因为共和党人相信这是一个能赢得选举的问题，也是在国会委员会内正在发生的变化。首先，1994年加州选民以压倒性的多数支持第187号提案，禁止无证件移民从最大的福利和服务中获益，包括进入学校。它的通过使移民和移民福利权利受到了国家的关注，并显示了限制令在选民中很受欢迎。新的众议院议长纽特·金里奇（Newt Gingrich，共和党州）和其他共和党人认为，移民限制可以作为一个“楔子”，改变民主党在关键州如加利福尼亚州和得克萨斯州所获得的蓝领工人的支持。其次，1994年的共和党大选的胜利带来了两院的移民小组委员会的领导层的变化。新主席为限制主义者，她希望减少合法移民（Gimpel and Edwards，1999：212－216，238；Tichenor，2002：277－278）。

参议院司法移民问题小组委员会主席艾伦·辛普森（Alan Simpson，共和党员—怀俄明州）获得了成功。一方面，他的策略是将无证件移民、移民福利和一项减少合法移民的提案结合在一起。辛普森的法案将合法永久居民定义为符合条件的外国人，因此比《福利法案》的限制要小得多。另一方面，《移民法案》使现行的公共收费条文付诸实施。该法案还强调，这适用于所有经过家计调查的福利，直到移民成为公民（S，269）。

众议院共和党人希望纳入关于无证件移民和担保人的更加强硬的立场。最有争议的建议是由加利福尼亚州提出的，他允许各州拒绝未经授权的外国儿童享受公共教育。实际上，这些措施将会违反普莱勒诉最高法院的决策——要求各国教育所有儿童，不论其法律地位如何。他还提出了一个有争议的修正案，要求公共援助金只提供给那些有资格享受福利的人，从而提前处理无证件移民父母享受儿童福利的可能性。相比较参议院提案的125%的收入标准而言，众议院的提案将公共收费条款从5年延长到7年，并提升了担保人的收入要求——达到移民的贫困水平收入的200%。这些措施遭到了参议院和白宫的反对。克林顿总统承诺，如果该法案拒绝未经授权的外国儿童享受教育，他将否决它（Freeman，2001：72）。

随着会议的结束，一个选举年迅速地接近了，共和党人达成协议的困难给了总统作用力。白宫坚持认为，《移民法案》被包装成了综合拨款法案，并被剥离了若干规定。它成了实现1997财年的综合支出最小化机会的制约因素。在白宫和众议院议长之间的交涉中，金里奇同意将担保人的收入要求降低至贫困线收入的125%，取消硬性的公共收费规定，放弃否认对未经授权的外国儿童进行教育，删除了一项条款，已经拒绝了使用援助福利达12个月的移民的公民身份。演讲者站在自己的立场上以更加严厉的措施通过《关于搬迁、拘留和有限上诉的规定》来影响难民和庇护者（CQA，1996：5－17；Gimpel and Edwards，1999：282－283）。

总之，在加利福尼亚第187号提案通过之后，这里有人吵闹着要对移民福利进行限制，但是1996年的《无证件移民改革和移民责任法案》（IIRIRA），仍然旨在防止无证件移民和限制有证件移民与无证件移民获得公共福利。辛普森关于减少合法移民的提议遭到一次惨败，就像在众议院的有类似规定的《移民法案》遭遇的那样（Gimpel and Edwards，1999；Tichenor，2002：283）。观察家们将第187号提案的通过比作一场政治地震，这场政治地震使一次巨大冲击波冲击到美国国会，但他们的结论是，在最后，它并没有抑制扩张冲动的移民政策（Joppke，1999：55）。纵观移民权利，而不是移民政策，得出的结论是完全不同的。这场地震是巨大的，福利和移民改革改变了合法移民的福利权利。

恢复权利的政治

1996年的《福利法案》退回到移民的社会权利和代表他们的权利的

最低点。几乎是同时，一种力量出现了，旨在扭转这一切，克林顿履行了他在下一任期内改变针对合法移民的削减计划的承诺（Freeman，2001：74）。民主党人的发言平台谴责（共和党）中断对合法移民的援助（CQA，1996：D－64），在这场战役中，克林顿重申了他的誓言，将改变新《福利法案》中关于非公民资格的条款规定。

共和党人抨击克林顿的移民档案，指责他反对第187号提案和“共和党关于确保非公民不在昂贵的福利改革中占有优势的努力”。他们的发言平台痛斥担保的人们，因为他们错误地将移民带入了自己的国家。共和党提出了取消无证件移民因他们的子女在美国出生而获得福利的资格，主张加强《国籍法》，拒绝承认无证件移民在美国出生的孩子的自动国籍（CQA，1996：D－29）。为了赢得加利福尼亚州和第187号提案的支持者，共和党总统候选人、堪萨斯州参议员鲍勃·多尔（Bob Dole）拒绝接受对未经授权的外国人子女给予儿童教育，并且指责克林顿削弱了移民改革。

共和党的战略没有获得回报。多尔未能赢得加利福尼亚州以及除了得克萨斯州之外其他移民州的选举。共和党人谴责移民并从福利中排除他们，激发了少数族群的投票。出口民调显示，在全美国，拉美裔有超过70%的人支持克林顿，这个比例与他们于1992年投给克林顿的支持票相比有大幅增加（Freeman，2001：75），通过将他们从福利中排除来打击拉丁裔人非常困难。来自拉丁美洲国家的移民在SSI非公民的受益者中占有40%以上，他们将因为《福利法案》的施行而失去权利（Parrott et al.，1998：25）。

在连任之后，克林顿总统致力于恢复福利，但共和党人仍然控制着国会。他技巧性地运用了综合性立法、否决权的威胁和共和党所希望的措施，例如平衡预算和农业补贴。对于所有在1996年的《福利法案》颁布之前进入美国的合法残障者移民，恢复了享有SSI和医疗补助的资格，这些措施被做成一个综合开支法案，即1997年的《平衡预算法》。当众议院出台显示在福利改革之前进入美国的外国人获得SSI的资格时，总统威胁要否决它，众议院最终让步（CQA，1997：2－18，2－50－51）。次年，国会同意恢复那些所有已经存在的SSI的受益人获得SSI和医疗补助的资格（CQA，1998：20－16）。

克林顿还试图恢复那些已经从《福利法案》中被取消的老年人、残障人士和小孩享有的食品券。他列入拥有强制性支出项目的惠农提案。这是一项在想促进农业的参议院和白宫之间的复杂的妥协提案，西班牙裔的团体希望尽快恢复对于移民的食品券，来自农业州的法律制定者寻求农作物保险援助。许多众议院共和党人反对针对1996年的《福利法案》的任何进一步的回退。当时共和党领导人呼吁投票表决的法案没有关于移民的规定，克林顿总统承诺要否决法案，近100名共和党人支持这项法案以恢复对于以前受益者的食品券（CQA，1998）。

权利的再一次变更是在2002年，农业立法改变了《福利法案》中对合法移民获得食品券的限制。由参议员迪克·德宾（Dick Durbin，伊利诺伊州民主党人）资助提出的参议院修正案旨在恢复合法移民居留5年之后的食品券。对于移民儿童，由于没有对居住地限制的要求，该议案没有受到多少反对。尽管布什政府支持这个修正案，仍有四分之三的众议院共和党人投票反对恢复它。在敦促有关方面批准参议院修正案时，乔·巴卡（Joe Baca，加州民主党员）强调了所有居民缴纳的税款和为公民保留的福利之间的矛盾。足够多的共和党人加入民主党阵营，组成了支持恢复方案的多数派（QCA，2002：4－5）。

总之，福利恢复的政治观点纠正了一批由1996年的《福利法案》提出的最严格的限制条例，但是这些改进几乎没有达到预先制定的权利标准。它主要的成就是恢复作为曾经SSI计划受益者的移民的权利，将给他们的食品券水平恢复到取消前的四分之一，并且在之后放宽了对食品券的限制。SSI的福利继续保持对于新到达的合法移民的限制，直到他们成为公民或工作满10年。对于其他的核心福利计划，5年的禁令已经到期。对于担保人的资格认定和经济责任要求使得禁令延长，直到被担保人入籍或者工作满10年。虽然公民的居住要求仅为5年，移民仍然需要等待更长的时间才能成为公民。对许多新到来的移民来说，获得联邦福利待遇之前的时间，已经增加到5～10年，甚至更长的时间。

移民脆弱的福利权利之谜

移民福利的脆弱性尤其体现在20世纪90年代中期移民的福利权利被

剥夺。在解开这个关于脆弱性的谜团时，让我们回到本书的分析框架的各个组成部分中来，看看它们如何促成了移民福利的脆弱性本质特征。

框　架

在授予移民福利待遇时，平等的权利和待遇是一个重要的框架，而不是社会权利。事实上，社会权利不是美国政治词汇的一部分。相反，美国人强调公民权利和政治权利。即使是受欢迎的“权利”一词也因为与福利有关而声名狼藉，这使得“福利”一词长期以来一直带有贬义性并且很少得到民众支持。移民对国家的贡献已经成为他们应得权的主要框架，但作为这些权利的基础，贡献也是一把双刃剑。它们意味着去包容障碍，并且福利被去除也可以通过重构贡献的性质来实现。

福利和移民改革框架对移民的权利产生三个方面不利的影响。首先，人们参与福利计划被诬陷为问题所在。改革的倡导者将人们利用福利等同于依赖福利，福利改革的目标是恢复个人的责任及经济上的自给自足。恢复自给自足和个人责任的这个框架，在涉及移民时有一个特殊的曲解。提倡剥夺权利的人恢复了美国移民政策中自给自足的原则，强调了新来者的担保人的责任。

其次，自给自足和承担责任伴随着对权利契约性的强调——权利的先决条件是履行义务。移民在 20 世纪 90 年代就有权获得的不限于平等权利和平等待遇方面。相反，拥护者和反对者都在强调贡献及义务的履行。这种转变增加了移民权利的脆弱性，最终为确保作为纳税人的移民有权享受福利，人们反常地要求移民做出贡献来换取获得家计调查福利的资格。这一关于贡献的争论也加重了移民获得福利的难度。

最后，贡献和公民权一起成为主要的应得福利的框架。重点是公民与非公民的权利的差异。这类“非公民”包括合法的与非法的外国人，模糊了他们之间的区别。二分法也强调公民身份的重要意义。通过本土化，移民可以获得社会权利，否则他们将无法得到（SSI 和直到 2002 年食品券政策的再次变更）。批评家认为，对于公民和合法永久居民的平等待遇是对美国公民身份的贬低，他们与其他观察员一起，将《福利法案》解读为对公民身份的重新评估（Schuck，1998b：Chapter 8；Joppke and Morawska，2003：2）。

政策场域与机构安排

一些政策场域影响了移民权利，而这一直是矛盾的根源。同样重要的是，政策场域本身已经产生了相互矛盾的政策，这些政策得以推进的同时限制了移民权利。最高法院通过推翻国家法律改善移民的社会权利，但在1976年，法院在审理迪亚兹（Diaz）诉马修斯（Mathews）的案件中一致裁定，国会有权利根据移民身份为联邦福利设置条件（Fix and Zimmermann，1994：272），官方正式批准了国会对移民社会权利的限制。同样的官僚场域助长了新来者的社会权利，也破坏了他们的社会权利。

联邦一级的权力分离进一步加剧了作为政策场域的矛盾趋势，作为政府的分支，行政、立法和司法部门都在按照自己的议程工作。在移民的社会权利方面，司法部门已经决定削弱、违背或颠覆国家和州级别的立法（Melnick，1994；Schuck，1998a，1998b）。在20世纪90年代中期，通过依法强制执行担保人的宣誓书，国会纠正了法院的判决。行政和立法部门在关于难民的社会权利和移民合法化的问题及其他的政策上产生了不一致的见解。共和党政府削减了对难民安置援助的州的补偿，试图限制合法移民的数量。

在这里，最深层次的矛盾是由在立法部门内部政策网络的相关划分所导致的，国会委员会处理关于移民和社会政策的不同的政策——而不是跨部门冲突。1952年的《移民法案》要求将那些在入境5年内利用了公共救助的移民驱逐出境（Hutchinson，1981：449－450）。作为权利革命的一部分，这些负责社会政策的立法者也授予合法外来定居者在入境30天后享受SSI福利的资格。不久后，总审计局报告了新移民的福利使用率很高的情况，并强调了受政府救济人员的有关条款。1980年，社会政策的立法者迈出了缓解政策冲突的第一步，但他们似乎并没有意识到政策之间的矛盾性。立法者提出对 SSI 计划的认定应该是 3 年而不是 5 年，主要的理由是防止公众对公共福利制度的信心下降（Parrott et al.，1998），而不是说移民违反了《移民法案》中关于移民受政府救济的条款。直到 1996 年立法后，这个矛盾才消除。

政 党

各政党在移民问题上的立场是众所周知的，而跨政党联盟的修修剪剪，往往决定着移民改革的命运。通过对比，支持移民获得福利待遇的人倾向于遵循左—右维度。在 20 世纪 90 年代，政党关于移民社会权利的分歧相当明显，其中众议院共和党人和克林顿总统之间的分歧最大。众议院的共和党人发起了一个较为宽泛的限制性措施，从大规模的权利资格剥夺到对那些利用援助的人做出更为严厉的惩罚，包括驱逐出境和无资格入籍。共和党人也试图在加利福尼亚州的州长竞选和 1996 年总统大选中利用反移民情绪。在 1980 年通过《难民法》的投票中，对移民权利的党派差异已经显现出来了，而在制定 1986 年的《移民法案》的过程中，它再次显现。

地 域 维 度

通过不断变化的联邦—州之间的关系，地域维度越来越重要。福利国家福利紧缩的一个体现是将责任转移到各州。多年来，用于一般性的福利目的和移民福利补偿的联邦基金都有所下降，这迫使各州拿出必要的收入来弥补这部分缺失。同时，移民州也面临十分严峻的财政紧缩。越来越多的州和地方政府资助移民的服务，而移民支付的很大一部分税款却以联邦所得税和社会保障税的形式流向了中央政府（Joppke，1999：56）。

移民向六个州的不成比例的集中形成了其自身的成本效益计算方法，鼓励来自移民人口众多的州的国会议员，在包容移民和排斥移民的政治问题方面表现得尤为活跃，特别是佛罗里达州、加利福尼亚州以及最近的得克萨斯州和伊利诺伊州。一般来说，当移民福利是由联邦政府出钱时，这些立法者会扩大移民的社会权利，当由各州自己买单时，立法者们将试图限制移民的社会权利。

族群动员和联盟的建立

同时考虑福利与移民改革使有效的动员和联盟建设变得困难。大多数移民和拉丁裔组织都将焦点集中在影响移民立法方面，而非洲裔美国人群体则专注于《福利法案》。与民主党人相比，族群组织同共和党人的接触较少，对其影响力也较小。移民群体在福利游说团体中也处于边缘地位，游说团体的主要关注点是家庭援助计划的变化以及它对单亲母亲及其子女的影响，而非移民福利的减少。拉丁裔的组织着重于限制家庭移民以减少合法移民数量，并提高了对资格认定和担保人的要求。在寻求影响移民改革时，他们与自由主义者、商业和种植者、教会组织、促进家庭价值观的团体、移民律师和民权活动家联手，这个联盟的共同目标是防止对合法移民设定限制——而不是保障移民获得福利，并且在一项主要涉及无证件移民的法案中考虑合法移民的利益，使其成为一个难以争辩的实例。

有着大量否决权的高度分散的美国政治体系似乎是可以抵御移民权利的波动的。然而正如丹尼尔·蒂奇纳（Daniel Tichenor）所强调的（2002：31－34），权利的分裂也在相关政策程序中创造了缺口或机会。一旦议题被提上日程，这就提高了国会内外动员和政策联盟的重要性。在与权利政治和利益恢复比较之下，联盟的重要性更加显著。1996 年，在讨论和通过《福利法案》的过程中，少数族群被分裂和孤立，他们面临一个强大的福利改革联盟。相比之下，当移民改革从议程中离开，移民和少数族裔群体，特别是西班牙裔游说团体，则将他们的注意力转向社会福利。在 1998 年和 2002 年，他们成功地建立了一个广泛的联盟，以减轻对食品券的限制。这个联盟由营养团体、社会政策专家、农民组织、州官员以及支持他们的参议院和总统组成。

总之，该框架阐明了导致美国移民福利权利脆弱的几个因素之间的相互作用。福利计划本身具有的争议性质以及缺乏社会权利应具备的框架削弱了公民和移民的应享权利，而其他的应得权、贡献和公民身份的框架被组织起来，反对新移民获得福利。多个政策场域经常采取相反方向的影响移民权利的政策，法院、官僚机构和国会扩大或限制移民的福利权。同样，地域维度的成本效益计算也为扩大或限制权利提供了激励。多个场域、政策场域本身、地域维度、政策进程的易变性，使移民福利权利很容易受到调整。

英国：从“普遍”福利、宣告性种族立法到选择性和种族监督

英国的包容性政治原则不同于美国这样扩展移民的社会权利的普遍性社会福利的国家。战后初期的立法没有对外国人和本国公民进行区分。此外，来自前大英帝国的移民不属于外国人，而是具有公民权的英国人。不同于普遍福利国家的是，包容性原则以移民定居和英国融合政策为中心。英国的融合政策重点在于反歧视和种族关系立法。反歧视立法的初衷是改善新联邦移民的权利待遇，包括他们的社会权利。第一项法案无功无过，甚至它的许多支持者认为，该法案的主要力量起源于歧视禁令的宣布。尽管性质温和，但 1965 年的《种族关系法案》引发了越来越强烈的反歧视措施，最终使公共机关有责任去开展关于族群和种族的监管，以评估社会政策和服务对不同种族群体的影响，这成了公共部门的职责。

与美国不同，英国反歧视立法从一开始就与移民控制相结合。然而这种结合也会造成巨大的矛盾，因为其中几项限制法规专门用于限制有色人种移民的入境，而反歧视立法的目标是确保他们享有平等的权利。限制性移民政策对移民的社会权利产生了重要影响，移民立法和法规对该权利的削减至关重要。因此，非包容性的政治原则需要检查所有的移民政策和福利国家结构调整，特别是越来越重视经济情况调查的福利或增加其选择性。

融合政策和包容性政治

起初英国人针对联邦新移民采用了一种自由放任的方式，认定初建

立起普遍福利制度的国家会满足移民的需求。在提供社会服务方面，自愿主义的传统强化了自由放任的做法。政府建立了地方志愿组织或福利委员会，通常也会有教会或慈善机构参与，用以帮助移民定居（Hill and Issacharoff，1971：Chapter 1）。然而在有限数量的地区，移民的集中在福利交付点上造成了压力，并且由于移民多集中在有限的地区，这给福利提供也造成了压力。由于没有正式的中央政府政策，因而地方当局不得不应对这些压力。那种认为普遍福利国家的融合政策不必要的看法在 20 世纪 50 年代后期才开始改变。到 60 年代中期，融合政策出现了，其中的两个关键部分是反歧视立法和针对移民的社会政策。

反歧视立法

反歧视立法开始被提上议程是在 1958 年种族动乱之后。这个动乱是由白人青年煽动的，给种族关系和移民问题带来了一种新的紧迫感。在混乱之后，两项可选的政策方案形成了。保守党和一些工党议员主张限制来自新英联邦国家的有色移民，但是工党提议攻击种族偏见（Bleich，2003：44－45）。

工党新兴融合政策的轮廓是在其 1964 年的竞选宣言中提出来的。一个重要的变化是融合政策与移民控制的接受度实现了联结。宣言声明："工党政府将通过立法来反对种族歧视和在公共场所进行种族煽动，并且对移民居住地区的地方政府给予特殊的帮助。工党接受进入英国的移民数量是有限制的。"（Craig，1990：65）。该宣言许诺，工党如果当选，会引入反歧视立法，并且工党非常勉强地赢得了多数的四个席位，后来减少到两个席位（Money，1999：88）。

1958 年"反黑人暴动"遗留下来的种族关系框架的制定，是社会公共秩序的一个问题，但是由于新联邦移民的特殊地位，就完整的公民权而言，这个框架被制定好了。1965 年的《种族关系法案》的主管部长声称，其任务是"将新来到我们社区定居的移民在任何意义上都作为一等公民"（Hansen，2000：144）。类似地，1968 年的《种族关系法案》将其目的描述为“保护社会将其视为整体，反对将会引起社会混乱的行动，并防止二等公民的出现”（Bleich，2003：74）。

公共秩序的框架和对移民的重视，使得内政部自然成为合乎逻辑的政策场域。内政部的领袖是举足轻重的内政大臣——先是弗兰克·索斯凯斯（Frank Soskice，1964—1965），然后是罗伊·詹金斯（Roy Jenkins，1965—1967）。内政部的任务包括边境控制、移居问题、公民权的获得、国内治安、警察和监狱管理。然而双框架扩展了 20 世纪 60 年代的政策网络来进行立法，如此使得在种族关系和社会政策上包含了具有专业知识的专业人才（Hansen，2000：139；Bleich，2003：50 – 51，65）。

工党的微弱多数派促成了议会对 1965 年的《种族关系法案》发挥极大的影响力。原始法案的刑事处罚被调解和行政方法所取代。反对党和工党普通议员出于不同的原因想要看到这个变化。保守派显然认为，调解是削弱立法的一种方式，而工党的批评人士则受到美国的反歧视立法启发，认为行政方法是优先于其他的。面对这个联盟，政府修改了法案，然后得到了广泛的支持（Bleich，2003：52 – 57）。因此，该法案将歧视列为刑事犯罪，以杜绝歧视行为。这与大陆法系迥异。

1965 年的《种族关系法案》做出了很多限制性的规定，到 1968 年，它已经被扩展了。该法案禁止在公共场所如餐馆、酒吧和剧院基于颜色、种族、族群或原籍产生的歧视行为。它还禁止煽动种族和族群仇恨。1965 年，詹金斯成了内政大臣，他认为新法案是不足的，并着手对其进行修订。他建议，禁止在劳动力市场、住房、教育、银行、信贷设施以及货物和服务等方面做出歧视行为。他的策略是暴露新行政机构的弱点，揭示在就业与住房等领域存在的普遍歧视（Bleich，2003：75）。詹金斯强调，法律对保证第二代移民的权利来说是必要的，即移民父母在英国出生的子女享有完全公民权（Rose，1969：521，539 – 540）。他认为，融合政策的成功取决于消除就业歧视（Bleich，2003：72）。下一个重要的立法，即 1976 年的《种族关系法案》，也是在詹金斯担任内政部部长时（1974—1976）采用的，该法案加强了对就业和教育的规定。

特殊移民措施

移民特殊福利措施的理念只会逐步得到认可，阻力的一个主要来源是政府的思维，认为移民福利需求“是在程度上而不是在类别上有区别”，以及确立了“以对待其他公民的同样方式对待他们”的目标（Rose，1969：346）。政府也努力避免采取任何留下优待印象的举措（Freeman，1979：163－164）。然而在20世纪60年代中期，人们普遍承认，由公共基金支持的志愿和市政行动是必要的，以满足移民和少数族裔群体的特殊需要。在1966年大选前夕，工党首相哈罗德·威尔逊（Harold Wilson）宣布了援助移民的第一个专项计划。为了解决移民援助计划和普遍主义之间的矛盾，工党对贫困社区采取有针对性的措施，从而弱化了针对移民的措施。

在20世纪60年代的后期，工党描述了它的社会政策策略，呼应了理查德·蒂特马斯（Richard Titmuss）关于福利方面真正有挑战的定义（1968：134－135）：

> 过去10年的一个教训是，提供普遍可用的服务和福利是不够的。我们必须积极地区分，以利于我们社会的穷人和残障人士、被剥夺者、无家可归者和社会伤亡人士。这不是一个在普遍性和选择性的福利服务之间进行选择的问题，而是提供一个基本结构的问题，在这个结构里附加选择性服务，可以被添加到普遍性的服务中（Freeman，1979：167）。

这一战略体现在10年间开发的两项政策——帮助移民作为移民的措施（1966年的《地方政府法案》）和帮助移民作为剥夺者的措施［1969年的《地方政府补助（社会需求）法案》］——目的是满足新移民的需求，并以建设性的方式试图缓解普遍主义和选择性之间的紧张关系。那些面向移民或少数族群而不是被剥夺的受害者的措施仍然存在争议。

总之，反歧视和社会政策措施是新兴的融合政策的主要特点，取代以前的自由放任的方式。在1968年的《种族关系法案》中，种族成为一个独立的政策领域，有其自身的政策机制。在20世纪70年代中期的政策制定中，种族关系不再被限定为移民的社会权利或完整的公民权，而是被拓展到机会平等和种族平等方面。融合政策就等同于种族政策，或者在较小程度上等同于帮助新移民和少数族群的福利措施。种族政策在种族平等委员会和它的地方机构的职责中被制度化，特别是面向移民并且日益面向少数族群的福利措施也成了委员会的任务（Bleich，2003：87，99－100）。重要的是，种族政策机制的任务是建议政策的改进，这促进了反歧视立法的逐步加强。政策机制也为种族积极分子提供了平台，他们中的大多数是移民和少数族裔群体成员，随着时间的推移，他们在地方和中央的种族政策制度中巩固了自身的地位。

"融合—移民"的联结

在英国，融合的问题与移民控制问题紧密相连。著名的正如罗伊·哈特斯利（Roy Hattersley）——后来成为工党政府的成员——在1965年所表示的，"……没有限制的融合是不可能的；同样地……没有融合的限制是站不住脚的"（Hill and Issacharoff，1971：16）。在控制移民方面，工党面临一个重大的困境。在1964年的大选和随后的补选中，工党击败了支持移民政策的杰出参选人，开始坚信移民问题是一个选举问题。为了解决这个问题，工党政府与保守派竞相出台限制措施（Layton-Henry，1992：154－155；Money，1999：86－89；Hansen，2000：150－151）。在内部，工党需要安抚反对移民限制和不平等对待新联邦移民的自由派，反歧视立法是解决办法的一部分。

工党的策略包括采取积极措施和限制措施相结合。在1965年的《种族关系法案》发布之前，白皮书《来自英联邦的移民》（*Immigration from the Commonwealth*）提出了移民限制。在1968年的立法中，积极措施和控制两者的对比更加明显。1968年的《种族关系法案》大大加强了反歧视和种族关系的措施，而1968年英国的《移民法案》提出了一个颇有争议的定义——"有资格的联系者"，该类别的设立导致"本国公民"（英国血统和免除移民控制的人）这一称号臭名远扬，而这同样也是1971年的《移民法案》的核心内容。两类特殊移民从旧英联邦国家（澳大利亚、加拿大、新西兰和在非洲的白人殖民者）与来自加勒比海、非洲和南亚的新英联邦移民有关（Hansen，2000：163）。

融合移民关系也有行政后果。融合措施，甚至那些与福利相关的措施，都设在内政部，内政部的主要任务是进行移民控制。20 世纪 60 年代末，种族关系专家就批评了融合和移民政策之间的行政联系（Rose，1969：683－685），并表示反对。工党建议将融合政策移交给卫生和社会保障部（Layton-Henry，1992：87－88）。一旦工党回到政府（1974—1979）而没有做出行政上的改变，那可能是因为罗伊·詹金斯再次担任内政大臣，反歧视立法也在政策议程上占据重要位置。这种行政责任的模式，最终促使了内政部所制定的社会政策对移民产生更大的影响。

排外政治和权利收缩

排外政治严重削弱了移民的社会权利，它包括两个过程：（1）改变来自以前大英帝国的公民身份，于是他们越来越多地受到同外国人一样的移民管制；（2）通过家计调查阻拦外国人。同时，福利国家的紧缩和重组机制提高了这种福利的重要性。

1971 年的《移民法案》被以爱德华·希思（Edward Heath）为首相的保守党政府采用（1970—1974）。它是一个分水岭式的立法。在外国人和新英联邦移民的入境和居留方面，它建立了一个统一的移民管制系统。这一法案取代了先前的法案，但其规定相当广泛，内政部部长有权利填写详细的信息。它引入了“部分”的概念，使旧英联邦国家的公民享有特权，并定义了新英联邦移民的权利。这些规定对移民的社会权利产生了重大影响。其中，有一条规则是，移民必须使移民局官员确信他们有能力养活自己及家庭成员，不用依靠公共资金（Layton-Henry，1985：104－105；Macdonald，1987：17－20；Hansen，2000：194）。

在玛格丽特·撒切尔（Margaret Thatcher，1979—1990）和约翰·梅杰（John Major，1990—1997）为首的保守党政府领导下，权利收缩进程获得动力。他们的政府的一个主要特点是加强了政府移民政策与社会政策之间的联系。撒切尔权利收缩的政治假设有两种形式：第一，她的政府利用福利法规和移民法规来拒绝移民获得社会福利。第二，撒切尔政府放宽了移民受到控制的范围，他们的移民身份影响了他们享受社会福利的资格。通过 1981 年的《国籍法》，她的政府将关于国籍的立法与 1971 年的《移民法案》保持一致，进一步强调新英联邦公民曾是外国人。

增加的权利收缩政治和福利国家的重构

由于保守党在政府将近 20 年的长期执政，因而移民的社会权利遭到缩减的渐进性成为可能。撒切尔和梅杰通过一系列的变化缩减移民的社会权利，首先是在条例中，后来是在法规中。

限制移民获得社会利益的过程，需要放在保守党努力回退和重建英国福利国家的背景下来看。保守党人的努力相当于一个双重的转变，在社会条款中增加"私有化"和资产调查。战后福利国家的建造者认为，家计调查的好处是能够提供最后的安全网，而与之不同的是，撒切尔和梅杰政府设想的这种利益是公共规定的基础。保守派声称，资产调查更加有效，因为它们是针对贫困者的。因此，在 20 世纪 80 年代，保守党政府减少了保险福利，简化家计调查程序，并通过收紧资格要求增加了针对性。当时，立法和广泛的反对福利欺诈的活动也同样在进行着，在 10 年工作福利制临近结束时，将福利收入与积极寻求工作及参与工作计划的要求捆绑起来成为一种策略。

在这个过程中，社会权利被重铸。契约自由主义的逻辑强调以权利换取义务，强调对社会权利的制约，而权利成为社会公民权的核心。这个方案在 1988 年由撒切尔政府的社会保障部部长约翰·摩尔坦率地提出。他主张纠正"公民身份的平衡"，具体陈述为，这个方程一边是"权利"，那么另一边必须有"责任"……近 30 年来，公众一直关注公民的"权利"，现在是时候调整平衡了（Lister，1991：103）。含沙射影的欺诈和将提出要求者描述为福利乞丐的做法，进一步削弱了社会权利的合法性。

限制"外国人"获得福利

撒切尔政府组建后，不遗余力地采取措施来限制那些进入福利国家的外国人。引入限制的主要框架是福利滥用和欺诈，新来者因许多方式而声名狼藉，诸如虐待索赔、投机取巧和旅游欺诈入境等。这个框架与政府宣称的目标相吻合，严厉打击福利浪费和欺诈。

1980 年，福利法规改变使得来自国外的人没有资格获得补助津贴。此外，该法规规定担保人有责任赡养移民亲属，并授权福利机构为获得补充津贴的担保移民寻求补偿。第二年，社会保障部部长宣布，所有的移民都将向国民医疗保健服务（NHS）支付医疗费用。他的理由是“相当广泛的外国人滥用国民医疗保健服务”（Gordon，1985：80）。

限制移民获得利益的第二种方法在 1985 年首次出现。它是以通过澄清与公款无关的“公共资金”作为准入条件的。移民条例的修订案将“公共基金”定义为补充福利、住房福利、家庭收入补充（低收入工薪家庭的税收抵免），以及无家可归者的住房供给（Macdonald，1987：208）。这一澄清使许多新来的移民没有了安全保障。

正如 1987 年保守党竞选宣言所表明的，限制的下一个目标，是将寻求庇护者归入“欺诈性的难民”（Laytonhenry，1992：206－207），但是这个任务是由梅杰政府执行的。梅杰政府通过立法和社会保障及移民条例等限制移民的福利。梅杰政府的限制焦点是寻求庇护者，还包括了其他准入类别。

为应对寻求庇护，政府将寻求庇护者描述为不值得和没有真正需要保护的原因。正如 1992 年迈克尔·霍华德（Michael Howard）——未来的内政大臣（1993—1997）所解释的那样，“那些没有基础留在这里且声称庇护的人，不仅可以大大延长他们的停留时间，而且可以获得公共费用支持的福利和住房。目前 40 000 个庇护申请者都享受福利支持，但我们很少发现有值得庇护的人”（Schuster，2003：147）。

他的言论预计了在 1993 年和 1996 年实行的福利限制。1993 年的《庇护和移民上诉法》将福利水平降低到主要援助，即收入支持的 90%，并限制享受无家可归者援助，但是保留享有其他所有福利的资格（Burchardt，2005：222）。政府修改了 1996 年的《社会保障条例》，拒绝给予庇护寻求者收入支持和住房福利，除非他们在到达后立即申请庇护。当法院裁定这项法规是无效的时候，政府根据1996年的《移民和庇护法案》推翻了法院的判决，该法案区分了抵达英国时申请福利的人和已经在英国的申请人(Griffith，1997：202－203)。该法案限制了将要抵达英国的申请者享受收入支持、住房福利和理事会税收优惠，它剥夺了国内申请人所有的好处。

1996年的《移民和庇护法案》也采取了更严厉的方法，通过不得依赖公共资金来限制移民获取福利。该法案授权将不得依赖公共资金的入境条件写在所有进入该国的人员的护照上。该法案扩展了福利清单，将“公共资金”的定义扩展为由雇主所支付的所有福利，因此现在它们包括儿童福利、一些伤残抚恤和家计调查部分的求职津贴（Jackson，1999：242，272－274)。同时，内政部加紧努力，在移民服务部门和负责福利的机构之间建立合作与信息交流，特别是在获得福利的资格和在该国的合法居留方面（Morris，1998：958－959，964－966)。

总之，在保守党的权利收缩过程中，一个基本特征是框架的问题，因为外国人滥用福利不计入准入类别，导致英国的福利像磁铁一样吸引移民。保守党政府出于对英国纳税人的考虑，将进一步使限制移民合法化。在控制新移民享受福利方面，梅杰胜过了撒切尔夫人。梅杰在首相任期内，通过扩大纳入公共资金类别的福利的数目，不仅限制移民享受福利，也将寻求庇护者的最低福利水平定得更低，然后收回寻求庇护者在进入国家以后所要求的所有福利。将寻求庇护者的福利定得很低，在区分非公民和公民的福利方面开创了一个先例。

新工党的“第三条路”

在民意测验中连续四次失利后，工党在托尼·布莱尔（Tony Blair）的领导下（1994—2007）采用了新工党的标签，并推出了“第三条路”，新工党将这一过程描绘为不同于老左派和右翼保守派的社会民主主义的复兴（Powell，1999：13)。这是1997年大选中介绍新工党时的一个重要主题，当时该党在英国政治中争取中间立场。随着梅杰政府越来越不得人心，新工党的策略使它以绝对优势取得胜利，并获得了议会的多数席位。

移民政策和移民的社会权利

新工党于20世纪90年代在野期间支持移民的立场也体现在被废弃的政策之中（Statham，2003：171）。新工党政府在很大程度上恢复了老工党平衡积极、严厉措施的做法。工党政府引入的1998年的《人权法案》，将《欧洲人权公约》纳入国内法，这个法案受到移民和少数族群权利活动人士的称赞。然而紧随其后的是1999年的《移民和庇护法案》，这一法案与保守党通过的前一个《移民法案》一样严厉。1999年的《移民和庇护法案》为寻求庇护者（NASS）建立了一个单独的支持系统，它用代金券取代现金福利，福利金额为经常性援助福利的70%，并为那些要求住宿的人引入了强制性驱散。2000年的《种族关系修正法案》先于2002年的《国籍、移民和庇护法案》颁布，出台了更严格的移民控制和入籍要求。2000年的《种族关系法案》禁止公共部门如警察和公职人员对有色人种及族裔的歧视，但移民和国籍官员则例外。这也让政府机构和地方政府当局采取强制性的种族监测和积极行动。最后，2006年的《种族和宗教仇恨法案》将煽动种族和宗教仇恨定为一项犯罪行为，抵销了2006年的《移民、庇护和国籍法》和2007年的《边境法》的新限制。

在保守党的限制性移民政策（被描述为“坚定和公平”）和新工党的政策（被称为“坚定、更快和更公平”）以及政策对移民社会权利的影响方面，我们很难发现任何重大的差异。新工党继续限制移民获得社会福利的可能性，并且引入新的限制。2002年的《国籍、移民和庇护法案》恢复了移民到来后申请庇护者的福利限制。那些没有“在合理可行的范围内尽快”申请的人没有资格通过NASS获得支持。新工党也加强了移民身份和福利待遇之间的联系，通过增加福利到“公共基金”中，主要是税收抵免。1999年的《移民和庇护法案》通过法令和移民规则，将受到管制的人排除在大多数社会保障福利之外（Macdonald and Webbe，2005：836）。

新工党回应了保守党对寻求庇护者作为虚假申诉人的负面构想。它的第一份关于移民和庇护的白皮书断言，“毫无疑问，庇护制度正在被纯粹出于经济原因寻求移民的人滥用，许多说法只是谎言的组织”（Home Office 1998 in Burchardt，2005：223）。新工党还接受了托利党对移民成本方面的强调，建议移民支付过渡性基金，以支付他们使用健康和教育系统的“额外费用”。政府改革庇护支持系统的主要问题之一是削减成本（HO - UKBA，2009）。

在两个方面，工党政府的政策与过去背道而驰。一方面，它赞成重新定位劳工移民和与技能有关的选择性接纳制度，这种制度被称为移民管制。因此，政府允许2004年扩大的欧盟新成员国的公民作为劳动力移民进入，但条件是他们不能利用社会福利，直到他们已经工作了至少12个月。另一方面，新工党提议，扩大公民的意义，这对非公民和他们的社会权利有影响。2009年的《边界、公民权与移民法案》的试用延长了公民的居住要求，因此延长了新移民没有资格获得社会福利的期限。

工党面临的公信力问题是其限制性移民措施和以种族、族群平等为目标的融合政策之间的持久的矛盾，工党面临信誉问题。主张少数族群和种族平等的人士持续关注这一矛盾（如CFMB，2000；Craig，2007）。少数族群和移民的社会权利也越来越分散，现在少数族群是由英国公民和移民组成的，英国公民享有完全的正式权利，而受移民管制的移民的权利受到严格限制。总体而言，针对地方少数族群的措施并未涉及移民，特别是“社区凝聚力”措施。相反，政策制定者通过其他项目和禁止新移民享受长期福利的措施，焦点在支持寻求庇护者。

第三条路与移民和少数族裔的福利

第三条路对英国福利国家的影响是什么？反过来，它对移民和少数族裔的社会权利有何影响？在描绘福利国家现代化的蓝图中，新工党强调五个主题：（1）带薪工作在预防贫困中的重要性；（2）积极的、预防性的福利国家，对人力资本的投资比直接提供经济维护具有优先权；（3）机会平等而不是分配平均；（4）权责结合；（5）通过公共/私营伙伴关系和民间组织的社会条款（Powell，1999：14 - 20）。通过用包容代替平等，用排斥代替不平等的方式，第三条路也提高了包容和排斥的重要性（Giddens，1998：102）。

第三条路的福利国家对于移民和少数族裔的潜在的积极影响中有一条是促进人力资本和服务的投资，如教育和培训计划、医疗服务和儿童保健。新移民被禁止接受现金福利和公共住房，但可以享受服务；然而到了21世纪头十年的中期，他们在服务的使用权方面出现了问题。一旦新移民有永久居住的地位，以儿童为导向的措施也有利于他们，因为移民人口更年轻，更有可能有孩子（Law，2009：82）。结束儿童贫困的目标也预示着少数族群的佳兆，因为他们的子女贫困率高。国家最低工资标准的出台与连续的升级使移民和少数族裔受益。新移民往往收入低，尤其是在该国的第一年，少数族裔的收入则更可能低些。新工党的养老金改革扩大了移民和少数族裔的社会权利，特别是改变了国家基本养老保险的缴纳要求和大多数员工在私人养老金计划领域的自动注册机制。优先发展工作和公益项目，至少最初使少数族裔受益，他们的就业已经落后于大多数人口。一个创建于2003年的跨部门少数族裔就业工作团队，通过设定具体的目标，减小了少数族裔就业的差距（Platt，2007：177）。

第三条路对少数族裔的一些负面影响反映了保守党的政策连续性。第三条路继续增加选择性，而新工党未能解决一系列与家计调查福利有关的问题。最严重的是，政府保留了求职者津贴和重要福利安全网的低福利水平的家计调查部分。在新工党执政时期，对于成年人来说，两者都没有大幅度提升（Ridge，2009：163），因为少数族裔有较高的失业率和较低的经济活动率，这些福利在他们的收入构成中很关键。与白人儿童相比，少数族裔儿童更有可能生活在没有全职工人或没有收入的家庭中，而这些家庭特别容易陷入贫困（Platt，2007：182；Stewart，2007：415）。

第三条路强调社会融入，这取代了社会公民权和平等，从而产生了一种新的选择性模式。与社会包容相反，工党政府优先重视社会排斥，并建立最初位于内阁办公室的社会排斥单元（SEU）。社会排斥包括目标定位，这些措施针对的是最受排斥的群体。正如塔尼亚·伯查特（Tania Burchardt，2005）恰到好处地指出的那样，达到选择性的包容，这种方法的一个固有的弱点是忽视了其他弱势群体。政策制定者们在很大程度上忽略了移民，无论是成年人还是儿童，都很容易受到社会排斥。

2000年的《种族关系法案》把少数族裔放在中心位置，特别是通过指派管理社会服务的政府部门与单位来履行职责，以评估其服务和政策对少数族裔可能产生的影响并监测其分化程度（Platt，2003：270）。10年来，公共当局对种族平等义务的履行效果已经出现不均衡，族群和种族监督在就业计划与教育的某些领域十分突出，但对于管理和交付福利的监督一直非常零散（Aspinall and Mitton，2007；Platt，2007；DWP，2008：11；Law，2009：86－87）。在英国，福利的使用和贫困率方面存在大量的种族差异。如在第六章中所提到的，一旦福利缺乏监督，就无法为解决少数族裔减贫效果较差的问题提供必要的信息，也就是说，相比于少数族裔，这些福利在帮助白人摆脱贫困方面做得更好。

总之，从社会权利到有条件的福利的转变，以及被迫不再指望依靠福利的生活，移民和少数族群的经济福利已经受到了影响。通过家计调查的福利，在少数族裔的收入总额中所占的份额比其他人口所占的份额大（Morissens and Sainsbury，2005：652）。新工党在三个方面继承了保守党有选择地采取社会保障措施的遗产。工党政府没有逆转保守党的改革，导致家计调查福利的使用急剧增加。它并没有提高工作年龄成年人家计调查福利的充足性，而是通过税收抵免来扩大家计调查。这与20世纪60年代后期工党的社会政策战略形成了鲜明对比，该战略要求提供普遍福利，并针对有特殊需要的人采取选择性措施。新工党在前两届任期内改善穷人收入的记录比撒切尔和梅杰好，但是与20世纪六七十年代的工党政府相比，它未能更好地减少收入不平等与贫困（Hills and Stewart，2005：2－340）。

排斥与包容的政治之悖论

在英国，排斥和包容的政策在政治政策输出方面是矛盾的。限制性的移民政策对移民的社会权利越来越不利，它与越来越展现雄心的反歧视政策共存，尤其是以欧洲标准来看。要理解这个悖论，我们来检视一下笔者的分析框架的组成部分的重要性。

框　架

与美国的情况不同，在英国，制定框架对于确定政策场域和政策进程中相关参与者的名册是非常重要的。公共秩序的框架有助于使英国内政部（内政部负责移民和融合政策）成为首席政策场域，降低社会保障部门在融合化政策中的作用。20 世纪 80 年代，移民的社会权利状况不断恶化，随之而来的是一个新的框架——福利滥用和欺骗。新的框架涉及移民和公民，也使得撒切尔和梅杰政府将社会保障部作为政策场域。

初始框架的一个重要作用是将英国内政部的官僚机构以外的人纳入了政策网络。新联邦移民的社会公民身份和充分的权利框架与作为解决办法的反歧视措施，将处理种族关系的律师、学者和研究机构也纳入了政策网络。该联盟包括一些移民维权人士，他们试图将现有的族群和移民组织纳入进去。这一框架也促进了社会政策专家和福利机构如新成立的儿童贫困行动组（CPAG，1965）、移民福利联合委员会（JCWI，1967）的参与。一个主要的区别是，建立专门的政策机制，使种族专家和律师成为业内人士，同时儿童贫困行动组和移民福利联合委员会的成员则是外部人士，担任倡导组织的作用。

政策场域和机构安排

内政部一直是最重要的政策场域，自由裁量权以及向高级公务员和移民官员下放权力已经取代了公众的决定，虽然英国内政部似乎是广泛的自由裁量权的一个缩影，其他部委，包括那些负责社会福利和服务的部门，也有这样的权力。国会的法案经常给予有关部门广泛的自由裁量权去执行法令政策（Jowell，2007：18）。社会保障部也出台有关法规，配合内政部限制移民获得福利的资格，禁止移民享受社会福利一直是行政政治的典范。尽管最近通过移民立法规范移民的社会权利的趋势在上升，但是英国内政部的自由裁量权仍然是通过法规填补立法的细节的重要因素。有个明显的例子是 2000 年的《庇护支持条例》规定了相关资格条件（HO－UKBA，2009：23）。

更确切地说，行政部门的机构安排是在行政机构中执行适度的立法和司法审查。这让政府和行政部门占了上风，在大多数议会制的议会模式中，行政和立法权力的融合不利于立法机关对行政权力的有效检查。就移民规则而言，立法控制一直处于边缘状态。虽然移民规则和规则变更必须向议会提交，但不能修改，只能通过或否决（Sales，2007：156）。即使议会不赞成，也不会导致规则有太多的变化（Hansen，2000：201－202）。

司法的作用受到了立法主权这一法律原则的限制。正如官方声明的那样，“议会主权原则意味着……议会……有权制定或者撤销任何法律；此外，法律不承认任何个人或机构有权推翻或搁置议会的立法”（Dicey in Bradley，2007：28）。因此，法院不能审查议会法案的有效性。立法主权的标准说法是，法律应该由选举产生的立法机关制定，而不是由非选举产生的司法机关制定。相反，法院会去审查行政决策的合法性或是议会法案与次要法律的兼容性。1998 年的《人权法案》使得法院能够审查法规与《欧洲人权公约》的兼容性，最终宣布的结果则是不相容的，但该法案并没有授权司法机构推翻立法（Lester and Beattie，2007：68－74）。相反，消除不兼容性已经成为政府的责任。

尽管司法审查范围狭窄，法院仍采取行动保护移民的社会权利。1996 年的《社会保障条例》规定，高等法院恢复了寻求庇护者权利的社会最低权利，宣称“这些条例必须考虑一些生活贫困的人，以至于任何文明国家都不能容忍如此严峻的贫困”（Griffith，1997：203）。1996 年的《移民法案》剥夺了大多数寻求庇护者的所有福利，但高等法院裁定，地方当局有责任支持那些贫困的寻求庇护者。上议院高级法官发现，2002 年的《移民法案》具有类似的剥夺权利条款，违反了《欧洲人权公约》（Somerville，2007：96）。保守党和工党政府都通过引入新的立法，推翻了法院的裁决。

最后，作为移民和移民政策的政策场域，英国内政部同时采取了权利收缩和权利延伸，这表明政策场域本身也不是决定性的因素。相反，对这个悖论的回答关系到政党、选举政治，以及移民和少数族群渗透政治的过程。

政党与选举政治

政党对英国议会模式至关重要，因为多数党（或最大的党）组成了政府，但在政策制定方面，政党的重要性一直是争论的问题。就移民政策而言，官方的解释强调了两党对严格的移民控制的支持。20 世纪 60 年代出现的初步共识一直专注于选举政治（Messina，1989；Layton-Henry，1992；Money，1999；Hansen，2000）。在野党工党谴责了 1962 年的《移民法案》实施的控制措施，但是在 20 世纪 60 年代后期，也就是在 1968 年，工党政府推出了《英联邦移民法案》，该党得到的支持已较保守党占了上风。但在此期间，工党却遭受选举的挫折，因而使其领导层相信限制移民仍是必要的。在 1970 年的大选中，保守党获得了意想不到的胜利，当时移民是一个问题，导致双方都普遍认为，工党在这个问题上失败了，而保守党则成功了（Studlar，1978；Layton-Henry，1992：84）。

乍看之下，选举政治似乎对 20 世纪 90 年代末两党达成的减少寻求庇护的共识，包括取消寻求庇护者的社会福利的解释微乎其微。在 1997 年的选举中，移民还不是一个问题。然而新工党的长期战略的一个关键特征是抓住并控制英国政治的中心地带来保证选举的成功（Beech，2008）。在这次选举中，该党在选民对保守党支持率很高的问题上更接近于保守派，比如经济、税收、法律和秩序等问题（Fielding，2003：100）。该党在执政时，对于寻求庇护者持强硬的立场，这可以被看作通过消除工党在移民问题上的软弱形象，以提高被选上的可能性的一种策略。

政治分析人士也认为，反歧视立法享有同移民控制一样的两党支持（Favell，1998a，1998b；Hansen，2000：228；Somerville，2007：18）。这个解释需要更清晰的规范。只有当人们假定两党合作导致无法推翻立法时，它才成立。保守党不支持 1976 年的《种族关系法案》，主要投了弃权票，但如果撒切尔夫人走她自己的道路，该党也将会投反对票（Bleich，2003：98）。撒切尔和梅杰政府没有出台任何重大的反歧视立法，对种族平等委员会提出的改善建议也置若罔闻。相比之下，新工党政府大大强化了《种族关系法案》。正如政策专家埃里克·布莱希（Erik Bleich）得出的结论，“有工党政府掌权似乎是一个通过种族立法的必要条件”（2003：112）。

族裔动员与渗透

少数族裔动员最重要的方面已经渗透到工党，这影响着党的内部政治。早在20世纪60年代早期，工党成立英国海外社会主义联谊会；党参加地方政府选举派出移民的候选人，在1964年的大选中，新的英联邦议会候选人参加了选举。工党作为种族关系政策的发起人吸引了少数族裔人士，而且这一政策也给了他们一些党内的影响力。少数族裔活动家和组织是支持前两个《种族关系法案》的政策联盟的一部分（Rose，1969：221，507－510、526－527；Bleich，2003：85）。1975年，当反歧视立法被再次提上议程时，一个争取种族平等的内部压力集团——工党种族行动集团成立了。20世纪80年代，对少数族裔代表的要求加快，并提出了黑人运动的问题。党的领导拒绝了一些组织，并最终取代以党增加对少数族裔代表和职务的需求的做法（Solomos，2003：199－201）。黑人组织运动产生的压力，有助于更多的少数族裔候选人获得在当地政府中的提名和议会席位（laytonhenry，1992：163－169）。直到1987年选举中四个少数族裔的工党候选人获得成功，少数族裔在议会中的代表权才取得突破。候选人和议员数先后上升，但成功率参差不齐，不同政党的候选人中，几乎所有的少数族裔议员都来自工党。最后，有着强烈的反种族歧视记录的两位议员安东尼·雷斯特（Anthony Lester）和保罗·博滕（Paul Boateng），在工党争取1998年的《人权法案》的运动中起到了重要作用（Lester and Beattie，2007：66－68）。种族和权利立法中的积极部分受到了种族团体和人权活动家、少数族裔对政党的渗透，以及对工党的少数族裔的投票不断加强了这些部分的影响力（CFMB，2000：341）。

反种族主义者和移民活动人士可以指出反歧视立法和《人权法案》是主要的成就，很难找到类似的有关移民的社会权利的成功案例。自1980年以来，移民的社会权利一直从属于准入政策和移民管制。随着时间的推移，少数族裔的社会权利不再是移民的代名词。最后，移民和少数族裔活动分子在影响政策议程方面遇到了重大的政治制约。这些制约包括种族利益分裂、不利的媒体和两党制以及多数席位的选举（Studlar，1993：21）。

少数族裔对政策制定进程的渗透也包括种族政策机制。制定单一的《平等法》以及2006年成立的平等和人权委员会，以处理种族、族群、宗教、性别、年龄等方面的歧视，这可能形成广泛的联盟。然而在2010年之前种族平等委员会的解散，使得少数族裔活动家失去了一个重要的政治平台。

概括起来，包容和排斥的政治悖论的核心在于移民政策的初始双重框架。这一框架巩固了英国内政部作为政策场域的地位，但同时也导致了政策网络参与者更为广泛，其中包括种族关系专家和社会政策倡导者。内政部排他的政治倾向强化了制度安排和选举政治，而在工党内部的政治，特别是其自由派成员和渗透的少数族裔一起成为维权人士，通过加强反歧视立法，促进了包容性的联合行动。

结　论

对美国和英国的权利收缩的政治进程的追踪，揭示了由不同的政策场域、机构安排和政治行动者塑造的不同的政治过程。在美国的政策进程中，强大的权力分散与英国行政和立法权力的融合形成鲜明对比：分散导致美国政策场域的多样性，而一个单一的政策场域在英国长期处于垄断地位。美国的政党主要会为选举目的而团结起来，以容纳各种各样的政治立场，而且实施以候选者为中心的政治，其重要性确保了政府机关的稳定性，也有助于政策制定过程的流动性，相对地，英国的政党则拥有较强的政党纪律，以保持更多的规划性。立法政治以众议院为驱动力，禁止移民享受联邦福利，对于剥夺权利来说是至关重要的；而行政政治方面，内政部以及在较小范围内行使有关职权的社会保障部，在英国则起着决定性的作用。社会事务部是内政部在限制移民福利方面的盟友，而在美国，社会保障局的官员提倡移民获得福利。

在评估司法机构和法院作为政策场域的重要性时，有必要区分英、美两国司法政治的潜在影响以及法院在裁决方面的记录。正如我们所看到的，法院在英国的影响范围受到立法主权原则的限制。直到最近，司法审查主要涉及推翻行政决定——而不像美国那样，打击违反《宪法》的法规。在司法判决方面，美国法院在州一级扩大移民社会权利方面通常有着良好的记录。美国最高法院在反对联邦一级的权利收缩方面不那么自信，原因在于全体权力的法律原则，即联邦政府在有关外国人的事务上拥有不受限制的权力。英国法院采取了积极的立场，反对完全剥夺寻求庇护者的权利，对 1996 年的《社会保障条例》、1996 年和 2002 年的《移民法案》做出了否定裁决。在这方面，英国最高法院比美国更加大胆，但由于新法规否定了法院的裁决，因而最高法院收效甚微。总之，美国和英国的法律都对司法政治的范围以及法院对移民社会权利的影响做出了限制。

1996 年通过的《福利改革法案》，在美国引发了一场巨大的政策冲击，导致公民权利被剥夺。但 20 世纪 80 年代呈现一个涉及权利收缩和扩张的矛盾趋势。政治进程的开放性、流动性为移民社会权利的反对者和支持者提供了充足的机会，并且在 1996 年的《移民法案》颁布后，支持者开始致力于恢复移民的社会权利。这一恢复过程最初是民主党总统与共和党众议院之间的持久战，战斗结束于总统设法恢复许多先前受益人和预先制定移民的资格；众议院共和党人成功地保留了对新抵达移民的福利禁令。

正如 2009 年的《边界、公民权与移民法案》以及改革庇护支持系统以限制资格的建议所证明的那样，英国的权利收缩是一个渐进的过程，在 20 世纪后期仍在发展。权力集中在行政部门，两党在限制新移民社会权利上达成共识，这是从 20 世纪 80 年代开始的渐进剥夺权利政治的先决条件，保守党和工党政府都参与其中。

具有讽刺意味的是，鉴于美国政党的纲领性较低，对移民社会权利的党派分歧往往反映出一种周期性的明显的左-右维度。虽然英国两大政党在权利收缩的可取性方面没有差异，尽管新工党拥有更高的选择性，但社会政策的左、右差异仍然存在。间接地，这些政策上的差异对获得资格的移民具有重要意义。新工党的一些社会政策改革使移民和少数族群受益，并加强了他们的社会权利。

在地域维度层面，移民和他们的后代集中在相对较少地域的情况颇为相似。就移民的地理集中度而言，美国和英国的排名都很高，但制度安排以不同的形式决定了政治结果。在美国，立法过程四分五裂，提供了很多“机会点”，从国会委员会的立场到在法案投票过程中引入最低修正案的可能性，移民州的立法者都可以通过影响移民社会权利的立法对欧盟施加直接影响。相比之下，在英国，移民集中的政治影响是通过政党和选举政治来传递的。在这两个国家中，少数族裔和移民都是左翼政党的支持者，他们在这些政党中的代表人数增加，这体现在这些政党在立法机关中的当选代表人数增加。国会中少数族裔成员组成的核心小组在他们与族裔选区和游说组织之间建立了联系。

与两国的政治权利收缩形成鲜明对比，框架和辩护政治有许多共同点，并植根于自由主义。在为限制辩护时，两国的政治家和官员都呼吁经济上的自身利益，强调移民使用福利制度的成本及其对纳税人的负担。他们还强调了一种契约性权利观，即通过履行义务获得权利，而且公民和非公民的义务与责任都得到了加强。个人自我维持和支持家庭成员的责任也是限制一般福利和限制移民获得福利的理由。

在英国，由于对寻求庇护者和其他移民的欺骗行为构成欺诈与滥用福利制度，因而基于社会贡献对移民权利的积极构想已经黯然失色。所有新移民都有一种搭便车的心态。在美国，移民对社会的贡献的论点引起了更大的共鸣，移民社会权利的拥护者利用这一论点来反对权利的剥夺。在英国，对贡献的关注并未强调移民的贡献，而是新移民必须获得居留权和公民权。最重要的是，这两个国家都对公民和非公民的社会权利进行了区分，只有公民享有充分的权利，这种区分取代了所有居民的平等社会权利。

第九章　保守社团主义的福利国家及其包容与排斥的政治

尽管保守社团主义福利体制给予移民许多及时雨般的社会权利，但是一些体制属性，比如保持收入的盈余状态、严密的工作测试和僵化的缴费要求，都对移民的权利造成了负面影响。由于保守体制国家政策的紧缩，当地劳工比外来务工者有优先权，因而新移民进一步处于弱势地位。

且不说体制的共性，最初法国和德国对那些没有进入劳动力市场或者没有充足的保险福利的人群的社会保护不力，它们应对俾斯麦模式中最严重缺陷的策略是不一样的。法国采取了一系列福利改革，这些改革有悖于俾斯麦模式，改善了劳动力市场之外人口的最低福利，最终移民获得了享受这些福利的资格。这是法国移民社会权利扩张的一个重要组成部分。尽管总体上得到了一定改善，但寻求庇护者、无证件移民，甚至是合法外侨居民的社会权利都却有所损害。

在针对俾斯麦模式的缺陷时，德国的决策者通常试图通过新的保险计划和更大规模的保险覆盖规模来弥补。同时，位于保险制度之外的外来人口的比例在不断地逐年增长，这使得他们只能选择寻求援助。然而外来居民利用援助福利可能影响他们成为公民，而且不利于他们获取永久性居住证，这一问题未能得到完全解决的原因在于谈判政策和包容与排斥融合的政策。除此之外，德国在另一方面的政策也很突出。在本书中，作为一种应对不必要移民的威慑策略，德国比其他国家都更早地实施了限制移民福利这一举措。早在 20 世纪 80 年代初，德国就试图通过引入实物福利和剥夺他们的工作权利来遏制寻求庇护者。尽管早在 80 年代初美国和英国就限制了新移民享受福利待遇的机会，但这些国家的主要目的是消除所谓福利制度的滥用，而不是遏制移民。

最后，在这两个保守社团主义体制的国家里，纳入制度的移民立法和移民政策在规范移民社会权利中的作用变得越来越重要。自1990年以来，法国通常通过立法来实现移民社会权利的改变。而在德国，他们的社会权利已经与希望成为永久性居民的要求相结合，纳入制度变迁的政策已经影响了移民被包容和拥有社会权利的期望。

在考察保守社团主义国家移民的社会权利这方面，本章首先追溯了法国与德国的接纳和排斥的政策。结论部分比较了两国权力的扩张和收缩政策，以形成鲜明对比。比较的第一个关注点是两者应对俾斯麦社会保障制度缺陷方面的政策之间的差异，第二个关注点表明了地域维度在权利收缩过程中的重要性。

法国：社会权利的扩张被逆转中断

在法国，移民社会权利的扩张受到两个方面的损害。就基本网络安全来讲，公民和新移民在社会权利方面的正式平等尚未实现，到了20世纪80年代中期，移民的社会权利出现了逆转。

包容和排斥的政策受到左派和右派政治动态的影响。左派和右派的动员模式影响了党的选举前景。弗朗索瓦·密特朗（François Mitterrand）在1981年总统选举中的获胜以及随之而来左派在立法选举中的得胜，导致了右派的大规模动员。伴随着20世纪80年代中期的大规模抗议游行，极右派的提议和种族主义事件的增多导致对移民与种族主义组织的反动员，也导致新反种族主义组织——SOS反种族主义协会（SOS - Racisme，1984）和法国加（France Plus，1985）的产生（Silverman，1992：63）。在1983年的市政选举和1986年的立法选举中，右派的动员有助于巩固其成果，而移民和族群组织则在1988年密特朗再次当选时加强了族群的投票（Wihtolde Wenden，1994：104）。

更重要的是，左派和右派之间权力的交替，导致了《移民法案》不断被修订，这不仅影响了移民和定居政策，也影响了新移民的社会权利。政府的变化也影响了《国籍法》。自20世纪80年代中期以来，让-玛丽·勒庞（Jean-Marie Le Pen）和国民阵线（Front National, FN）的选举实力日益增强，他们一再要求禁止非公民享受社会福利，这使得法国移民社会权利的扩张更为显著。

包容性政治：民族团结与平等

包容性政治由两部分组成：（1）脱离俾斯麦模式的立法改革；（2）授予移民资格，使其享受到改革所确立的福利。民族团结是这一进程中两个阶段的重要框架，而《宪法》规定的平等原则已经成为扩大移民权利和移民来源的主要依据。

打破俾斯麦模式的改革

采用与俾斯麦模式相背离的政策，是由官方对社会保障普遍覆盖的期望与战后早期立法中实际建立的高度分散和不完善的社会保障体系之间的矛盾所造成的。俾斯麦计划的拼凑性质催生了一系列渐进的零散解决方案，即为那些救济金不足或者没有救济金的人提供最低限度的救济金，到20世纪80年代中期，若干最低福利就已经存在了（Ashford, 1991; Palier, 2002）。从20世纪70年代中期开始，官方越来越强调社会排斥的问题，这推动了一种与之前相比更为广泛的解决方案——这个方案更加明确，专门为具体人群的需要设定，比如老年人、残障人士或者单亲母亲。由于被排斥者包含许多不同的群体，因而就需要一个通用的安全网络来打击排斥。1988年，引入了一个作为通用的安全网的《最低就业收入补助》。

弗朗索瓦·密特朗总统在任职期间（1981—1995），恢复团结的传统，这对于制定打破俾斯麦模式的措施也很重要。密特朗在1981年和1988年的总统选举中以团结为主题进行竞选。他在1981年的竞选纲领中呼吁，要在"团结社会"的旗帜下促进社会安全，提高社会福利。1988年，密特朗强调，团结意味着纵向再分配，他承诺会在向富人收税的基础上为"新型穷人"提供最低救济金（Macridis, 1990: 118; Messu, 1999: 113,

117；Stjern，2005：155）。

将社会安全和福利问题视为团结，从政治上来讲是有利的，因为这会得到广泛的支持。由于团结与共和主义融合在一起，因而它已被左、右两派所接受。在1988年的总统竞选中，左、右两派都就RMI提案进行了竞选，而国民议会也一致通过了新安全网。它能够普及，不仅仅是因为它是加强法兰西共和国社会团结和社会凝聚力的合理措施，也是由于法律的模棱两可。社会主义者支持RMI是因为它的权利能够提高他们的能力，救济弱势群体，而右派则支持RMI关于契约的建构（Palier，2006：126）。

改善移民的权利和获得救济金的机会

在引入非缴费型最低福利的改革的同时，移民的权利也以各种方式得到保障。第一次的发展涉及了移民的劳工权利，部分原因是来自工会和左派的压力。左翼力量的增长在1972年的社会党和共产党的共同纲领中，以及在1974年密特朗竞选总统时的强势表现中得到体现。密特朗赢得了49.2%的选票，瓦莱里·季斯卡·德斯坦（Valery Giscard d'estaing）获得50.8%的选票（Macridis，1987：118）。从1972年到1975年期间，外国劳工在工会委员会的选举中获得投票权，参加会议或参与选举，并成为劳工的工厂代表。权利的扩张被视作"证明政府致力于确保外国劳工和法国劳工之间社会权利的平等"（Ireland，1994：54）。1979年，当外国劳工获得了为工业调解委员会投票的权利时，他们的权利再次得到扩张（Guiraudon，2002：137）。

在密特朗执政期间，移民权利的扩张持续着。他在1981年的竞选纲领中强调了移民的社会权利和参与权利。他承诺为外来劳工提供平等的社会权利，结束歧视，居民在满5年居住期后可以获得结社权和在当地选举投票的权利。为了打击非法雇用行为，政府在1981年给予非法外来务工者与合法劳工相同的权利（Verbunt，1985：142）。一年后，《劳工法》进一步改善了移民在工作场所的参与权。政府在1984年取消了禁止新来的家庭成员进入劳工市场的命令，通过尽可能地使他们获得保险来进一步扩大他们的社会权利。值得一提的是，1981 年的《协会法》在非公民和法国公民之间的结社权上实现了平等，这促进了移民数量和民族组织的惊人增长。社会主义政府包含并在后期扩展了 FAS（移民福利代理机构）的政府委员会的移民代表。政府还建立了全国移民人口委员会，这是隶属于社会事务部的一个咨询机构。然而当地投票权的竞选承诺很快就被放弃了，尽管密特朗坚持表达他对这个想法的支持（Ireland，1994；Hayward and Wright，2002：226 - 227，239 - 241）。

在密特朗执政期间，官方对民族团结的理解发生了明显转变，扩大了移民的社会权利。这一转变涉及将常驻外国人纳入民族团结领域。他们的加入至关重要，因为非分配最低救济金即民族团结的同义词，是为公民预留的。密特朗早在 1981 年的总统竞选中就声称，他将欢迎移民和他们的家庭加入"民族团结"，新政府的民族团结部部长（社会事务部部长）也强调团结一致，"无论是法国人还是移民都是如此"（Ireland，1994：61；Freedman，2004：37）。在密特朗的两个任期内，"一个新的社会团结体"加入对抗社会排斥的战斗中。移民是少数被排除在外的群体之一，但对被排除在外人群的广泛关注转移了人们对移民的注意力。这个框架使得有移民背景的人口成为这些措施的目标，但是却避免了将他们的社会权利问题政治化。

在扩大移民接受非分摊最低救济金的资格方面，法院判决也发挥了主要作用，这些判决强调法律平等和个人权利。值得指出的是，在 20 世纪 70 年代早期，宪法法院扩大了与司法审查有关的《宪法》原则。法院并没有局限于 1958 年的《宪法》文本，而是包括了 1789 年的《权利宣言》和 1946 年的《宪法》序言。1946 年的《宪法》序言在两个方面是至关重要的：首先，它包括了基本的社会和经济权利。其次，与 1958 年使用"公民"一词的《宪法》不同，1946 年的《宪法》序言赋予所有人以权利和平等的保护，因此也赋予了非公民相应的权利。

最具决定性的是 1990 年宪法法院的判决，该判决规定，经常居住在法国的非公民可以平等地享受民族团结基金会提供的最低福利。法院援引平等的《宪法》原则，维护了所有居住在法兰西共和国的人的自由和基本权利。在这一决定之前，国务院（the Conseil d'État）的高等行政法院也做出了类似的裁决，宣布一项符合资格条件的当地家庭福利无效，排除了许多外侨。契约无效的理由是，市政规则违反了《宪法》的平等原则（Guendelsberger，1992—1993）。

法院判决能转化为法律，是在由莱昂内尔·若斯潘（Lionel Jospin）（1997—2002）领导的社会党、共产党和绿党组成的“多元左派”政府执政时期。1998年的《移民法案》取消了对非分摊救济金的国籍要求（HCI，1998：17），规定地方当局拒绝向非公民提供当地社会福利是违法的（Freedman，2004：99）。

若斯潘政府在其他方面也加强了移民的社会权利。非公民获得了被选入管理社会保险福利机构的权利（DF，2003：21）。政府还间接地通过大规模的公证程序保障了无证件移民的社会权利，使得他们在居住满10年后可能获得合法身份。这一举动是由无证件移民的困境所造成的，由于受1993年和1997年年初出台的关于移民的法律的限制，尽管他们已经在法国居住了数年，但仍然无法获得合法居住权。政府为避难者提高了最低救济金的额度（Delouvin，2000：66），从比较的角度来看，这是一个不寻常的举动。在密特朗的第一个任期内，这些措施中有几项表现出与左翼政府政策之间的连续性。最终，若斯潘政府提出了立法和行政命令，推翻或放宽了1993年以来由权利政府实行的若干限制，包括下文即将讨论的1993年的《国籍法》的排他性改革。

自20世纪90年代末以来，反歧视政策也增加了移民的社会权利，尤其是对第二代移民和那些已经成为公民的移民来说。法国国内和欧盟政策都将反歧视政策列入议程。在法国国内，最有力的论据之一是反歧视政策对于执行《宪法》平等原则和确保公平待遇来说是必要的。特别强调的是，它确保了法国公民在社会保障、教育、住房和就业方面得到平等待遇（HCI，1998）。之后，政府在2004年年末建立了“为平等与为反抗歧视而奋战的高级权力机构（High Authority for the Struggle against Discrimination and for Equality，HALDE）”。这个机构的设立，通过解决在就业、住房和教育方面的歧视，为改善移民人口的社会权利提供了另一种途径。重要的是，正如吉劳登所指出的，反歧视措施改变了问题的结构，即融合的问题不仅仅是移民的责任，还包括解决法国机构中固有的由法国人自己实施的歧视（2005：163）。

移民动员在一定程度上影响了权利的扩张进程。1984年，一支来自北非的年轻的第二代移民抗议队伍和密特朗接见的民众代表了一个转折点，即在结合居住的单向许可和工作许可方面取得了总统的支持（Silverman，1992：62；Weil，2004：248，253-256）。移民还游说要建立一个融合部。相反地，政府在1990年建立了一体化高级理事会（High Council of Integration）（Silver man，1992：139）。但是几年后，克雷森（Cresson）政府（1991—1992）改组了部长职责，建立了社会事务和融合部，并任命科菲·扬姆亚尼（Kofi Yamgnane）为融合部部长（Weil，2004：287）。在20世纪90年代后期，无证件移民抗议行动的出现，获得了许多左派人士的同情（Waters，2003：82-92；Schain，2008：54），促进了若斯潘政府项目的合法化，优化了立法程序，从而改善了无证件移民的权利。移民和支持权利组织的示威行动也阻止了恶化移民权利的提议，下面将转向这些提议。

排斥政策：非同化、无证件移民和法国优先

对排斥和权利收缩的政治至关重要的是，在移民问题成为全国性选举问题之前，移民政策的框架已经从积极逐渐变为消极。与政治家或媒体不同的是，国家行政人员和技术专家最初以负面的方式诬陷移民。负面的设定对移民的社会权利有着间接和直接的影响。勒庞和国民阵线的要求进一步挑战了移民的社会权利。然而正如我们所看到的，勒庞和国民阵线对非公民社会权利的直接影响微乎其微。与此相反，主流政党尤其是右翼政党，应为移民社会权利的缩减而负责。

从正向到负向的框架

因为移民对法国战后经济复苏的贡献，最初移民被正向定义，而且调

查显示，法国在20世纪70年代早期普遍对移民持积极的态度（Money，1999：134）。然而在1969年，当一个专家报告说非欧洲移民难以被同化时，法国便开始转向负向定义了。非同化的定义被“容忍度门槛”（le seuil de tolérance）的论点所支撑，它强调当地种族多元化的移民达到一定门槛时，社会问题包括犯罪率会增多（Freeman，1979：87－88，158－160；Schain，1985：176－182）。

随着20世纪70年代中期阻止移民政策的出台，另一个负面因素——无证件移民——出现了。法国人不把它称为“无证件移民”，而称之为“秘密移民”和“偷渡者（les clandestins）”，暗示其为一种不可控的危险现象（Weil，1991；Silverman，1992：136－138）。最终，移民被框定为危害社会秩序的危险分子，代表着颠覆和犯罪分子（Freedman，2004）。

利用非同化、秘密移民和犯罪的框定，勒庞和国民阵线在20世纪80年代初期开始在竞选中对抗移民，强调法国人优先考虑的口号是“法国第一！”（Français d'abord）（Taguieff，1996：221）。

总之，将这个问题归结为非同化，将问题与法国公民模式捆绑在一起，也削弱了人们对国家综合能力的信心，这也有助于政府将公民权改革问题纳入政治议程。这种新移民无法被同化的观念，造成国家对严格移民控制和遣返的重视。移民存在的非法性进一步说明法国对移民实施狭隘的限制是正确的。同时，宽容的门槛、非法以及法国人的优先权威胁着移民的社会权利。强调移民的问题，也导致政策场域从技术官僚的行政设定转变为立法和选举的竞技场（Schain，1996：174－176），因此提高了政党的地位与作用。

政党和政府政策

20世纪70年代中期，在吉斯卡德·德斯坦（Giscard d'Estaing）执政期间，政府在移民问题上的努力出现了限制主义倾向。终止劳工和家庭移民的行政命令的不自由与任意性质促使法院将其废止。在70年代早期影响移民社会权利的限制政策包括优先考虑劳动力市场中的法国劳工。

随着国民阵线在 1983—1984 年选举中的突破，移民的社会权利受到了直接的攻击。该党拒绝给予非公民平等的社会权利，强调法国人的优先权。1984 年，国民阵线要求暂停向移民家庭提供救济金，但多年来法国人的优先权依旧以各种形式出现。1991 年，国民阵线在马赛宣布了关于移民的五十五条提议，要求立即执行移民在就业、公共住房、家庭补贴和社会安全方面的国民优先权。在 1995 年的总统竞选中，国民阵线仅仅为法国公民提供就业、职业训练和工资增长，并且为法国公民和外国人提供各自独立的社会保障计划（Safran，1998：122－123；Knapp，2004：298）。在 2007 年的总统竞选中，勒庞提议通过为法国人保留当地的社会援助和家庭救济金来终止福利滥用，增加移民健康和失业保险的缴款，并终止非公民获得 RMI 和医疗救助的资格（FN，2007）。

随着 1981 年左派的胜利，右派从温和派变成了极端右派。右派谴责政府宽松的移民政策，支持公民改革问题，在 1986 年的立法选举中就这个问题展开竞选活动。两大主流右翼政党——戴高乐代表的政党和中间派党在联合竞选纲领中提出修改《国籍法》，以加强法国人的民族认同感（Feldblum，1999：60－64）。由雅克·希拉克（Jacques Chirac）领导的主流右派赢得了选举，于是法国开始了总统和代表不同政党的政府之间的第一次合作。

希拉克政府（1986—1988）因通过限制移民的法案（*Pasqua Ⅰ*）和竭力修改《国籍法》而闻名，也迈出了恶化无证件移民社会权利的第一步。政府通过要求父母和孩子都必须具有合法的移民身份，从而提高了移民家庭享受家庭福利的资格（Massot，1990：87－88）。在此之前，希拉克曾参与限制移民享受当地的福利待遇：以希拉克为市长的巴黎市议会修改了对第三个孩子享有当地非缴费福利的权利的规定，使许多外国人丧失了资格，这就是高等行政法院后来宣布无效的福利及其要求（Guiraudon，2006：138）。

右派未能成功修改《国籍法》，政府最终撤回了这项法案，该法案将非法国公民的父母在法国出生的孩子获得公民权转化为自愿成为公民的要求。广泛的抗议，不断增长的反对改革的公众舆论，以及希拉克想赢得

1988 年的总统选举的野心，都导致该项法案被撤回（Feldblum，1999）。

密特朗在 1988 年的总统选举中击败了希拉克，他任命米歇尔·罗卡尔（Michel Rocard）为社会党政府的总理（1988—1991），后来伊迪丝·克雷森（Edith Cresson）担任总理（1991—1992）。1991 年，克雷森政府取消了避难者进入劳工市场和领取失业救济金的资格（Hayward and Wright，2002：237－238）。避难者便越来越依赖于社会最低福利，外籍人士、无国籍者和之前的囚犯也是如此（Eardley et al.，1996b：149）。

1993 年，在以移民和公民身份改革的竞选之后，主流右派以压倒性胜利执政，占国民议会席位的 80%。在约 6 个月的时间内，巴拉迪尔（Balladur）政府（1993—1995）颁布了新的《移民法案》和《国籍法》（Feldblum，1999：148）。修订后的《移民法案》（*Pasqua Ⅱ*）恶化了移民的权利。继希拉克政府之后，法国政府将合法居留作为几乎所有社会保险福利和老年人、残障人士最低福利的要求。与此同时，该法律使移民获得合法身份变得更加困难。尽管政府没有禁止移民享受家庭救济金，但在计算家庭团聚所需要的最低收入时，排除了家庭救济金。新的《国籍法》对在法国出生的阿尔及利亚裔、前殖民地子女以及法国公民配偶的要求更为严格（Weil and Spire，2006：199）。

2002 年之后的 10 年中，总统和政府都来自主流右翼。由内政部部长尼古拉·萨科齐（Nicolas Sarkozy）（2002—2004 和 2005—2007）提出的两部《移民法案》，在融合与移民控制之间建立了联系，甚至使得法国家庭的团聚都更为困难，而且这些法律还损害了移民的社会权利。

2003 年的《移民法案》（*Sarkozy Ⅰ*）的主要创新在于使同化成为获得永久居民许可的条件，并在试验基础上引入融合化合同。该法律还收紧了获得永久居民许可证的要求。它将最低居住要求从 3 年提高至 5 年（Legifrance，2003），影响了移民获得主要安全网福利的机会。

2003 年的《庇护法》削减了避难者的救济金。它限制了申请救济金过程的期限，这对那些由加速程序决定的申请避难者来说，福利就相当于被完全取消了，该问题变得越来越普遍了，避难者获得医疗关怀的途径进一步受到限制（ECRE，2004；Freedman，2004：63）。

2006年的《移民法案》（*Sarkozy II*）规定，履行融合化契约是获得永久许可证的必要条件。这个要求是限制家庭团聚的一个方面。然而更普遍的情况是，契约的执行增加了在5年居住期满后获得永久许可的可能性，前提是这个人有足够的经济支撑。对于其他国家来说，获得永久许可证的居留要求仍然是10年。该法律还废除了在法国居住满10年就有合法身份的规定，间接地恶化了无证件移民获得社会救济金的前景。对法律地位的要求不是一般的居住要求，而是根据个人的情况来决定的。最终，2006年的《移民法案》取消了计算足够收入以供养家庭成员的所有社会福利，使家庭团聚变得更加困难（JO，2006）。

萨科齐执政期间（2007—2012），在部长和机构层面进行了一次重大的行政改组，这也是他在竞选纲领中的承诺（NS，2007：14）。20世纪80年代中期，右派的口号"民族认同感"再次进入人们的视野，新成立的外交部被命名为"移民、融合、民族认同与共同发展部"。在机构层面，重组的牺牲品是移民福利机构FAS。2007年的《移民法案》进一步收紧了家庭团聚的资源测试，并且批准了"没有履行让儿女融入法国社会义务的父母不能获得家庭救济"。法律还要求家庭成员在进入法国之前要参加一门课程的学习，以评估他们的语言技能和对法国价值观的理解情况（Legifrance，2007）。

在社会政策领域，保守派政府更加重视介入措施的契约性质，强化义务和制裁。2008年的通用安全网改革引入了团结工会这一活跃的组织，具有包容性和排他性的效果。改革收紧了对工作的要求，但扩展了权利范围，不仅包括被排除在外的人，还包括那些就业不稳定的人（le précariat），并降低了年龄要求（以前是25岁以上）。这可以使移民出身的人们受益。更为重要的是，对非欧洲经济区（欧盟、瑞士、挪威和冰岛）移民资格进行延期，从3年增加到5年，扩大了公民和合法外国人的可获得性之间的鸿沟。

简而言之，绝大部分（但并非全部）是保守派政府限制了移民的社会权利，主流右派管理的政策具有明显的连续性。同时，引入了立法，在过去的20年里，使纳入制度的关键政策维度——公民身份获得、许可证制度、融合性措施和家庭团聚——变得更加严格。

勒庞和国民阵线的影响

在评估国民阵线及其领导人的影响时，将选举和政策影响区分开来是很有用的。从选举的角度来看，这个政党确实产生了影响。自 1984 年以来，国民阵线和勒庞至少获得了 10%的选票，在一些选举中，得票率接近 20%。自 20 世纪 80 年代初以来，国民阵线一直将移民问题作为竞选议题。它对移民问题的持续强调使得主流政党不可能将其从选举政治中移除。换句话说，国民阵线使弗里曼的“反民粹主义规范”在法国政治中不起作用，通过将移民问题作为选举议题和选民关注的焦点而影响了该党的政治议程。

很明显，国民阵线改变了该党的格局，并将移民和移民问题留在了政治议程上，但衡量其对政策制定的影响要棘手得多。该党一直无法直接参与政策制定的过程。尽管在立法选举中赢得了 10%～15%的选票，但国民阵线在国家集会上通常只有一个成员或没有代表（Knapp，2004：36－37）。人们仍然普遍认为，国民阵线的存在及其受欢迎程度已经迫使主流政党尤其是右派政党接受与国民阵线相似的政策立场，主要的困难在于如何将主流右翼官员的现有偏好与国民阵线的需求区分开来，以及如果没有国民阵线，是否会引入限制性的措施（Schain，2008：101）。

将国民阵线的要求与影响移民社会权利的政策产出进行比较，有助于评估其政策影响。一项长期的要求是取消移民享受家庭福利的权利。对移民享受家庭福利资格的限制，是在国民阵线选举官员的地方一级实行的。正如我们所看到的，若斯潘政府通过了一项立法，防止当地政客将移民排除在当地福利之外。一方面，保守党派的政府已经取消了家庭福利，因此它们不能帮助家庭移民，但它们没有阻止移民享受这些福利。对移民获得社会保障的限制是否可以归因于国民阵线？另一种合理的解释与 RMI 的构建有关。它是根据当地的最低福利制定的（Levy，1999：97－98），当地的社会救助历来有居住上的要求。另一方面，不能排除对采用主要安全网效益的 5 年工作要求的影响。勒庞在竞选中呼吁终止非公民获得 RMI 的权利。右翼政府限制了进入安全网的机会，但它并没有像国民阵线所希望的那样剥夺移民的权利。早在国民阵线取得选举中的突破之前，一个主流右翼政府就在 1972 年推出了第一批措施，体现了法国在劳动力市场上的优先地位。同样，保守党政府废除了移民福利机构 FAS，但这不是国民阵线的要求。因此，右翼政府在不受民族解放阵线影响的情况下采取了限制性措施，但也回避了国民阵线最极端的要求。

总之，本章的分析证明了在左、右派政府之间进行权力交替的重要性，这些政府对影响移民权利（包括他们的社会权利）的立法做出了改变。尽管保守政府在 20 世纪 70 年代增加了外国劳工的权利，其随后的移民权利记录却相当糟糕。分析还显示，自 20 世纪 80 年代初以来，左派和右派的政策都有很强的连续性。左派政府已经出台措施以改善移民权利。相比之下，当右派控制了行政权时，权利扩张过程的逆转大规模出现。由于法国政策制定过程是由行政主导的，其他组织或机构几乎没有否决权，政府的党派组成因而在移民权利上有所显现。

德国：协商的政策以及包容与排斥的政治融合

政党评议和妥协的商谈政策是德国制定政策的典范。体制的安排，尤其是联邦体系和多政党政府，牵涉到权力分享和各种各样的否决权/机会的分配，这些都需要政党谈判。通过谈判达成的政策往往意味着包容和排斥的政治融合。就妥协来说，法律同时包含了包容性的和限制性的措施。因此，尽管有广泛的包容性推动力，政党关于主要立法的谈判却使德国纳入制度的限制性特征得以延续，甚至有时还会有所加强，这些特征影响了移民的社会权利。

联邦制使德国各州在政策制定过程中扮演了一个与美国联邦制度截然不同的关键角色。在联邦立法过程中，国家的影响在上议院即联邦议会中已经实现了制度化。它的最高法律权力集中体现在影响国家行政和财政的事务上。在这些事务中，包括移民政策和福利方面，联邦委员会拥有绝对否决权和制定法律的权力。由于联邦议会反映了州政府的政治组成，因而它在政治上多数与直接选举产生的议院（联邦议院）不一定相同，而且上议院的多数党可以通过有立即效应的州议会选举而改变。政府经常遭遇上议院的反对，其多数派可能会阻止立法提案或要求重大让步（Manow，2005：234－235，254）。这种否决权要求与反对派合作通过立法导致了所谓的大联盟政策的制定（Schmidt，2003：204）。

联合政府已经成了德国政治的常态，这导致政党之间的妥协和政策谈判。关于政府政策和各部分配的联合协议是在党内谈判中敲定的。部长责任的原则使部长们在管理他们的部门和起草立法提案方面有很大的自主权，但联合政党更广泛的政府批准了对部长的个人行为予以限制。

本节首先检视以协商政策为特征的包容政治，这些政策融合了包容性和排他性两种措施。其次，本节还讨论试图消除社会救助的使用与居留地位之间的问题关系是如何失败的，以及对新移民和非公民的永久居民的社会权利设置了限制的公民身份获得的问题。尽管德国的案例代表了影响深远的公司制度变革，但与对法国的分析相比，笔者却更关注德国的公民身份改革。然后，我考虑到影响寻求庇护者和族裔移民权利的收缩过程，这突出了政党选举乃至政治领域的问题。

带有各种要求的包容

德国纳入制度的改变围绕着三个方面的修正：公民身份从民族的向城镇地域性的过渡，自由入籍被满足基于指定要求的入籍权利所代替，以及向着平等对待非德裔和德国移民的转变。这些改变代表了一个扩张性的双重转变，即公民政策的包容性变化和从外国人政策（Auslanderpolitik）到移民政策的转变（Green，2004）。然而这些进展被纳入的新需求所抵消，这反映了包容性和排他性措施的融合以及社会政策与纳入制度之间联系的收紧。

为了阐明这一扩张性的双重转变，我们的讨论集中在以下几个方面：（1）移民和国籍政策的初步框架与一个相对框架的出现；（2）政党；

(3) 谈判政策与政策背后的联盟。德国的包容性政治给我们呈现了两个有趣的谜题。第一个谜题是，德国是重大政策变化的一个例子，但是政治分析家将德国政治描述为倾向于渐进主义、决策陷阱和非决策。在以渐进决策和非决策为特征的制度环境中，主要的制度变迁是如何发生的？从长远来看，政权更迭可能只是一种渐进主义，但这一领域的政策进程的特点是，长期的非决定性被四大政策突破所打断，这些突破将包容性和限制性措施结合在一起：1990 年的《外国人法》、1992 年的《庇护妥协案》、2000 年的《国籍法》、2004 年的《移民法案》。

第二个谜题是，尽管缺乏选举动机和重大风险，政党一直是这一进程的主要动力（Murray，1994：24）。作为非公民和非选民的外国人无法形成一个政治选区，他们很少有机会参与联邦政策进程，制定直接影响他们的措施（Esser and Korte，1985：202；Green，2004：67）。相比之下，早期的同种族移民，作为公民，立即成为一个政治选区，他们成为议员，甚至担任部长职务。多年来，德国少数族裔移民越来越倾向于主要的保守党派基督教民主联盟（Christlich-Demokratische Union，CDU，简称“基民盟”）。由于他们对基民盟的大力支持，因而少数族裔移民选民具有相当大的影响力（Münz and Ohliger，1998）。无论是在职还是作为选民，他们都倾向于维持移民和移民政策的现状。最后，大部分选民对移民及其权利持怀疑态度（Karapin，2002：195－196）。

政策框架

直到 20 世纪 90 年代末，德国的总体政策框架都是官方观点，即德国不是一个移民国家。这种观点得到一种公民模式的加强，这种公民模式将公民定义为完全基于德国血统的社区的成员。因此，该模式的维护者将移民视为对政治共同体统一的威胁，他们提议，对非德国族裔移民的成员资格设置特别高的门槛，从而产生了归化是一个例外，必须符合德国利益的学说。

这种框架有几个后果。首先，也是最重要的一点，它在对待同种族和非德国族裔移民的政策上产生了明显的差异。新来的德国族裔不是一般意义上的移民，他们是返回祖国的移民。作为遣返者，他们理应通过慷慨的方案得到援助，以便融入社会。非德国族裔移民被定义为外国人，而不是潜在的定居者。因此，没有针对他们的定居政策，而是适用于外国人的政策。其次，这一框架产生了一种否定的政治，使得考虑一体化政策变得困难。到了 20 世纪 70 年代中期，人们认识到需要采取临时的融合措施，随后制定了政策准则，将“优先考虑‘第二代和第三代的社会融合化’”。再次，该框架重视将归化作为一种政策工具。通过归化，移民将不再是外国人政策的主体。这项政策最初的目标不是外国人，而是他们的子女（Esser and Korte，1985：180－184）。最后，强调归化也使一个具体的政策网络享有特权，内政部一直是该网络的关键政策场域。只要把融合看作促进外国劳工福利的措施，主要的政策场域就是劳动和社会事务部，政策网络包括社团组织。

对政策的重新定位始于 20 世纪 70 年代中期，参与者最终提供了一个反框架。重新定位——在联邦政府的政策声明中最为明显——强调了社会和人道主义问题，并批评了一种唯经济主义的方法。社会动荡的双重幽灵助长了采取行动的呼吁。首先，数百万个居民生活在民族共同体之外的问题亟待解决；其次，民族主义言论和日益高涨的反外国人情绪为新纳粹主义的滋生创造了条件。重新定位的支持者还强调，政府有责任使外国人融入社会，因为他们的存在是执行雇佣政策的结果，纳粹的遗产使寻找解决办法成为一项集体责任（Murray，1994）。该论点的主旨强调了目前的排斥政策有害于国家利益。实际上，这一论点挑战了限制性入籍准则的基石，该准则只允许符合德国利益的人入籍。

政党与框架

20 世纪 80 年代，左翼政党提出了一种公民权利的对抗框架，强调移民权利和公民权利。社会民主党主张对公民权获得进行包容性改革。该党主张年轻的外国人享有公民权利，对非德国出生的公民享有属地主义的某种形式，并接受双重公民身份。在为政党提案辩护时，社会民主党强调了另一种观点，即成员资格是公民身份的基础——成员资格是在国家中而不是在民族中。社会民主党将外国人称为“共同公民”（Mitburger），并建议在居住 10 年后享有地方投票权（Murray，1994：32－38）。

自由民主党（FDP）是一个捍卫公民权利和个人自由的自由主义政党，它强调有必要基于人的尊严和个人价值，对外国人采取更为人道的政策。自由民主党也十分重视宽容，声称外国人有权得到宽容。自由派政界人士辩称，外国人问题是对德国自由民主的考验，他们对现行法律将外国人降至“没有权利的”地位提出了强烈批评。政党的提议倾向于赋予年轻的外国人公民权和双重国籍，但自由民主党却在 20 世纪 80 年代对属地主义持怀疑态度（Murray，1994：39－43）。

20 世纪 80 年代初，绿党的出现使人们更加强调平等权利，最初绿党的成员要求基于居住的权利，包括投票权。该党的具体建议是，在居住 5 年之后享有公民权利，而不必放弃以前的国籍，以及在有居留权的人的子女成年后加入国籍。绿党主张，平等权利对民主至关重要，是尊重外国人的先决条件。该党进一步强调，“公民身份是一种‘法律地位’，它赋予‘平等权利和义务’，而不考虑种族或文化背景，不是一种旨在团结具有共同血统的人的制度”（Murray，1994：32－46）。实际上，这三个政党提出了另一种挑战族群模式的公民观。

尽管基民盟为族裔公民模式辩护，而且它的许多成员国认为外国人不能也不应该成为德国人，但它最终承认，将很大一部分人口排除在德国公民之外具有有害的潜力。这种承认需要重新考虑公民资格的要求。尽管基民盟坚决反对属地主义和双重国籍，但它可以考虑为在德国长大的外国人，尤其是那些上过德国学校的外国人，赋予公民权（Murray，1994）。最顽固的抵抗来自基督教社会联盟（Christlich-Soziale Union，CSU，简称“基社盟”），此为基民盟的巴伐利亚姐妹党。然而基民盟的知名政客也一直是热情的限制主义者（Boswell and Hough，2008）。

协商政策，政党和政策联盟

1990 年颁布的《外国人法》被誉为第一部体现更包容态度的法律

(Joppke，1999：202；Thränhardt，1999：54)。关于该法的谈判仅限于联合政府中的政党，该法并不是大联合政府制定政策的一个例子。其他三项重大政策突破——1992 年的《庇护妥协案》、2000 年的《国籍法》和 2004 年的《移民法案》——涉及大联合政府的政策制定，以及所有四项兼容并蓄的措施和限制。1992 年的《庇护妥协案》是在权利收缩的政治背景下讨论的，具有限制大于包容的特点。

1990 年的《外国人法》

在 1990 年通过《外国人法》之前，德国曾陷入多年的僵局。1982 年，自由民主党与基民盟-基社盟联合执政，赫尔穆特·科尔（Helmut Kohl）任总理。由于自由民主党与基社盟在移民及移民权利问题上的立场截然相反，因而政府内部出现了严重分歧，分歧在 1988 年达到顶峰。当时内政部部长弗里德里希·齐默尔曼（Friedrich Zimmermann，CSU）公布了一项新的高度限制外国人的法律草案，这导致他被调到另一个部门(Green，2004：57－63；Boswell and Hough，2008：23－24)。

沃尔夫冈·朔伊布勒（Wolfgang Schäuble，CDU）被任命为内政部部长，加之政府面临的压力越来越大，为政策突破创造了条件。政策惯性使政府越来越难以承担更多的责任。极右派政党的出现为其 1989 年的选举胜利带来了更多的焦虑，而执政党失去联邦参议院多数席位的可能性促使政府采取行动。只要反对党不参与讨论，基民盟-基社盟与自由民主党相比就具有优势地位，而将反对派包括在内，将使平衡倾向于主张更大包容性的政党。

1990 年的《外国人法》的妥协反映了政府内部的不同意见。适当的住房是家庭团聚的一项要求，但 1990 年的《外国人法》规定必须持有永久居留证。该法还以两种方式加强了社会福利与取得公民身份之间的联系：第一，该法规定，缴纳 5 年的保险费必须先获得永久居留证。第二，经济自给自足是公民的一项要求，具体表现为在不利用社会援助或失业援助的情况下具有养活自己和家庭成员的能力。反对党、外国人事务专员、工会和教会组织等更慷慨措施的支持者，在制定该法案的过程中基本上被排除在外。反对党的影响仅限于将简化的归化程序扩大到第一代移民，但为了将其包括在内，需要非常严格的 15 年居留要求。对经济自给自足的要求也做了修改，如果利用援助是出于某人无法控制的原因，则不适用于这一要求。该法很快经议会通过，几天后，社会民主党和绿党在联邦参议院获得多数席位（Neuman，1998：290；Green，2004：65 – 77）。法律的迅速通过，也使移民问题远离了 1990 年的联邦选举（Joppke，1999：84）。

总的来说，1990 年的《外国人法》增加了非公民的居留权，但也增加了对永久居留证的要求，提高了与安全生计有关的要求。同样，它扩大了长期居留的外国人归化的可能性，同时提高了居留要求，使其成为欧洲最严格的居留要求之一。它只是暂时打开了门，更大的可能性是在 1996 年结束归化。更为积极的是，该法为那些在德国生活了 8 年、在德国学校学习了 6 年并放弃了之前国籍的年轻人取得德国公民身份提供了便利。

2000 年的《国籍法》及其修改

虽然 2000 年的《国籍法》取得了重大进展，但限制性因素也在该法立法及其实施中得到了体现，主要的政治斗争涉及为在德国出生的移民儿童和具有双重国籍的儿童引进某种形式的《国际家庭法》。最终，国际单位制的要求排除了许多有移民背景的孩子，而最初的法案的主要创新——双重国籍——被删除了。该法案的包容性特点是将归化的居留要求从 15 年降至 8 年并加强归化的权利。

由格哈德·施罗德（Gerhard Schroder，1998—2005）领导的红绿联盟政府上台时获得了强有力的授权；基民盟-基社盟经历了自 1949 年选举以来最糟糕的民意调查。公民身份改革是两党竞选时的一项承诺，新政府在 1999 年初提出了一项法案草案。绿党支持在德国居住 5 年后归化，对在德国出生的外国人实行基于属地主义的公民身份及双重国籍。社会民主党人也支持双重国籍，但他们对基于出生地的立场更为谨慎。社会民主党内政部部长奥托·希利（Otto Schily）更喜欢第三代人接受属地主义的解决方案。联合政党最终达成了妥协：如果父母一方出生在德国或在 14 岁之前移民，属地主义将可实行。其他限制性方面是保留入籍的现有要求。例如，不使用援助津贴、编纂适当的德语知识作为一项要求以及对《宪法》做出忠诚宣誓（Green，2004：95－97）。

从《国籍法》中删除双重国籍是由基民盟-基社盟发起的一场运动实现的。在反对双重国籍的竞选活动中，基民盟赢得了黑森州的选举，剥夺了执政党在联邦参议院的多数席位。社会民主党的策略是通过修改法案来寻求自由民主党的支持，从而绕过基民盟。最终的法案没有支持双重国籍，反而增加了允许双重国籍的例外情况。自由民主党还支持第二代移民的属地主义，这也被写入法案，要求移民必须在德国居住 8 年，而且移民的父母持有 3 年的永久居留证，这使得大约一半在德国出生的外国人丧失了资格。尽管如此，这些要求还是比最初的法案更为慷慨，该法案要求父母一方出生在德国或在 14 岁之前移民（Green，2004：102－103，97；Hailbronner，2006：224）。

2000 年的法律并不是对公民政策的最终决定，两套修正案收紧了要求。第一组包含了 2004 年的《移民法案》要求的变化。这些变化增加了许可证要求：语言熟练程度和完成整合化课程（Hailbronner，2006：225－227）。2007 年，默克尔（Merkel）领导大联合政府（CDU－CSU and SDP，2005：9）期间，《国籍法》再次被修订，主要是对移民权利进行限制。在默克尔政府中，内政部求助于基民盟，沃尔夫冈·朔伊布勒（Wolfgang Schauble）担任部长。2007 年的修正案增加了公民考试、提高语言技能和更严格的无犯罪记录版本等新的入籍要求。最具排斥性的措施是将保障生活的要求扩大到年轻的外国人，他们之前已经获得豁免（BBMFI，2007a）。因此，它为接纳出生在德国的非公民设置了新的障碍。

2004 年的《移民法案》

这项法律被普遍看作立法上的重大突破——这是一个漫长的过程的顶峰，这个过程需要面对德国是移民之地这一社会现实。尽管如此，它也将改进与限制结合起来，部分原因是难以确保其通过。到 2002 年的《移民法案》提交议会时，德国联邦参议院中红绿联盟政府的地位进一步恶化。当联邦政府在联邦参议院的最后投票中采取强硬手段时，以基民盟为首的几个州因投票程序问题而质疑该法的合宪性，联邦宪法法院基于这些理由宣布 2002 年的法律无效（Green，2004：126－127）。

这时政府别无选择，只能考虑反对派的意见并重新谈判。在劳工移民范围上的分歧导致了对积分制度的抛弃，取而代之的是更有控制性的许可制度——基于先前的工作邀请和工作授权的录取，这可以限制雇用期限、职业、工作地点和地区。最终版本还制定了高输入门槛：对自雇人士而言，100 万欧元的投资在德国要能创建一个最低十个工作机会或最低月薪为 4 000 欧元的基本门槛（MN，2002－2004；BMI，2004）。

2004 年的法律对保障生计的模糊定义，也带有大联合政府政策制定的意味。有保障的生活被定义为不依赖公共资金而能够谋生，包括足够的医疗保险范围（BMI，2004：12）。一方面，禁止使用公共资金比使用两个援助项目更广泛，这让限制主义者感到满意。同时，增加了适当的健康保险和在某些情况下适当的养恤金保障等新的要求。另一方面，德国的家庭福利、社会保险福利和居住福利都被排除在公共资金之外，“居住福利”的提法极其模糊，极易解释。这种模糊性很重要，因为有关政策的实现是在州级别上进行的。在为限制性和宽严相济的决定辩护时，官员可以援引法律条文。

该法的一项创新是由联邦政府资助的针对外国人和德国族裔移民开设的融合课程。虽然新移民的权利已被设定，但如果未能参加融合课程，就可能影响居住证的更新和获得永久居住证。该法还规定，依赖失业救济的外国人和“特别需要融入社会”的人有义务参加课程；它批准了因不这样做就会被减少相关的福利。在 2010 年之前，基民盟内政部部长加强了义务和制裁。那些获得援助福利的人必须签署整合化的契约，并且引入高达 1 000 欧元的罚款和不参加的福利，以及可能取消居留许可的规定（Klusmeyer and Papademetriou，2009：281－282；Wiesbrock，2009：307）。

上述分析突出了政党在权利延伸政治中的重要性。因此，它不同于克里斯蒂安·乔普克（1999：75）的解释，后者强调司法政治在移民权利扩张和更具包容性的政策背后的中心地位。克里斯蒂安·乔普克认为，各政党要么在很大程度上批准法院裁决，要么对移民权利造成不利影响。法院的主要裁决的确维护了获得永久许可和家庭团聚的权利，并阻止了几次任意驱逐。这些裁决在法律上肯定了持续的移民，并促成了第二种转变——官方承认德国是一个移民国家。然而法院的判决往往支持对公民采取限制性的办法，反对为非公民提供政治权利。相反，政党和谈判的政策一直是权利扩张进程的关键，即使这涉及包容性和限制性措施的融合以及移民权利的起伏。

权利收缩的政治：政党选举与地域维度

权利收缩的政治表现最明显地体现在寻求庇护者和德国族裔移民的社会权利受到侵犯。20 世纪 70 年代末，寻求庇护者的权利遭到攻击，而 10 年后，重新定居者的权利成为攻击目标。在国家危机的背景下，这两种准入类别的权利在 1992 年的《庇护妥协案》中不可避免地交织在一起。社会民主党同意修改《宪法》规定的 201 名难民的权利，以换取基民盟做出让步，结束多族裔移民。

政党选举和冲突的地域维度影响了移民权利的收缩过程（Joppke, 1999：86）。各党派在选举中的竞争和反对移民的多数派意见刺激了权利的收缩过程，并导致了权利被剥夺的选举循环。地域维度涉及各州和市政当局对寻求庇护者的社会援助与接待的责任。这些责任为减少移民权利而增添了动力。各州通过联邦参议院为参与政策制定过程提供了一个平台，可以满足其要求。

政党选举的面向

对不断增加的寻求庇护者人数（1980 年超过 10 万人）的最初反应是一项威慑战略，即通过加强法律程序和限制权利来降低寻求庇护的吸引力。选举政治是采取这些措施的关键。来自基民盟-基社盟，尤其是基社盟的持限制思想的政客们，在选举前几个月就呼吁采取更严厉的措施。为了证明更严厉的合理性，他们把寻求庇护者描绘成滥用庇护权的经济移民，并指出了公众舆论反对更多的外国人。为了在即将到来的选举中消除这一问题，政府在竞选活动开始前通过了立法（Perlmutter，2002：273－279，281；Schuster，2003：200－203）。

起初，选举周期导致1980年和1982年通过了两部联邦法律，以阻止寻求庇护。1982年的法律包括限制公共住房和实物福利的权利，并禁止寻求庇护者工作。寻求庇护的人数虽有所下降，但这一策略的实施却事与愿违，剥夺工作权利导致市政当局的福利成本上升。它迫使寻求庇护者陷入一种无所事事、令人沮丧的生活状态，并强化了德国人的印象，即寻求庇护者是靠福利生活、牺牲纳税人利益的虚假难民，这为进一步抵制新来者铺平了道路（Joppke，1999：89）。

20世纪80年代中期，当寻求庇护者的人数开始再次上升时，人们的注意力转向修改《宪法》规定的庇护权。社会民主党认为《宪法》赋予的避难权利是神圣不可侵犯的，是对纳粹行为的赎罪，因此拒绝了这一想法。执政联盟中的自由民主党也反对一项《宪法修正案》。基社盟领导人弗朗兹-约瑟夫·斯特劳斯（Franz-Josef Strauss）敦促政府出台一项修正案，向选民揭露社会民主党和自由民主党支持移民的立场。科尔总理和其他温和派坚持认为，这个问题不应该出现在选举争议的范围之内。取而代之的是，在1987年大选之前，新一轮的政党谈判产生了限制性立法（包括5年的工作禁令）（Perlmutter，2002：274－276；Schuster，2003：202）。

随着东欧剧变、苏联解体以及20世纪80年代末对旅行限制的取消，族裔移民和重新定居者的社会权利成为一个政治问题。1988年至1992年，将近250万新移民的到来使移民问题对选民的重要性更加突出。绝大多数选民赞成限制寻求庇护者和同族裔移民，但怀疑现有政党处理这些问题的能力（Perlmutter，2002：279－281）。日益加剧的社会紧张局势和对移民的种族主义攻击使局势更加紧迫。基民盟-基社盟还利用危机气氛向社会民主党施压，要求其回到谈判桌前，最终达成了1992年的庇护妥协（Green，2004：85－86）。

庇护政策一揽子计划的通过表明，当事各方可以采取果断行动。随着社会民主党成功地扩大了谈判范围，妥协方案将限制性措施与包容性措施结合在一起。第一批措施是处理寻求庇护者的问题，其中包括一项《宪法修正案》，限制了庇护权，在申请过程中减少了寻求庇护者的福利。第二批措施规定了一个非正式的年度最高限额，以接纳同族裔移民，逐步取消奥西德勒人身份，并要求来自除苏联以外的中欧和东欧的申请人提供族群迫害的证据。第三批措施是在社会民主党的坚持下，涉及公民政策。最重要的让步是：（1）预定于1996年结束的简化归化进程成为永久性的；（2）归化权得到加强；（3）政府承诺优先进行全面的公民改革（Marshall，2000：94－96；Green，2004：86－87）。

这一庇护妥协极大地改变了对寻求庇护者和同族裔移民的接纳政策，但也对他们的社会权利产生了重大影响。之后出现了1993年的《寻求庇护者福利法》，它减轻了各城市和地方在提供福利方面的财政义务，并恶化了寻求庇护者的福利。对同族裔移民的社会权利的打击主要包括逐步取消享有特殊社会保险福利的移民地位和继续削减晚期重新定居者的福利。

妥协方案和1993年的《寻求庇护者福利法》都没有将寻求庇护者的社会权利从政策议程中删除。1995年，科尔政府宣布，计划将该法扩大到所有暂时在德国的外国人。基社盟敦促削减福利，强调了经济的巨大负担。社会民主党在联邦参议院投票否决了政府的计划，但后来还是让步了。1997年的改革将较低的福利扩大到内战难民和容忍失败的寻求庇护者，削减福利水平，并将较低的福利期限延长到3年（Minderhoud，1999：141－142）。1998年大选前夕，两党支持对寻求庇护者的福利进行新一轮削减（Bosswick，2000），并再次就延长2002年的《移民法案》中的削减达成共识。简而言之，从20世纪80年代初到21世纪初的选举周期，不断地削弱了寻求庇护者的社会权利。

地域维度

权利的收缩不仅仅是由政党政治、选举竞争和强烈的反移民观点所驱动的，除此之外，与移民的居住方式和各级政府之间的责任分工有关的地域维度也助长了这种趋势。在德国，移民的分散和集中导致州和地方政府反对新移民。

与两个自由主义体制国家相比，移民的居住模式在德国并没有那么集中。自20世纪70年代中期以来，联邦难民署（federal refugee agency）管理的配额制度在各州对寻求庇护者的分配更加平均。因此，在每个国家，寻求庇护者占人口的比例大致相同。在资助寻求庇护者费用的制度下，分散得越均匀，各州和市政府就越能分享经济奖励。由于社会援助完全由各州和市政府的一般收入提供经费，因而减少寻求庇护者的人数，削减他们的福利应享权利，将福利费用转嫁给社会保险基金，符合国家和地方政府的利益。因此，各州和市政府成为一个支持限制移民的主要压力团体——这与弗里曼的理论相反，弗里曼认为成本的分散促进了移民政治的扩张。

然而有几个州和地区比其他州和地区受到寻求庇护者流动的影响更大，这些州包括南部边境沿线的州（巴伐利亚州和巴登-符腾堡州），以及拥有大型机场的州（柏林州和法兰克福州）。巴伐利亚州和巴登-符腾堡州（Baden-Wurttemberg），有时也包括柏林州，站在了倡导限制的前列，其中包括实物福利和工作禁令。实物福利最早由保守派大本营巴登-符腾堡州引入，1982年的《庇护程序法》（*Asylum Procedures Law*）将面向寻求庇护者的实物福利纳入其中。巴登-符腾堡州和巴伐利亚州继续施加压力，要求对寻求庇护者的福利做出更多限制。1993年的《寻求庇护者福利法》加强了实物福利部分，1997年的修正案进一步限制了实物福利规则的例外情况。各州内政部首长会议（全国范围内的横向政策协调机构）在20世纪90年代末重新引入了工作禁令（Bosswick，2000：45，52；Marshall，2000：16－17）。

与寻求庇护者相比，德国族裔移民的分布更为不均。他们倾向于定居在南部的兰德和莱茵河-普法尔茨州（Marshall，2000：34），巴伐利亚州的CSU带头限制了重新定居者的利益（Joppke，2005：210）。这两个南部登陆者的战略似乎是分摊后来重新定居者的费用。为了回应对不平等的责任分配和经济负担的不断抱怨，科尔政府引入了一种分配德国移民的制度，类似于对寻求庇护者的制度，并对离开分配的地区的人实行制裁——失去利益。各州负担的均等化是德国联邦制度中的一个典型解决办法，并因联邦各州经费均等化而得到加强（Katzenstein，1987：51－

52；Manow，2005：235）。

综上所述，在寻求庇护者和重新定居者的利益问题上，政党选举和地域维度的冲突相互交织，基民盟和基社盟的保守派系处于关键地位。在选举方面，这个派别，特别是基社盟，经常企图把移民和庇护问题纳入联邦竞选活动，利用反外国人情绪对政府施加压力，而不论其组成如何。在地域维度上，保守的巴伐利亚州和巴登-符腾堡州利用联邦参议院、联邦州委员会和州内务部部长常设会议，推行限制主义议程。政党选举和地域方面的交集也给两大政党的领导层带来了压力，当地和地方政党的官员抱怨说，随着新移民人数的增加，负担越来越重。政策场域从社团主义场域向内政部的转变，意味着表达移民利益的有组织的声音减少了。劳工和社会事务部部长出身于工会，代表基民盟的社会天主教派；工会和教会组织经常联合起来支持包容性措施。相比之下，科尔政府的内政部部长一职长期（1982—1989，1993—1998）由强硬派担任。政策场域的变化进一步加强了地方政府的地位和州/联邦行政当局讨价还价的重要性，而不是社团的讨价还价的重要性。

权利扩张与收缩的政治比较

在比较两个保守社团主义政权国家的权利扩张与收缩政治时，本节讨论两个主要的对比：首先是对俾斯麦模式缺陷的最初的不同政策反应。为了理解这些政策反应，下面探讨了政府的框架、党派组成和社团主义政治的不同之处。其次是对比涉及地域维度在塑造移民社会权利方面的作用。

框　　架

虽然新形式的贫穷在两国都令人关切，但在问题的构成、框架和辩护的政治方面存在着基本的差别。法国将俾斯麦模式的危机定义为社会排斥的问题，并从权利和团结的角度来界定这个问题。早在 20 世纪 70 年代中期，高级社会政策官员雷尼·勒努瓦（Rene Lenoir）就创造了“社会排斥”一词，明确地指的是社会保险制度以外的人，并且侧重于排他性。解决办法是置入政策和一种新的权利，包括重新融入社会的置入权（Silver，1994；Enjolras and Lødemel，1999：484－485）。社会排斥被视为团结的崩溃，如果社会要正常运作，就需要对这种社会分裂进行补救。

德国人强调工作性质的变化和没有充分社会保障地位的新形式的就业，新风险的出现是对社会和福利国家的基本批评的一部分（Beck，1986，1992；Offe，1991）。尽管批评人士抨击了工作与社会保障之间的联系，但他们对风险的强调，无意中维持了保险计划作为主要解决方案的地位，保险计划是为防范风险而设计的。此外，德国的批评者是学者，而有影响力的法国分析人士是政治体制的一部分。法国官员更快地认识到新形式的贫穷和排斥源于俾斯麦的福利制度本身，而德国决策者在 20 世纪 70 年代中期至 80 年代中期将目前的任务视为控制成本和调整现有社会保险制度（Alber，2003；Clasen，2005：26）。

法国人对权利的强调在辩护政治中造成了显著的差异。权利在法国的社会政策辩论中占有突出的地位，但在德国的辩论中却没有类似的地位，因为社会权利几乎完全是由对等原则决定的。因此，当权利在德国案例中被提及时，它被称为通过递延工资的“挣得的权利”或“财产权”（Clasen，2005）。相比之下，法国话语中的权利也与非出资项目和家计状况调查项目有关，如住房权、医疗权和置入权；置入措施的目标是“确保以公民权利的名义参与社区生活”（Morel，2004：97）。

团结原则是保守社团主义体制所固有的，但在保守社团主义国家中，一个重要的内部差异是团结原则的范围。这一原则强调了社会成员之间的相互依存关系及其相互之间的义务，它认为，社会必须分担那些没有办法或没有足够捐款的人的福利费用。因此，共同体的定义决定了团结关系的参数。

在法国，团结的概念已成为社会改革的组成部分，这个概念已逐渐得到广泛的使用。团结的基础已从职业或专业的共同体扩大到专业间和国家的共同体。国家团结日益与国家在社会提供方面的作用有关，而职业或专业团结则是社会保险计划的核心（Ashford，1982：251－255；Spicker，1991：17；MIRE，1998：192－193；Waters，2003：121－122；Palier，2010：96）。

在德国，团结原则的范围有限，只包括社会保险计划的捐助者（Freeman and Clasen，1994：10），也就是说，它大致符合法国关于职业或专业团结的概念。与德国合作联邦制理念相联系的国家团结，主要被用作在全国范围内实现资源和负担财政均衡的论据，而不是增加国家参与社会供给的理由。

政党与政府构成

框架上的差异也与政治权力的政党群体和政府的政党组成有关。20世纪80年代初，密特朗当选总统，赫尔穆特·科尔成为总理，法国和德国经历了重要的权力交替。密特朗担任总统期间的一个主题是团结，他把团结与改善社会安全和福利联系起来。相反，科尔行政权力的上升，导致了对辅助性的新的强调和对团结的背离。辅助性原则削弱了基民盟标榜的团结，这一原则限制了国家的作用。由基民盟-基社盟和自由民主党组成的科尔联合政府，将其政策塑造成旨在推翻政府的转折点（Die Wende）。其主要组成部分包括解除经济管制、削减社会支出、降低税收、社会服务部门的自助、自愿行动和营利性提供者、劳动力市场更加灵活（Mangen，1991：100－101，111－112；Stjernø，2005：155，215）。对移民来说，立即变得重要的一个方面是从普遍家庭津贴到家庭税收优惠的转变，其长期后果是采取措施提高劳动力市场的灵活性，从而导致典型工作的增长和劳动力市场的进一步分割。

社团主义政治

保守社团主义体制国家通过对社会保险福利的联合管理，使社会伙伴享有作为关键政治角色的特权。社团主义的安排及其对社会政策政治的影响通常被看作对保守社团主义体制国家具体政策轨迹的一种解释——缓慢的紧缩和削减与扩张相结合。作为内部参与者，工会能够稀释拟议中的裁员，或通过谈判获得新的利益，以替代裁员。尽管存在共性，但法、德两国的社团主义政治存在分歧，这种不同有助于解释两国对俾斯麦模式的不同政策反应。对法、德两国的比较强调了工会参与政策进程的方式以及社会政策联盟性质的重要性。

尽管法国工会的组织力量受到分裂和众所周知的低入学率（20 世纪 90 年代约占员工总数的 10%）的影响，但不应低估工会的政治重要性。法国工会的一种权力资源是社团主义的组织结构，这些组织结构为他们提供了接触社会政策进程的途径，提供了可以用来奖励积极分子的组织资源，以及社会保险计划广泛普及所带来的合法性（Palier，2006：111）。

法国最低福利的建设和管理使社会伙伴与保险基金在其发展中享有既得利益，并有可能影响它们。一旦法国实行了最低福利，社会伙伴——特别是工会——就批评用保险基金来支付最低福利。他们争辩说，现行的筹资制度违反了保险原则，是造成保险资金短缺的原因之一（Palier，2006：112）。他们打着维护保险制度的旗号，鼓励增加国家对福利的责任。在一些情况下，通过增加国家资助责任或引入由国家资助的新的最低福利，例如为那些已耗尽保险福利的人（ASS）和为没有保险的新进入劳动力市场的人（AI）创造新的最低福利，改善了保险福利的削减状况。新福利由国家提供资金，而不是通过捐款提供资金，从而减轻了保险基金的压力（Palier，2005：220－221）。同样，1993 年对私营部门养恤金的改革导致了福利被大幅度削减，但国家在筹集非缴费型养恤金方面的责任也更大（Palier，2006：115）。

德国工会与社会民主党和基民盟的关系更为密切，工会是更广泛的跨党派社会政策联盟的一部分。这个联盟长期控制着议会的相关委员会及部长的职位。基民盟劳工和社会事务部部长诺伯特·布卢姆（Norbert Blum，1982—1998）本身就是一名工会成员，他于 1988 年提拔一名社会民主党成员担任常任秘书长。布卢姆对基民盟的社会政策派系、制定议程的政府以及更广泛的跨党派政策联盟至关重要（Clasen，2005：26）。

衡量政策联盟重要性的一个标准是 1993 年长期护理保险的采用，它扩大了俾斯麦模式。早在 20 世纪 80 年代中期，社会民主党就主张实行一项新的社会保险计划（Pflegeversicherung），而基督教民主党（Christian Democrats）最初则反对这一想法，赞成扩大对老年人的当地服务和税收优惠，以鼓励家庭提供更多的照顾（Alber，1986：131）。要求改革的压力来自那些在财政上对社会援助负责的市政当局，以及越来越多依赖援助的疗养院病人。1990 年联邦选举前夕，尽管政府内部存在着严重分歧，布卢姆还是先发制人，承诺引入医疗保险。大选后，社会民主党提出了自己的医疗保险提案，基本上支持了部长引入医疗保险的努力（Morel，2006：230－234）。因此，德国的社团主义政策联盟不仅捍卫了俾斯麦模式，而且对其进行了扩展。相比之下，法国的社团主义政治是通过税收扩大非缴费福利和资助福利的一个因素，这两项都打破了俾斯麦模式。

由于存在着鲜明的对比，因而德、法比较揭示了地域维度在塑造移民社会权利中的重要性。在德国的案例中，移民和市政府的责任为他们提供了强烈的动机，促使他们在寻求庇护者和同族裔移民的案例中参与权利收缩的政治。此外，通过直接参与联邦立法过程，移民也能很好地影响他们的社会权利。

在法国，在密特朗担任总统的头几年中，于 20 世纪 80 年代初实行的权力下放改革正式改变了法国国家的集权和等级结构，从而改变了法国政治的领土范围。在社会政策方面，改革扩大了各县或部门对地方社会福利项目（辅助社会）的责任，如医疗援助和对儿童、家庭和老年人的援助，以及对儿童和老年人的社会服务。市政府或公社通过当地的福利机构管理这些项目。国家保留与“国家团结”有关的职能，包括移民人口的福利。中央政府已经确定了这些项目的基本福利水平和资格要求，而部门和社区可以提供更多慷慨的福利或创造额外的福利。国家收入越来越多地资助与老年人、残障人士和失业有关的各种社会最低福利，以及向寻求庇护者支付的最低福利。简而言之，与德国地方政府相比，法国地方政府削减移民援助福利的措施更少。寻求庇护者也不是平均分布在法国各地，因而他们没有向地方政府提出共同的申诉。

与德国联邦政府相比，法国的政府部门对中央政府的政治影响力要小得多。法国地方当局的政治杠杆已经是高度个性化的、非正式的和精英主义的，主要是通过多个有经验累积的任职者而产生的。国民议会的大多数成员甚至政府的部长都是有经验累积的办事者，同时在地方或地区办事处担任市长、助理市长、部门区域委员等。他们以这种身份传达了当地的不满和要求。与德国相比，法国这种垂直影响渠道的结构给横向协调的建议的可能性提供了很少的机会。与德国的情况相反，法国地方官员在制定影响移民社会权利的国家政策方面影响甚微。同样重要的是，中央政府出台了禁止地方官员限制非公民享受当地福利待遇的立法。

结　　论

在这两个保守社团主义的国家中，移民权利受到其纳入制度的主要政策方面的几次汇合、其福利体制的共同之处以及对俾斯麦制度缺陷的不同政策反应的影响。纳入制度的趋同主要涉及获得公民身份、许可证制度、家庭团聚以及日益强调融合是纳入社会的必要条件。

对法国和德国这些政策背后的政治进行更深入的研究，就会发现政党的关键作用和左、右派的差异。在法国，它们的重要性可以从政府的更替及其在立法方面所做的改变中看出来。重要的是，左翼政府撤销了对《国籍法》的限制性修改，从而在很大程度上恢复了法国纳入制度最具包容性的特点。自 2002 年以来，主流右翼政府通过提高许可证要求和入籍要求，增加了入籍障碍。权力的更迭也影响了移民的社会权利。左派政府普遍促进了移民的社会权利，提出了一个包括非公民在内的民族团结的构想，将取消国籍作为获得最低福利的必要条件，并规定使将非公民排除在当地福利之外是非法的。右翼政府取消了对无证件移民提供几乎所有福利的机会，大幅度缩短了寻求庇护者的福利期限，在许多情况下终止了他们的福利，还恶化了合法的外国人使用安全网的机会。

德国包容性和限制性政治的融合很容易掩盖党派的差别，对政策进程的剖析揭示了政党的影响和左、右派的差异。基民盟-基社盟在很大程度上负责扩大纳入条件，基民盟的一名内政部部长加强了社会福利与获得定居地位和公民身份之间的联系。基民盟-基社盟也阻止了包容性措施。1992年庇护妥协之后，科尔政府在公民身份改革上停滞不前，而基民盟-基社盟阻碍了1999年的《国籍法》改革中接受双重国籍。科尔政府继续坚称，德国不是一个移民国家，2002年联邦选举中，基民盟-基社盟总理候选人反对新《移民法案》，声称新移民会增加福利成本。相比之下，红、绿两色政府引入了公民身份和移民改革，改善了移民权利。

社团主义政治——保守社团主义福利体制的一个特征——已经对移民的社会权利产生了重大影响。法国和德国对俾斯麦模式缺陷的不同政策回应，得益于社团主义政治，而不同的回应——非缴费福利与保险解决方案——影响了移民获得社会福利的途径。尽管如此，社团主义的安排已经产生了重大的共同性。在这两个国家中，社团主义政治都产生了内部/外部的解决方案，这些解决方案为核心员工提供了比劳动力市场之外的员工更优厚的福利，或者提供了较弱的附属关系。这种方法是德国和法国紧缩战略的特点并具有持续的相关性。通过典型就业的增长，内部人/外部人补救措施和劳动力市场分割的增加导致了社会权利的二元化——两国非典型劳工的最低福利和核心劳工的保险福利（Palier and Thelen，2010）。这种二元论对第一代和第二代移民产生了不成比例的影响，这些移民对劳动力市场的依赖度较低。

这两个保守社团主义国家二元化的制度化，凸显了福利国家制度对移民社会权利的重要性。同样重要的是，随着时间的推移，两国的政策场域已经从劳动和社会事务部转移到内政部。这一转变使纳入制度的政策层面对移民的社会权利更加重要，并调整了参与者的名单。当劳动和社会事务部是政策场域时，参与者包括经常为移民权利大声疾呼的工会和福利组织，劳工立法也扩大了参与权。相比之下，内政部通常会出台限制性的措施以影响新移民获得福利。福利和纳入制度的这些发展对塑造移民的权利以及他们在21世纪初期的社会前景起到了决定性的作用。

第十章 社会民主福利国家及其包容和排斥的政治

在过去的20年中，一些改革在很大程度上巩固了瑞典和丹麦的福利国家地位，加强了社会民主的特色福利体制，而在1990年，这两个国家移民的权利和经济福利状况都开始恶化。瑞典在经济十分困难的数年间，智囊团做出了回应，全面削减了社会福利。瑞典对国家福利的缩减及其萧条的经济对移民的打击最大。在经济复苏之后，瑞典进行的一些社会改革改善了移民的权利。相比之下，丹麦在1990年出现了经济增长，这被一些专家称为“丹麦奇迹”（Benner and Vad, 2000）。尽管经济繁荣，但是移民的福利却被大幅度削减。在实行过程中，削减福利已经成为丹麦移民政策重要的一部分，其目的是阻止不受欢迎的新移民到来。

瑞典和丹麦也对纳入制度进行了改造。在2010年以前，就不同的政策面向而言，瑞典的体制是本书所涉及的国家中最具包容性的。与此相反，丹麦的体制则变得口益动荡，对公民权利的许可、定居状态和家庭重聚提出了十分严苛的要求。

斯堪的纳维亚国家的政治制度和福利国家政策的有其共同点，但近来瑞典和丹麦对移民社会权利的不同处理方式，以及两国引入制度之间越来越大的差异尤其令人费解。事实上，这种认为它们是相似的观念已导致了斯堪的纳维亚国家共同的政治和政策模式的概念化（Elder et al., 1982; Erikson et al., 1987; Einhorn and Logue, 1989; Arter, 1999; Goul Andersen and Hoff, 2001; Kautto et al., 2001; Kangas and Palme, 2005）。

本章讨论在瑞典和丹麦移民生活轨迹下的政治，对为什么瑞典和丹麦最终采取了如此不同的措施提出了疑问。为了便于理解，笔者跟踪和比较了自20世纪60年代末以来两国的政策发展，在对两国早期移民政策做进一步研究后，发现了一些有趣的差异。两国在构建移民政策的框架、构建框架对政策场域的影响、各个政党的地位、政党竞争的结构以及政策制定过程中移民的参与度方面有着重要的差异。这里，首先处理瑞典及后来的丹麦关于权利扩张和权利收缩方面的政治事务，最后一部分总结了解释政策差异的主要变化。

瑞典：包容的转向及其超越

在这本书中，瑞典的包容性政策和权利扩张的过程，有几个方面与其他的欧洲国家截然不同。首先，瑞典的政策制定者没有相信移民的暂时性，而是迅速认识到移民的永久性（Geddes，2003b：118）。受到重大政策的暗示，他们认识到许多移民将成为永久性的居民，因为新出现的“法定居住时间（ius domicili）”规定权利来自居住地。其次，同样重要的是，移民政策的计划和移民政策是相分离的，而这样的分离促进了一个包容性移民政策框架的形成。最后，引入移民政策相当于发展大胆的包容性政策改革，实行了一个国家特有的重大政策改革。20世纪70年代中期的改革同时扩大了移民的社会权利、文化权利和政治权利。

20世纪70年代改善移民权利的法律体现了包容性。尽管有人质疑包容的范围，但是推动包容性权利的力量依旧相对强劲。一开始，我们先讨论政治背后的包容性及其后续的措施，然后讨论包容性措施所面临的日益增长的挑战。

权利延伸的政治：平等、伙伴关系和居住原则

1968年，社会民主党政府正式承认，瑞典是一个移民国家，并且它强调平等是移民政策的首要目标（第1968：142号提案，96－97）。最终制定政策的人开始区分移民及移民政策。这种区分加强了平等的体制，专家调查委员会也表示，这种区分在决定政策地点和调查委员会的专家方面起到了决定性的作用，并在瑞典政策形成过程中发挥了重要作用。

1967 年和 1974 年的有关移民政策的委员会报告的差异是最明显的，并且政府议案也是基于这份委员会报告而提出的。1967 年的报告框架是从监管和控制方面来构建的，而 1974 年的报告内容是追求平等和权利。同样，1968 年关于移民的政府议案（第 1968：142 号提案）将新进入瑞典的移民视为外国人，这项对待外国人的政策是由协助外国人适应瑞典社会（anpassningsåtgärder）的措施所组成的。1975 年政府议案称，新来到瑞典的居民像原住民一样拥有平等的权利，包括保存他们的文化遗产的权利（第 1975/1976：26 号提案）。尽管移民和移民政策是分开的，但两者之间的关键纽带是基于一个假设，即所有居民——新移民、居民、公民——实现平等的目标需要规范的移民政策。

移民和移民政策的区别从对 1967 年的专家调查委员会及其继任者的批评开始不断发展。1967 年的专家调查委员会强调，政府必须承担制定移民政策的责任，并建议建立一个中央行政机构来处理该政策领域的事务（SOU，1967：18，243）。批评人士指出，欧盟委员会几乎没能处理好移民问题，而且该委员会似乎认为移民应该同化而非保留他们的文化传统。批评人士呼吁建立一个新的委员会来处理这个问题，工会联合会（Landsorganisationen i Sver-ige，LO）敦促政府“为少数族裔政策制定一个明确的目标，这一目标需要对少数族裔的文化愿望和活动有一个明确的认知”。瑞典的国会（Riksdag）也要求成立一个委员会来调查移民保留本国语言、文化和宗教传统的可能性（egenart）（SOU，1974：69，48）。

1968 年，政府成立了一个议会委员会，并且政府的指令具体地规定这个委员会是用来处理最广泛意义上的移民政策，而不是狭义的移民政策。其任务不仅包括清查移民面临的问题和应对问题的现有的公共措施，还包括移民和少数族裔组织的愿望。在清查的基础上，议会委员会将考虑采取措施，以消除使移民和少数族裔比其他人群处于劣势的境况（SOU，1974：69，33－34，447－452）。

政策目标和建议

1974 年的调查委员会报告建议，出台一个以平等、自由选择以及伙伴关系或共同参与为目标的移民政策，并且伙伴和合伙人（samverkan）也以它为目标。这一目标包括社会经济和文化两个方面。在社会经济层面，移民应该有和其他人一样的生活条件。在文化层面，为了实现平等的目标，少数族裔政策应该允许维持和创造对一个人的语言与文化特性的尊重。它强调了目标是让移民享有平等的权利，与他们最初的来源地无关。选择的自由涉及移民在多大程度上维持他们的语言和文化，接受瑞典的价值观和规范。伙伴关系主要关注移民的参与度，少数族裔在社会发展中被看成平等的合作伙伴，他们应该得到必要的支持来形成他们自己的组织。当然这个目标还包括相互包容和团结（SOU，1974：19，25，69，94－96）。

该委员会的建议范围从社会条款、劳动市场措施、住房、教育、媒体信息到正式协商安排移民、补贴移民协会和宗教集会，甚至加强移民的政治影响力。委员会通过四种方法来增强移民的政治影响力：（1）鼓励移民参加政党和工会的选举；（2）移民委员会共同决策制定公共服务；（3）拥有在地方和地区选举中投票和参选的权利；（4）使移民更易成为公民（SOU，1974：69，328）。

许多委员会的建议都被写入了法律。1975 年，瑞典国会宣布了一致支持移民政策的指导方针和目标。同年，它授予当地非公民政治权利。非公民的《宪法》权利得到了加强，对他们的基本自由和权利的保护以及关于民族、语言、少数族裔的宗教等文化权利的保证被写进了《瑞典宪法》和政府的法律文件中。1974 年政府法律文件也禁止剥夺国籍（取消有本国国籍外国人的公民身份）。其他包容性措施主要有降低居住所需的条件和消除经济上自给自足的入籍测试，取消许多公共部门的工作对公民身份的要求，补贴移民组织，以及使那些和当地公民存在差异的新移民的社会权利得到改善。

政党和移民

在政治议程中，移民政策的到来恰好赶上社会民主党激进化的过程（Socialdemorkraterna）。1969 年，该党采用了面向平等的方案，这就意味着要冲击多个政策领域，包括社会政策。针对改革中的许多不平等，主要存在于瑞典公民和移民之间（Jämli-khet，1969：44，53，121－122）。这种形式的不平等被其他的不平等所掩盖，但平等被看作移民社会、政治和文化权利延伸的关键。平等方案还强调了在参与式民主中平等的影响，并且为完成委员会报告中提及的伙伴和同伙关系的目标铺路。

在 1970 年制定的移民和少数裔族政策的议程中移民占有席位。他们在 20 世纪 60 年代中期提出了这个问题，将移民和少数族裔的观点带到辩论桌上引发人们的争议，而这个争议涉及跨民族的移民、居民和新移民。移民对这种同化或者瑞典化（försvenskning）的方式表示不满，然后这个争议集中在两个方面的选择：融合或者文化多元策略。1968 年，社会民主党、人民党（Folkpartiet）和保守党（Högern，右派，但从 1969 年起成了温和派）成立了一个内部工作小组。该工作小组发布了报告，对国家支持的多元文化政策持积极的态度（Schwarz，1966，1971；Hansen，2001：Chapter 6），但是在政党之间仍有分歧。后来党内分歧得到解决，在 20 世纪 70 年代早期，三个政党组织支持多元文化政策，但它们却有不同的意图。中间偏右政党强调，在瑞典文化的基础上，移民有保留和发展他们文化的自由。社会民主党强调，种族平等是移民和少数族裔实现社会与经济平等的先决条件（Hansen，2001：Chapter 7）。

在委员会成员任职期间，移民组织被带动起来，并且要求少数族裔的代表要以专家的身份参与委员会的工作。移民协会也参加了咨询或质疑的过程，表达了对委员会建议的看法。在移民委员会被任命之前，成员们已利用疏忽程序来批评现有政策中的同化主义的倾向，而他们的要求也导致了委员会的重新任命（Hansen，2001：136－142，194－196）。

最具有关键意义的是，第一代移民是委员会中的专家，也就是说，他们对内部有重要影响。爱沙尼亚的斯文·雷纳斯（Sven Reinans）和芬兰的苏罗·霍维宁（Sulo Huovinen）都是专家出身。有了这样的能力，他们能够起草主要报告中的实质性部分。雷纳斯负责少数族裔问题，霍维宁负责文化和教育问题（SOU，1974：36－40，69）。这些问题是爱沙尼亚和芬兰组织各自都十分关心的。作为第二次世界大战的难民，爱沙尼亚人提供了融合的榜样。他们已经成功地融入瑞典社会，并且建立了自己的民族社区组织，也成立了自己的报社。对于芬兰人来说，最大的问题就是学校里的母语教学问题。

政治权利的议题在瑞典和芬兰的芬兰人中也具有高度优先地位，而且北欧国家的合作为促进政治权利提供了一个舞台。1973 年，芬兰代表在北欧理事会中提出了一项建议，授予北欧公民在所有北欧国家的地方和区域选举中投票的权利。在瑞典，当 1968 年社会民主党议案中要求委员会修改以审查该问题时，移民的选举权第一次经议会讨论。因为地方政治和国家政治之间的紧密联系，所以宪法委员会拒绝在地方上给予非公民投票权。由于地方选举的法律不属于《宪法》中的一部分，因而这个问题一直存在。除了温和派以外的所有政党在 1973 年和 1974 年都提出了支持移民投票权的法案，社会民主党政府成立了一个委员会来处理改革的细节（Hammar，1979；Bäck and Soininen，1996）。

移民投票权委员会包括两名有移民背景的成员——第一批被任命为调查委员会成员的移民。斯文·雷纳斯再一次担任专家（SOU，1975：15）。委员会建议，在瑞典居住 3 年的移民，在当地和地方选举过程中有权被授予选举权和竞选权。委员会认为，改革是为了加强民主和维护政治移民的利益，从而促进他们的融合，并辩称定居事实上已经成为能够拥有公共监管权的基础（SOU，1975：15）。改革把决定社会权利的居住权扩大到政治权利。

总而言之，瑞典确立了一个长远的关于融合的政治策略，以扩大外国公民选举权，但担任公职的权利及其更激进的变体——非公民的议会投票权，当然还未实施。战略背后的基本原则包括三个参数：第一，政治权利将鼓励新移民关注和参与社区事务。第二，移民的政治权利就意味着政党不能忽视非公民所担忧的问题。第三，移民协作是制定有效和公平的移民政策的前提（SOU，1975：15，102－104；第 1975/1976：23 号提案）。

政策机制和行政政治

瑞典通过建立一个新的中央行政机构以及后来在 1973 年任命一位负

责移民和移民政策的部长使得移民政策变得制度化。国家移民事务委员会（Staten invandrarverk，SIV）于1969年开始运营。该委员会的建立代表着移民问题在不断升级，委员会也为支持移民的积极分子创建了一个强有力的制度平台，而其工作人员包括移民。

委员会的主要职能是协调政策对移民的影响，不断管理和呼吁人们关注移民的特殊需要，并为移民提供信息。其他包括批准移民庇护的请求和授予永久居留身份，以及使其入籍等行政任务也转移至该机构。换句话说，一方面，尽管在政策制定的过程中移民政策与移民政策之间的差异是十分重要的，但是这两种类型的政策被合并为部长和委员会的任务；另一方面，由于福利国家移民政策具有的普遍性质，因而委员会的事务被视为以残余的方式确定的。在最大可能的范围内，帮助移民的措施是普遍社会条款中的一部分。这个责任的定义与国家劳动力市场委员会、国家教育委员会和国家卫生与福利委员会的相比，减弱了国家移民事务委员会的政策功能。相反，国家移民事务委员会相对于其他机构，具有重要的监督功能。

国家移民事务委员会成为这一政策领域中的一个关键行政行动者。例如，通过对磋商会议系统的疏忽，它在移民的投票权（Hammar，1979）方面发挥了其影响力，委员会的成员们担任要职，专家以调查委员会的身份处理移民和移民政策。委员会的存在鼓励了行政解决办法和行政政治。重要的行政解决办法包括简化申请程序，在20世纪70年代和80年代初放宽了许可证要求，甚至放宽了公民资格要求，后来这些修改都被写入法律。在改革方面，行政人员投入的最明显例子是1985年难民收容改革（Soininen，1992）和反歧视立法。

尽管行政政治在制定移民政策和改善移民权利的行政程序方面发挥了重要作用，但不应夸大它们的重要性，正如托马斯·哈马尔（1985：277－281）的结论所显示的那样。诚然，移民和移民政策在选举政治中不是问题，尤其是在他写这本书的时候，但移民政策在很大程度上是议会政治进程的产物，行政和政党领域在立法筹备阶段都有影响。20世纪70年代中期的移民政策改革以及随后的包容性措施就是这种情况。此外，政府在任命调查委员会和提出改革法案方面发挥了关键作用。各国政府也并非总是能够通过委员会的建议。

后续的包容性措施

包容的转向（inclusive turn）的遗产一直强调权利和合作。在各政党、议会和国家移民事务委员会中，支持移民的积极分子继续推动包容性改革。最重要的是，努力扩大移民的国家投票权，引入双重国籍，解决对移民的歧视，消除社会权利的不平等。

国家投票权和双重国籍

在地方投票权改革之后，来自左翼政党的议员多次提出法案，赋予非公民在议会选举中的投票权。1982 年，社会民主党以左翼议会多数重新掌权时，瑞典议会要求政府任命一个议会委员会，提议立法赋予移民国家投票权。欧盟委员会的左派多数派认为，决定议会选举投票权的应该是居住地，而不是公民身份。他们建议修改《宪法》，赋予北欧公民在居住 3 年后的国家投票权，同时剥夺瑞典人在海外居住 10 年后的投票权。

随着中间偏右政党为瑞典公民身份作为投票权的基础进行辩护，20 世纪 70 年代有关移民投票权的政党共识消失殆尽。左翼和右翼的策略算计增加了冲突的强度。为移民引入国家投票权有利于左翼政党，而剥夺瑞典人在海外的投票权则不利于中间偏右政党。由于担心议会中占多数的左翼会通过这些建议，因而委员会中的中间偏右成员指出，修改《宪法》时存在具有广泛共识的准则。为了强调他们的反对意见，他们发表了一项联合保留意见，拒绝授受居留原则和委员会的建议。最终，政府没有通过《宪法修正案》（SOU，1984：11－40；Bäck and Soininen，1996：30－32）。修正程序使非公民的议会投票权有可能成为一个选举问题，使移民和移民政治化。《宪法修正案》要求议会在选举期间通过两次提案。

在引入国家投票权的尝试失败后，社会民主党政府支持一项允许双重国籍的改革。早在20世纪80年代中期，当时的社会民主党政府就任命了一个双重国籍委员会（Ds A，1986：6）。这个问题在1991年再度出现，但是直到1997年任命了一个调查委员会审议《国籍法》的现代化时，这个问题才得到解决，这导致了2001年对双重国籍的改革。具有讽刺意味的是，委员会的指示宣称应避免双重国籍，而是强调审查针对非公民父母是永久居民而在瑞典出生的子女引进属地主义的利弊。这个提议是通过1996年社会民主党的一项法案提上议程的，该法案是由库尔德裔的纳林·巴克西·佩克古尔（Nalin Baksi Pekgul）参与发起的，她也是该委员会的成员。当1997年的《欧洲国籍公约》放弃反对多国籍时，委员会的工作发生了巨大变化，政府发出了考虑双重国籍的新指示。委员会建议普遍接受双重国籍。一个主要论点是，它将消除阻止许多移民成为公民的障碍，并将增加移民参与政治进程的可能性（SOU，1999：34）。所有政党都支持改革，除了那些投票反对政府法案的温和派人士，他们认为该法案贬低了瑞典公民身份（RP，2000/2001：3－26，70，120）。

反歧视立法与其相应的积极措施

禁止种族歧视的立法进展缓慢。20世纪80年代初，由国家移民事务委员会前总干事领导的一个专家委员会提出了一项法律草案，反对劳工市场上的种族歧视。它禁止直接歧视和间接歧视，并将举证责任推给雇主（SOU，1983：18）。许多年过去了，这样的立法才被写入法典。1994年，委员会首次颁布了一项禁止直接歧视的法律；1999年，颁布了一项禁止间接歧视的法律；2008年，举证责任发生了逆转。2008年的法律还进一步扩大了其适用范围，潜在地保障了移民的社会权利。相比之下，委员会在20世纪80年代中期采取了促进种族平等的积极措施。委员会的具体成果主要是设立了一名反歧视专员，其主要任务是打击种族歧视，并采取积极措施以促进劳动力市场上的种族平等。

反歧视的政治观点是饱受争议的，因为政客们被拉向不同的方向，分歧导致了渐进的解决方案。左翼政府倾向于积极措施，最初采取社团主义解决方案，但LO是员工组织中第一个支持反歧视立法的。中间偏右的政府，尤其是来自自由党的领导人，偏爱保护个人免受歧视的法律，而不是依靠集体谈判。社团主义解决方案的主要坚定支持者是雇主组织，它通常反对反歧视立法。司法专家委员会对于间接歧视和积极措施有些举棋不定（SOU，1992：96；SOU，2006：22）。相反，行政管理官员——国家移民事务委员会（SIV）——的领导人以及反歧视专员，积极推动加强反歧视立法并采取积极的措施。

平等获得社会福利

移民事务部部长在提出 1975 年移民政策法案时指出，公民和非公民的权利仍然存在差异，但她宣布将继续努力消除永久居民和公民权利之间的差异（第 1975/1976：26 号提案）。平等权利的政策诉求至少在四个方面影响了移民的社会权利。第一，在 20 世纪 70 年代末和 80 年代初，以及在 21 世纪初期，为没有资格领取最低养老金的人提供福利的时候，改善移民获得公民养老金和福利的途径的改革是重要的。第二，20 世纪 80 年代末对寻求庇护者实行特别福利时，福利水平与决定经常援助福利的社会最低限度挂钩，从而为寻求庇护者提供平等的福利。第三，在 20 世纪 70 年代末修订《外国人法》时，正式取消了对家庭团聚的收入和住房要求。1996 年，政府通过的《庇护法案》拒绝向年迈的父母提出这样的要求，理由是瑞典公民不需要赡养他们年迈的父母，并引进这样一个对非公民的要求将与移民政策制定的平等目标相冲突（SOU，1995：75，164）。10 年后，一个委员会在权衡养恤金要求的利弊后认为，养恤金要求不符合瑞典福利国家的普遍原则（SOU，2005：103，138）。第四，2004 年和 2007 年欧盟东扩后，其成员国公民享有平等的社会福利待遇。

对包容性所浮现的挑战

包容和移民权利的挑战在 20 世纪 90 年代得到加强。10 年见证了第一次收缩移民的社会权利。保守和自由两党也开始呼吁，通过提高入籍条件和引入撤销入籍公民身份的可能性来重新评估瑞典公民身份，最终反移民的意见在 20 世纪 90 年代初期达到顶峰，新的右翼反移民政党开始竞选公职。

权利收缩

1991 年选举的结果代表了选民向右的转变。新民主党（Ny Demokrati）、温和派和基督教民主党取得了胜利。中间和左翼政党都经历了失败，社会民主党遭遇了自 1928 年以来最严重的失败。由卡尔·比尔特（Carl Bildt，1991—1994）领导的少数右翼政府上台，这位温和的总理将选举结果解读为改革的授权。

新自由主义规定了政府更狭隘的角色并颂扬了市场，强化了对权利和融合的经济视角。新右翼政府移民事务自由主义部长强调融合的经济性质，强调“融合的最终证明是一个人能够养活自己”（Demker and Malmstrom，1999：85）。这标志着自由派和保守派在移民政策与融合问题上开始采取更强硬的态度。新自由主义的崛起还导致了自由党和保守党之间的竞争加剧，因为它们竞相成为新自由主义的主要旗手。温和派缓和了其保守主义信条，强调了新发现的自由主义。自由党把其正式名称改为人民党-自由党。进一步的结果是，随着时间的推移，社会或改革自由派在该党中所占的比例逐渐减小，这对该党传统的亲移民立场产生了影响。

由于越来越多的人关注收容制度的成本，以及经济衰退的加深，削减收容费用的必要性更加迫切，因而政府希望福利国家的倒退特别影响寻求庇护者的社会权利。新政府立即任命了一个调查委员会，就寻求庇护者的日益增加的成本提出解决方案。然而在委员会提出报告之前，作为 1992 年年底处理公共财政危机一揽子计划的一部分，政府降低了寻求庇护者的福利并降低了寻求庇护者的医疗费用，使他们的医疗检查费用减半（第 1992/1993：50 号提案）。委员会的建议是扩大援助中的贷款部分，终止移民获得常规社会援助的资格，征收医疗费用，加强收入审查，使之包括收入以外的储蓄和收入，并且对拒绝参加接待活动的人实行制裁，即降低福利（SOU，1992：133）。

除了委员会关于增加援助贷款部分的建议外，政府遵循委员会的建议，但它比委员会走得更远，因为它切断了寻求庇护者的福利与社会最低限度之间的联系。该法案还提出了发放临时许可证的可能性，这种许可证限制了获得常规医疗服务的机会。此外，该法案加强了寻求庇护者的权利，给予他们在申请过程中工作的权利，通过向不在接待中心或市政住房内居住的人提供特别住房津贴来促进行动自由（第 1993/1994：94 号提案）。

2010 年，由温和的弗雷德里克·赖因费尔特（Fredrik Reinfeldt）领导的中间偏右政府引入一种家庭团聚收入测试并利用援助来防止家庭团聚。收入测试的基本原理是，它将为新移民创造一种工作激励机制，从而促进他们的融合。温和的移民部部长是家庭团聚所需收入和适当住宿条件的主要倡导者，政府任命了一个委员会来解决细节问题。委员会的指示明确规定，这些要求应尽可能地适用，但也列出了几项豁免，包括所有在瑞典生活了 4 年的移民。这项豁免意味着新来者不论收入多少，都可以在 4 年后申请家庭团聚（SOU，2008：114）。在政策制定过程的协商阶段，基民盟在政府内部的反对意见扩大了豁免范围，使所有有子女的家庭都被包括在内。其主要论点是，4 年的分居会对儿童产生有害影响——不是平等权利，也不是福利国家的普遍原则。

公民身份和永久居住的紧缩性要求

比尔特（Bildt）政府（1991—1994）上台时搁置了一项建议接受双重国籍的社会民主政府法案（第 1990/1991：195 号提案）。相反，它任命了一个委员会，其任务包括审议对取得公民身份和退出归化提出更严格的道德行为要求。欧盟委员会建议，扩大道德操守规定，纳入对申请人未来操守的评估，并引入酌情因素。委员会还建议延长有犯罪记录的人入籍的等待期，并考虑延长入籍的居留要求，以便更好地评价道德行为。然而委员会拒绝在申请人做出虚假陈述的情况下撤回国籍（剥夺国籍）。它主张公民之间平等的原则，剥夺国籍将导致两类公民身份（SOU，1994：33）。1994 年重新掌权后，社会民主政府处理了委员会的建议，政府加强了道德行为要求，但拒绝延长居住要求（第 1994/1995：179 号提案）。

重要的是，20 世纪 90 年代出现了一种偏离主题的转变。该法案将加入欧盟与重新评估瑞典公民身份对立起来，重新评估瑞典公民身份意味着提高入籍要求。1997 年，公民问题委员会的指示十分重视提高瑞典公民的地位，并积极谈到了对语言的要求。虽然委员会多数成员拒绝了语言要求，但自由派成员发表了反对意见，主张语言能力是一项要求（SOU, 1999：34）。在 2002 年的大选期间，也就是竞选后期，人民党推出了一项新的更严格的融合政策。该党认为入籍要求过于宽松，温和派也加入了该党。自由党强调语言要求，而保守党则提议撤回有犯罪行为的归化公民的国籍（Boreus, 2006）。在人民党推出更强硬的融合政策之前，选民们对它的支持一直在下降。在选举中，该党赢得了 13.3%的选票，而在上一次选举中（Madeley, 2003），该党赢得了 4.7%的选票，这是该党自 1985 年以来获得的最高得票率。

这一限制性趋势还涉及许可证制度的变化。临时许可在 20 世纪 90 年代变得更加普遍，用于应对大规模的庇护申请，并随着劳工移民的恢复而再次出现。在这两个例子中，引入临时许可的都是中间偏右的政府。同样，赖因费尔特政府实行的资源测试对某些准入类别的入境和居留提出了新的要求。政府还提出了一项新的要求，即劳工移徙者获得永久居留证须工作 4 年。劳工移徙者的临时许可证增加了不安全；失业会危及许可证的续期。

保守派移民部部长也呼吁签订融合契约，而自由派移民部部长对此表示怀疑。融合部的部长任命了一个专家委员会，为新的公民课程提出指导方针。该专家委员会建议为所有新移民开设一门免费公民课程，不论其进入类别如何，作为一项权利，他认为知识是参与社会和实现平等权利的资源及先决条件。他也拒绝将批准完成的课程作为归化的必要条件（SOU, 2010：37）。

新右翼政党

在反对移民的舆论中，民粹主义右翼政党新民主党（New Democrats）在 1991 年的选举中赢得了 6.7%的选票并获得了议会席位。该党选举纲领中的许多要点与主流右派的观点相呼应，例如减税、私有化和出售上市公司，以及消除官僚繁文缛节和福利欺诈。更有特色的是，新民主党在竞选中主张全面改革移民政策，提议为难民提供临时许可证，为新移民提供贷款而不是社会福利，撤出用于母语教学的公共资金，驱逐犯有严重罪行的外国公民（1991）。这次选举的结果是，右翼政府在瑞典议会中没有获得多数席位，新民主党人占据了中间立场。然而主流政党的策略和党内分歧限制了新民主党的政策影响力。在1994年的选举中，该党只获得了1%的选票，标志着它的失败。

瑞典民主党（Sverigedemokraterna）在新民主党的阴影下，也参加了1991年的选举，在地方政府中赢得了两个席位。该党的长期战略一直是通过在地方政府任职来增强实力。在2006年的选举中，瑞典民主党在半数以上的城市中赢得了席位。通过市政党的补贴，该党的财政状况得到了改善，在2006年的议会选举中，该党也获得了足够的选票，有资格获得国家党的补贴（Fryk-lund et al.，2007：74－82）。尽管自20世纪90年代初以来，反对移民的意见逐渐减弱，但在2010年之前，仍存在大量的异议，近50%的受访者支持减少新移民的政策（Demker，2010：110）。在2010年的议会选举中，瑞典民主党赢得5.6%的选票，最终加入瑞典国会。

在以下两个方面，瑞典民主党比新民主党对包容性政策构成了更大的挑战。一方面，与新民主党人不同的是，瑞典民主党的根源是排外和种族主义组织——保持瑞典人的瑞典（Bevara Sverige svenskt，BSS）。该党压倒一切的目标是阻止移民，其方案呼吁改变纳入制度的包容性，让非瑞典裔更难获得公民身份（SD，2005，2007，2010）。另一方面，瑞典民主党的组织力量逐渐增强，这意味着瑞典民主党人可能比新民主党人有更大的持久力。

不断变化的政治势力平衡

自20世纪70年代包容性转向以来，瑞典要求包容的政治力量已经减弱。这10年来对移民政策的乐观信念，已经让位于质疑其有效性和对融合的影响。20 世纪 70 年代的政党共识涉及限制劳工入境，但慷慨的难民政策（包括家庭团聚，再加上扩大的移民权利）已经瓦解。

保守党和自由党呼吁对获得公民身份与居留许可采取更严格的要求，同时支持劳工移民，包括非熟练劳工。换句话说，它们的立场已经变成一种扩大招聘但限制移民权利的立场，强调自力更生。因此，右翼政府在 2008 年恢复了劳工移民，后来又为家庭团聚引入了支持义务。然而在几个方面，瑞典的右翼政府比本书中其他国家的政府更具包容性。主流右翼政党通常持温和立场，其限制主义的政策抱负也因有必要与更具包容性的政党组成联合政府而有所减弱，这些政党首先是人民党，自 2005 年中期以来一直是基督教民主党。

自 1990 年以来，社会民主党政府已采取措施，限制庇护寻求者和老年家庭成员入境。尽管采取了这些措施，但其录用政策还是被恰当地描述为“既要严格又要慷慨”（Abiri，2000：21），慷慨的立场有时再次得到重申。两国政府重申了扩大移民权利的立场，即促进双重国籍，拒绝承担家庭团聚的支持义务。该党面临选民意见分歧，因此更加谨慎。自 20 世纪 90 年代中期以来，社会民主党政府成员的政策立场也明显不同。与此同时，前共产党的左翼党（Vansterpartiet）和绿党（Miljopartiet-de grona）仍然是包容的热情支持者，主张扩大招聘范围和移民权利。左派政党的一个共同特点是主张给予新移民广泛的权利。

尽管有大量选民支持对移民的限制，但反对移民的民粹主义政党的支持率相对较低。新民主党在议会的任职时间只有几年（1991—1994），经过近 20 年的竞选努力，瑞典民主党最终在 2010 年的选举中获得了议会席位，同时也获得了一个中间人的职位。针对瑞典民主党进入议会的前景，所有主流政党都发誓，拒绝对瑞典民主党组建政府的支持。2011 年年初，执政党和绿党达成了一项移民政策协议，其中包括改善无证移民获得医疗和上学的机会。瑞典温和总理弗雷德里克·赖因费尔特宣称，瑞典正处于一个十字路口，该协议代表了一种持续的人道主义政策并关闭了排斥势力的大门（RK，2011）。我们将看到，这种反应不同于丹麦主流右派，后者接受了极右翼政党的支持和该党的若干政策建议。

丹麦：从不情愿的包容到排斥

虽然丹麦和瑞典的权利扩张过程最初也是沿着类似的路线发展的，但移民权利（包括社会权利和政治权利）在丹麦引起了争议，丹麦人更不愿意向新移民扩张权利。在很大程度上，早期争议的影响是延迟移民权利的延伸。20 世纪 80 年代是丹麦充满矛盾趋势的十年，是一个转折的时期。虽然移民权利继续扩大，但第一次逆转发生在 20 世纪 80 年代。对移民权利的限制在 90 年代有所增加，在 2001 年丹麦大选后又有了新的限制，这大大削弱了移民的社会权利，并加强了纳入制度的排他性。

包容的政治：转移政策场域及其分歧

1969 年，丹麦人任命他们的对手加入移民政策委员会——一个针对外国劳工的调查委员会。中间偏右的丹麦政府向欧盟委员会提交的建议将这一问题框定为劳动力迁移，越来越多的非北欧外国人在丹麦造成了问题。更具体地说，许多外国人不遵守规则，他们经常在劳动力和住房市场上受到剥削，并与丹麦社会疏远。该委员会的任务是，提出改变工作许可证制度和减轻外国劳工问题的措施的建议（Betænkning，589：5，7）。用这种方法来解决框架问题在很大程度上杜绝了更广泛的政策。移民被定义为临时劳工，而不是社区的新成员或未来的公民。因此，丹麦人开始制定外国劳工政策（fremmedarbe jderpolitik），而不是定居政策。丹麦也没有将对待移民的策略与移民政策脱钩。只要这项政策是作为外国劳工政策制定的——直到 20 世纪 70 年代末期，这一政策一直是这样的框架，劳工移徙仍然是工会和雇主之间一个有争议的问题，它转移了人们对其他问题及解决方案的注意力。简而言之，这个问题框架破坏了一个全面移民政策的制定。

这个问题框架也影响到政策地点和与会者名单。作为劳工移徙的一个问题，丹麦委员会由社团主义的三方组成，成员包括雇主、工会和国家，而国家的部分主要有劳动部的代表，另外还有社会事务、住房、外交事务和司法部门的代表，包括国家警察专员。委员会的主要建议与许可制度有关，对外国人强制办理疾病保险和失业保险基金，改善获得家庭福利、补贴住房和职业教育的机会，通过夜校提供丹麦语教学，提供休闲活动和娱乐中心。其中两项建议——为外国劳工提供临时住房与家庭福利——引发了抗议和分歧（Betænkning, 589）。

第一次委员会会议后，批评人士声称没有移民政策，只有一系列的特别规定，以应对外国劳工的社会问题（Hjarnø et al., 1973）。委员会的所有建议都没有得到实施。1973 年，社会民主党政府任命了一个后续委员会。它的任务包括建议改善外国劳工的条件，但现在的关键部门是社会事务部。委员会的报告更加雄心勃勃，重点关注移民的社会、文化和政治权利。委员会提议给外国人提供教育津贴。它还重申了在居住 6 个月后提供家庭福利的建议，但在是否为受养人减税方面犹豫不决，建议将减税限制在 2 年之内。关于移民文化权利的第一个证据是委员会的建议，即公共图书馆应拥有主要移民群体语言的书籍。非公民的政治权利是通过北欧理事会 1975 年的建议被提上议程的，北欧理事会建议给予北欧公民投票和参加地方及地区选举的权利。与瑞典的案例一样，丹麦委员会建议不分国籍而延长其权利（Betænkning, 761）。

政党分歧再次集中在家庭福利问题上，现在又集中在外国人的税收减免问题上。引起分歧的另一个原因是非北欧公民的地方政治权利，由于社会民主自由联盟政府内部的反对，因而给予所有移民这些权利的提案被推迟。1979 年大选后，社会民主党组建了一个少数党政府，宣布对移民状况进行审查，包括政治权利和移民税收优惠。1981 年，政府提出法案，授予所有非公民投票权和参加地方及地区选举的权利，保守党（Det Konservative Folkeparti）与所有的自由主义者（Venstre）相近——尽管它的名字是如此，但在意识形态上与保守党却非常接近——以及民粹主义极右进步党（Fremskridtspartiet），都投了反对票（Togeby, 2003: 50）。

移民和移民政策的重点逐渐从外国劳工转向难民与保护外国人的合法权利。这种转变带来了政策目标和政策网络的变化。目标是制定更人道的移民政策，改善难民和合法外国人的权利。现在的政策网络是由法官和律师组成的，还包括人道主义组织，如丹麦难民委员会和丹麦红十字会，以及促进国际合作与人权的组织，主管部门是司法部（Betænkning，882）。这种政策背景比较有利，因为许多丹麦人对丹麦向难民提供人道主义援助的国际记录感到自豪。丹麦人保罗·哈特林（Poul Hartling）是联合国难民事务高级专员（1978—1985），他曾在1973年至1975年的自由党政府中担任总理，所以框架的变化缓和了左派和右派之间的分歧。

1977年的外侨委员会在1982年提交了最后报告，其中提出了1983年的《外国人法》的示范立法，涉及其对待难民的人道主义做法。该法律通过将事实上的难民纳入法律，并给予他们与具有公约地位的难民同样的地位来编纂行政惯例。它加强了两类难民获得居留证和家庭团聚的法律权利。所有寻求庇护者在他们的申请被处理期间都可以进入丹麦并停留，即使他们没有有效护照或签证。该法律还取消了司法部部长酌处权的法律基础，还引入了程序保障措施以及上诉权（Pedersen，1999：165）。新成立的外国人局而不是外国人的警察部门负责处理庇护申请和居留许可，并且设立了一个上诉委员会（Jensen，1999：228）。

尽管该法案在议会中得到了广泛支持，但在通过之前和通过之后，丹麦议会一直存在争议。委员会内部分歧严重，它发布了一份由强硬派撰写的多数派报告以及一份由改革派起草的少数派报告。1982年9月，在社会民主党（Social Democrats，Socialdemokratiet）人辞职后上台的少数右翼政府在这一问题上存在分歧，并面临议会多数席位的改革。经过几次修改后，保守的司法部部长提出了妥协方案并选择与社会民主党进行谈判。最后，只有进步党投票反对该法，指责它违背了人民的意愿（Højsteen，1992：71－80；Jensen，1999：227）。

走向限制

1983年通过的《外国人法》是包容性接纳立法的最高标准，此后对该法律的所有修改几乎都有限制。第一次修改的目的是限制寻求庇护者的人数，但限制扩大到纳入制度的关键政策方面。1983年，新的中右翼政府颁布的一项法令（Ersbøll，2006：143），首次收紧了公民资格要求，在

20世纪90年代，影响纳入制度的限制获得了新的动力。

《外国人法》通过后不久，保守的司法部部长就开始呼吁修改该法。进步党也继续反对，声称这项法律违背了人民的意愿。1985年的第一次修改是由于寻求庇护者人数创下历史新高，媒体上关于丹麦作为一个民族国家的生存受到威胁的争论也越来越激烈。此次修订得到执政党、社会民主党和进行党的支持，为处理显然毫无根据的庇护申请创造了一个迅速的程序，并限制了在这些案件中的申诉权。对批评者来说，激进自由党（Det Radikale Venstre）和社会民主党左翼的两个政党——指责这些修订损害了寻求庇护者的权利，它们进一步反对立法中没有对毫无根据的案件下明确的定义（Jensen，1999：229－248）。

20世纪90年代初，保守党-自由党政府引入了一系列新的限制措施，影响了纳入制度，对永久许可证和入籍的居留要求延长了，并对家庭团聚提出了新的要求。1990年，对公民身份居留要求的计算从申请人取得永久居留许可之日起改为7年，次年永久居留许可的居留要求从2年提高到3年。实际上，这些变化将入籍的居留要求延长到了10年。1992年的《外国人法》的一项修正案以家庭团聚为目标，它将居住要求提高到5年，要求有足够的收入的证明，并更有力地履行赡养家庭成员的义务。

与此同时，进步发生在20世纪80年代和90年代前半段时间。移民和融合政策与移民政策的行政分离促进了一些改进。在1993年以前，移民和融合政策一直由社会事务部负责。除了地方的政治权利以外，主要的收获是：1983年，成立了一个移民委员会与当局进行协商；1987年，更好地获得了家庭福利；1987年，获得学生福利和最低养恤金；1993年，首次将具有移民背景的人列入调查委员会，设立了族群平等国家委员会；1996年，通过了一项禁止在劳动力市场上歧视的法律（Hammer，1995；Togeby，2003：55，128，150）。

融合、移民的社会权利和排斥

1994年12月，中间偏左的政府任命了一个委员会来拟订一项全面的融合政策。这是一个基础广泛的委员会，包括少数族裔的代表协会、人道主义援助组织、劳动力市场以及区域和地方当局的代表。几个部委派代表出席，内政部负责该委员会的秘书处（Betænkning，1337：Bilag. 1）。

《融合法》明显偏离了委员会最后报告中向政府建议的立法草案。委员会提出的目标强调了移民个人的愿望、需要和能力以及对其文化特征的尊重，法律上没有这方面的痕迹。相反，外国人个人要了解丹麦社会的基本价值和准则。该法案的另一个主要目标——但委员会没有提到——强调了移民要迅速地实现经济自立。委员会的报告重视加强少数族裔委员会，并通过由大多数移民组成的城市融合委员会，将具有移民背景的人士和移民协会的代表纳入行政当局。该法案不包括委员会关于加强少数族裔委员会的主要建议，它给各个城市在设立和确定城市融合委员会成员方面以很大的灵活性。该法案还将融合计划延长至 3 年，而欧盟委员会提出的融合计划为 18 个月。最后一个区别是，该法案创造了一项新的援助福利——入门津贴，与标准社会援助的挂钩率较低（Betænkning，1337：Chapter 13；Lov，474/1998）。

委员会的报告和《融合法》之间的分歧是由于新闻辩论和党派谈判以确保议会的广泛多数而产生的。小报《额外刀锋报》（*Extra Bladet*）的一篇社论提出，降低对难民的援助福利，这引发了一场辩论，最终影响了融合方案的福利水平。这篇社论认为，福利导致了被动，对寻求庇护的人起到了磁石般的作用。这篇社论立即得到有影响力的自由派人士安德斯·福格·拉斯穆森（Anders Fogh Rasmussen）的支持。保守党和进步党也加入了他的行列。当内政部部长提出这项政府法案时，它包含了对参与融合计划的人较低的福利。其理由是，减少的福利将作为更快进入劳动力市场的一种激励。社会民主党的联盟伙伴——激进的自由党，也支持劳工福利导向，这遭到了社会民主党左翼人士的批评。如果要包括工作福利，就必须通过右翼政党确保《融合法》在议会中占多数。内政部部长还希望取得广泛的同意，包括保守党和自由党的支持，以加强人民对《融合法》的尊重（Jensen，1999：277；Ejrnæs，2001：8－9）。

在提交政府条例草案和通过《融合法》之间，丹麦在 1998 年进行了选举，而移民是一个主要问题。社会民主党和激进的自由党仍然执政，但是这次选举标志着脱离进步党的丹麦人民党取得了突破。在2001年的选举中，该党赢得了12%的选票，并在丹麦政界占据了一个中间人的地位。2001年选举后成立的自由党-保守党政府定期与丹麦人民党进行政策谈判，正是这些谈判产生的一揽子政策改变了非公民的社会权利，并将丹麦的纳入制度置于一个排他性的方向。

针对移民的消极措施包括2002年降低入门津贴（starthjælp），要求具备至少7年的居住资格才能获得全额援助福利，终止年迈父母的家庭团聚，收紧对配偶团聚的限制，并要求提供7 000美元的保证金，将无限期许可的居留要求延长至7年、入籍延长至9年，对入籍进行忠诚宣誓，并限制向北欧进行公民申报而获得公民身份（MFII，2003b）。

2005年和2007年的选举都没有显著改变议会的权力格局。由自由党和保守党组成的少数派政府仍在执政，得到了丹麦人民党（Danish People's Party）的支持。2009年总理职位易手时，该党重申了对政府的支持。在2007年的大选中，执政党的得票率越来越低，削弱了该党与丹麦人民党谈判的影响力。

2005年的政党谈判继续损害移民在家庭福利和定期援助方面的社会权利——如果夫妻双方都得到了福利。双方同意在2008年加强对语言能力、经济自给自足和公民考试的要求（MFII，2005，2008）。2010年的谈判针对的是移民的政治权利，提出了永久居留证计分制。双方同意将地方和地区投票权（MFII，2010）的居留期限从3年提高到4年，2011年引入了积分制度。总体而言，2001年后政府的政策大大地增加了包容性的门槛和条件。

了解其差异

追踪瑞典和丹麦的政策发展，帮助我们查明了造成不同政策产出的几个不同之处。为了更好地了解政策差异背后的政治，让我们系统地比较一下政策框架、政策场域、政党政治的作用与政党竞争的结构、地域维度以及族群的动员和渗透。

框架

移民政策的最初框架是不同的。将新来者定义为外国劳工，或可能成为永久定居者的移民，影响到所考虑的措施的类型和所涉及的政策网络的类型。丹麦人对劳工移徙的重视也影响了对家庭团聚的态度，丹麦人在20世纪70年代后期加强了资助义务，而瑞典人甚至废除了对年迈父母的资助义务。与政策风格有关的其他对比，瑞典人采取了积极主动的办法，他们制定了具有远见的全面移民政策，并建立了新的行政机制。丹麦政策的特点是采取一种临时办法，转移重点和由部门负责制定政策；第一个关于外国劳工的调查委员会采取了被动的立场，明确的政策目标因其缺席则显而易见。

对平等的强调也有所不同。在丹麦，平等很少被当作变革的论据。在第一委员会的报告中，平等主要出现在对移民和丹麦人现有平等权利的讨论中，而没有将平等作为一个目标。最明确的平等论点涉及第二委员会报告中的政治权利。然而作为纳税人，外国人在确定公共收入的范围和用途方面应享有同等的发言权（Betænkning，761）。丹麦人有时用平等论来反对移民的社会权利。委员会除了主张移民的利益应与丹麦人的利益相等外，还强调外国人的利益应与丹麦人的利益相同。基于这些理由，它表示怀疑的地方之于对移民的减税以及住房与法律援助领域的特殊措施（Betænkning，761：15）。丹麦人也厌恶正面歧视。

最后一个不同之处是瑞典人强调伙伴关系和相互宽容，这源于他们将新来者视为定居者。瑞典人宣称，在社会的发展中，移民应该被视作平等的伙伴，他们提出要加强移民协会和协商安排。丹麦没有这个框架，丹麦人直到20世纪80年代早期才引入协商安排。

政策场域

移民问题在20世纪60年代中期进入政治议程后不久，瑞典人强调必须有更多的国家参与，以达成一项连贯的政策，而丹麦人则不愿意把更多的责任交给国家，他们推迟了建立新的政策机制。瑞典移民委员会 1967 年的报告强调，政府（statsmakterna）必须负责制定这一领域的政策，1969 年设立了国家移民事务委员会。瑞典国家的二元行政结构促进了新的中央行政机构的建立。与具有部级行政机构的丹麦不同，瑞典在组织上把负责制定政策和拟订立法的各部门同负责执行的中央行政机构分开了。因此，在瑞典设立一个新的行政机构，远没有在丹麦设立一个部门那么引人注目。委员会的设立，创造了一个新的政策场域，委员会成为这一政策场域一个关键的行政行动者，其工作人员促进了移民权利。作为反歧视问题专家委员会的负责人，该委员会前任总干事在设立反歧视专员方面发挥了作用，该专员不是丹麦人。

丹麦人倾向于避免国家干预，而更喜欢民间社会和地方政府发挥更大的作用。事实上，在丹麦人建立更有效的移民政策国家机制之前，还有一段漫长而曲折的道路要走。依赖自愿协会是拖延的原因之一。丹麦难民委员会成立于 1956 年，由十几个自愿协会组成，负责接待难民和寻求庇护者。1969 年，外国劳工委员会拒绝将全部责任交给一个新的国家机构。它的理由是，国家机构应该为公民和新来者提供同样的服务，而不是单独的移民机构。不过，该委员会建议设立一个独立顾问来帮助移民，该职位于 1970 年设立，设在社会事务部（Andersen，1979：73）。相反，该委员会强调了更强大的公民社会和地方政府的更有力参与，认为少数移民并不能成为国家更多参与的理由（Betænkning，589）。在 20 世纪 70 年代中期随访委员会重申了这一立场，主要是呼吁改善现有的协调安排（Betænkning，761）。70 年代末，社会民主党总理安克尔·约根森（Anker Jørgensen）创建了一个单独的移民部门（Jensen，1999：220）。从 20 世纪 90 年代起，中央和地方政府对全面移民政策的责任得到了更大的重视，1998 年的《融合法》最终推动了这一为期 3 年的介绍性项目。该法案将介绍性项目的责任转移给了地方政府，削弱了难民委员会的作用。2001 年，政府成立了难民、移民和融合部。

另一个被看作斯堪的纳维亚国家的典型特点是，通过调查委员会和将国家、社会行动者聚集在一起的失职程序，使政策进程具有协商性质。尽管调查委员会在两国的政策制定中发挥了重要作用，但瑞典调查委员会比丹麦的更重要。在这一政策场域中，瑞典委员会的建议经常被纳入政府法案，通常以议会多数通过。在丹麦，调查委员会的几项建议没有引起注意或被长期推迟。这些委员会的主要区别是它们在丹麦的社团组成和在瑞典的议会组成。在后一种情况下，党派分歧通常可以在委员会审议期间得到解决或减少，而在丹麦，党派的立场阻止了对委员会提案进行实质性的修改。瑞典的专家委员会，如反歧视立法专家委员会，有时会遇到类似的命运。

地域维度

两国由移民定居模式和中央与地方政府责任划分构成的地域维度呈现出不同的结果，完美地说明了政策如何创造政治。在丹麦，地域维度加剧了社会民主党内部的分歧，将该党推向右翼。在第一拨难民潮中，难民居住在较少的城市。首批呼吁限制移民的知名社会民主党人是难民密集城市的市长。市长们抱怨，为寻求庇护者提供服务和教育的额外费用令人生厌。这种争端继续出现，特别是在难民抵达高峰期时。有时，市长们拒绝在他们的城市里接收更多的难民，他们争辩说，因为在地方当局之间分配不公。此外，在 1998 年的《融合法》颁布之前，国家难民理事会负责寻求庇护者的接收方案，并为此获得了国家的资助。

政党内部的分歧在 1987 年选举之前立即达到顶峰，在 1992 年波斯尼亚难民抵达时，丹麦政府决定给予他们永久地位，政党内部的分歧再次达到顶峰。1987 年大选前夕，一份关于难民和移民政策的社会民主党内部报告被压了下来，该报告由一位当地政客主持完成。它的要求包括使移民更多地融入丹麦的条件，以及对移民与其原籍国的配偶之间的婚姻实行更严格的规定。一个新的委员会得到任命，它负责拟订一项关于难民和移民的连贯的社会民主政策。新当选的政党领导人发动了一场反对种族主义和仇外心理的运动。针对波斯尼亚人的不满引起了所谓的市长叛乱，再次暴露了社会民主党内部的分歧。一位核心人物是奥胡斯（Århus）的社会民主党市长索基尔德·西蒙森（Thorkild Simonsen），他敦促他的党内同僚、首相波尔·尼鲁普·拉斯穆森（Poul Nyrup Rasmussen）澄清政府为促进融合所做的努力（Jensen，1999：235－236，254－256，260－284）。正是在这种背景下，社会民主党政府任命了融合委员会成员，最终西蒙森成了对右翼让步而引入1998年的《融合法》的部长。

在瑞典，地域维度是围绕着国家政府和市政当局之间关于支付移民政策费用的资源的冲突，这些冲突掩盖了地方党组织和党的领导之间的分歧。“整体瑞典战略”（Entire Sweden Strategy）导致新移民更广泛地分散在全国各地；各城市负责接待服务，它们接受国家资助以接收寻求庇护者。到20世纪80年代末，大多数地方政府都承担了接收难民的责任（SOU，1996：54－55），结果是由于对责任的公平分配产生了一些看法，即使一些由保守派经营的市政当局也选择退出接收计划。

尽管如此，移民仍然高度集中在瑞典的三个主要大都会区。自1990年以来，这三个大都会区的移民数占当地人口数的比例一直在增加。来自大都市地区的地方政客主要呼吁，提供更多的资源或措施，以缓解他们所在社区的压力，而不是在移民或融合政策方面做出重大改变。然而最大的不满是为寻求庇护者提供的住房津贴，这鼓励了大量移民涌入移民人口密集的地区，当地政界人士游说政府做出改变。2005年，政府对住房津贴政策做了修订，使其只能在与新工作有关的必要调动时才可使用（Borevi and Myrberg，2008；SOU，2009：19）。这与持异议的市长对融合政策的影响最为类似。

简言之，地域维度，特别是执行地方责任的筹资安排，引起丹麦市长的不满。为了解决他们的挫败感，市长们主要通过社会民主党来运作，使其向右翼靠拢。在瑞典，寻求庇护者的分散和资金安排至少最初消除了市政当局的不满情绪，但越来越多的集中状况对地方和国家政客施加了更大的压力。

政党政治

政策差异最明显的表现是自20世纪70年代末以来，丹麦的反移民政党及其在2001年大选后的关键地位，因为在瑞典的国家一级没有极右翼的反移民政党，除了 1991 年至 2004 年和 2010 年大选之后。在丹麦，进步党的景况长期稳定，直到 2001 年被丹麦人民党替代才黯淡下去。

反移民政党的持续存在影响了丹麦的政治。进步党为反对移民和外国人提供了一个制度基础，将模糊的观点转变为一种政治力量。从一开始，该党就利用了现有的负面民意（Togeby，1998：1145），但它也不断滋生反移民情绪。此外，丹麦民众的意见是暧昧的，甚至是矛盾的。例如，在 20 世纪 90 年代中期，绝大多数人认为大量移民和难民增加了丹麦的经济问题，同时他们认为丹麦应该接收和帮助逃离迫害的人（Gaasholt and Togeby，1995：47－48）。动员诸如此类的矛盾心理，以有利于排斥或包容，突出了各政党的重要性及其向选民传达的信息。

进步党（Progress Party）和丹麦人民党（Danish People's Party）的极端提议改变了政策辩论的重心，也改变了政治议程。自 1990 年以来，两党一再要求剥夺非北欧公民在地方选举中的选举权，实行每年入籍配额，对成为丹麦公民的要求更严格，学校没有母语教学，外国人的社会福利更低（Nielsen and Pihl，1998：1）。进步党主张驱逐所有不能养活自己的外国公民（《日内瓦公约》规定的难民除外），并驱逐所有穆斯林。它要求对《日内瓦公约》规定的难民提供有限的经济援助（这违反了《日内瓦公约》），不对其他外国人提供公共援助（Goul Andersen，2003：189；Boreus，2008：24）。

然而自 2001 年以来，极右翼政党一直只是引入严格政策措施的政治等式中的一个组成部分。同样重要的是，执政的主流右翼政党愿意与丹麦人民党合作。是什么解释了自由党和保守党与极右翼反移民党的合作以及温和派回避这种合作的立场？

政党竞争结构的差异及其对执政前景的影响一直是非常重要的（Green-Pedersen and Krogstrup，2008）。尽管丹麦和瑞典有强大的社会民主党，而少数派政府在这两个国家中却执政多年，一个关键的区别在于，在瑞典，左派在议会中占多数的可能性更大，这反过来又加强了社会民主党对行政部门的支配地位。20 世纪 60 年代，中间偏右政党开始合作，将社会民主党从行政权力中驱逐出去，并在 1976 年的选举中获胜。在这一过程中，两党淡化了它们的分歧，以便表现出它们是社会民主党的可靠替代者。此外，从 1968 年到 1973 年这段时期——对包容性转变来说是非常重要的时期——代表了保守派在民调中的最低点，削弱了它们相对于中间派政党的地位。在 1991 年和 2006 年的大选中，中间偏右政党在很大程度上避免了移民和移民问题。

在丹麦议会中，左翼占多数是一种罕见的现象，当社会民主党执政时，左翼力量通常不得不依赖中间派政党的支持。此外，丹麦的两大主流右翼政党——自由党和保守党（得票率从 20% 到 40% 不等）的得票率要比瑞典的单一主流右翼政党——温和派（得票率在 12% 到 30% 之间）的得票率高得多。丹麦主流右翼力量已经接近社会民主党的力量，但两党都没有获得议会多数席位。在这种情况下，中间派政党成为组建政府的关键。从 20 世纪 80 年代初开始，丹麦出现了右翼联盟政府；1993 年至 2001 年，丹麦又出现了左翼联盟政府。克里斯托弗·格林·佩德森和杰斯珀·克罗格斯特拉普（Christoffer Green-Pedersen and Jesper Krogstrup, 2008: 622）指出，中间派政党只是缓慢地改变了立场，通常与右派或左派联合执政 10 年。这为主流右翼通过与极右翼政党和解来寻求多数席位提供了强大的动力，尤其是当民意调查显示自由党、保守党和进步党有可能在议会中占据多数席位时。一旦遭到反对，自由党和保守党在较小程度上开始就限制性的移民及移民政策进行竞争（Green-Pedersen, 2002: 124）。

自 1920 年以来，2001 年大选首次产生了议会中的右派多数议席，并在丹麦人民党的支持下，成立了自由党-保守党政府。这种类型的政府一直持续到 2011 年大选，自由党人担任难民、移民和融合部部长。在竞选活动中，执政党对其在任期间移民及移民政策的变化感到自豪。

族群动员和渗透

两国政策进程之间的另一个显著区别是瑞典的移民和具有移民背景的人的投入。第二次世界大战期间带来了难民潮，他们积极制定了 20 世纪 70 年代的移民政策。他们同新移民一道，是主要的议程制定者，参与了政党事务。移民也是移民政策委员会和投票权委员会的专家或成员，具有内部影响力。政党和调查委员会的移民渗透在政策进程的各个阶段，皆伴随着族裔动员。

1974 年，移民政策委员会在向移民提供机会方面开创了一个先例，这影响了后来该政策领域的委员会。在过去的 40 年里，移民们曾在几个议会调查委员会中任职，负责纳入制度的主要政策层面。如公民身份法委员会、移民和融合政策、反歧视、难民的接待，以及家庭团聚。

在 20 世纪 70 年代的丹麦案例中，没有一个委员会中有移民，只是偶尔咨询个别外国人或有组织的移民，甚至 1977 年的委员会也没有加强移民组织赋予外国人的合法权利（Højsteen，1992）。在这 10 年来的公共辩论中，我们也听不到移民的声音（Jensen，1999）。与此相反，支持移民政策的倡导者是社会事务部、人权活动家和组织的顾问。

缺乏磋商引发了移民抗议，并成为一支动员力量。在 20 世纪 70 年代初的第一个委员会期间，外国劳工曾有过零星的抗议活动。在 70 年代中期，后续委员会的建议也引起了移民的抗议。他们反对欧盟委员会取消赡养责任减税的提议，并成立了第一个多种族移民组织，试图影响这一问题（Togeby，2003：126）。

随着移民变得更有组织性，情况发生了变化。为了加强非公民的政治权利，移民组织公开宣布，移民希望有选举权（Togeby，2003：50，127）。1983 年，政府设立了一个国家咨询机构，即移民委员会，后来又设立了少数民族全国委员会，正式承认了协商和包容的必要性。20 世纪 90 年代，移民最终被纳入调查委员会。他们是融合委员会的成员，他们在委员会的建议上留下了印记。这些建议大部分没有被纳入 1998 年的《融合法》，或者被稀释了。自 2001 年以来，移民在很大程度上被排除在政策制定过程之外，他们的权利因此受到了影响。

结　　论

对于丹麦和瑞典来说，关于排斥政治的先决条件有两个方面相当相似。在这两个国家中，很多人对移民持负面态度，媒体上充斥着关于贬损移民的报道（Green-Pedersen and Krogstrup，2008：616－618）。瑞典和丹麦案例中不同的政策突出了政治的重要性，通过过程追踪，我们确定了在框架、政策场域和政策机制性质方面的关键差异。此外，还包括政党、政党竞争结构和政府党派组成，以及移民政策的组织和渗透过程。

重要的是，在丹麦，最初争取包容的动力较小，而且从一开始，包容政治就以党派分歧为特征，部分原因在于我们的移民政策。政策地点的改变导致政策缺乏连续性，20 世纪 70 年代政府经常变动也是如此。在丹麦，右翼政党的整体民调实力一直强于瑞典，而且与瑞典相比，争取纳入的政党在政治光谱中所占比例较小。在支持移民政策的丹麦人中，最热心的是社会民主党左翼和激进的自由党。丹麦社会民主党在移民政策上存在分歧，对积极措施持怀疑态度，认为这是平等和普遍主义的矛盾。地域维度加剧了党内的分裂。与此同时，社会民主党在 20 世纪 70 年代和 80 年代初采取包容性措施方面发挥了关键作用，在这几年中，这些措施在议会中占多数。从 80 年代中期开始，随着进步党将反移民作为其存在的理由，并在 1984 年警告穆斯林将面临危险，支持排外政策的势力逐渐壮大，新的反移民和反伊斯兰组织成立。自由党和保守党也越来越多地成为限制主义者。直到 2001 年，议会多数派仍在改变包容和排斥的政策。

两国之间的一个主要对比是，自 20 世纪 70 年代末以来，丹麦一直存在一个反对移民的政党，它的存在对丹麦政治产生了重大影响。然而丹麦极右翼反移民党并不能充分解释日益排外的纳入制度和移民社会权利的恶化。本章的主要结论之一是主流政党反应的重要性。丹麦主流右翼政党决定与极右翼政党结盟。该党本身仅赢得不到 15%的选票，无法在纳入制度和移民权利方面产生典型的转变。此外，与丹麦人民党合作的决定符合两党早先的政策。保守党-自由党联合政府（1990—1993）已采取措施，改变纳入制度的主要政策方面，使其具有排他性。很久以前，在 20 世纪 70 年代和 20 世纪 80 年代早期，两党就曾反对包容性措施。

在瑞典的案例中，国际移民文献将瑞典的纳入制度和移民政策归类为包容性的，但很少有人分析这种发展背后的政治因素。相反，包容性被降格为平等的社会民主福利国家的伴随物（Geddes，2003b）。本章记录了包容性政治的多种来源和动态。关于移民政策之间的差别加强了包容性框架——强调平等、权利、伙伴关系、相互尊重和宽容。该框架与关于更大的民主、平等和共同决定的更大的参与性讨论相吻合，这对移民参与有关扩大其权利的政策进程具有促进作用。党最终就加强移民协会和宗教集会的国家措施达成了共识，协助希望保持其文化传统的移民，并在地方和区域一级给予移民一定的政治权利。所有政党都赞同移民政策的包容性目标。设立一个新的中央行政机构，为支持移民政策的积极分子提供了一个体制平台，1974 年的移民政策委员会也是这样做的。它主张的措施实现了瑞典纳入制度的范式转变。

尽管 20 世纪 70 年代关于包容性的共识已经面临越来越大的压力，但到目前为止，包容性的方式一直存在。在几个关键时刻，多数支持包容性措施的议会的意见发生了转变。最初对瑞典民主党议员存在的回应是在执政党与绿党之间建立一个关于移民和移民政策的联盟，以限制该党的影响力。具有讽刺意味的是，与瑞典民主党赢得选举之前的情况相比，这种联盟的形成加强了包容的力量。该联盟提议，改善无证件移民的社会权利，并对甚至是非熟练劳工的许可证制度做出重大改进（SOU, 2011：26），这与欧洲其他国家的趋势相反。诚然，主要的右翼政党没有办法通过与极右翼政党合作来确保自己在议会中的多数席位。然而同样重要的是，温和派在劳工移民问题上的强硬立场阻碍了这种合作，即便这种选择已经存在。此外，为温和派具有移民部部长的位置提供了可能性，引入限制性规定，发生在赖因费尔特政府第一个任期内（2006—2010）。

总而言之，由对瑞典和丹麦案例的审查可见，包容性成果不仅仅是瑞典和丹麦福利国家体制的一个分支，包容性政策是由政治力量的平衡所决定的，这些力量推动着包容性或者排斥性和限制性。

第十一章　包容政治和排除政治的比较

除了配对比较外，本章比较了六个国家的包容政治与排除政治。通过过程追踪，我们研究了每个国家政策形成中的政治因素，通过福利体制类型对各个国家的政治进行比较。配对比较的缺点是它只聚焦于两个国家，缺乏普适性。这类比较的另一个缺点是，样本国家的特殊性会干扰分析者抓住问题的本质——此处是政策影响移民权利的问题。对六个国家的比较不仅为我们提供了新的视角，而且提高了研究推论的普适性。这样的对比能显示现有研究或理论主张是否存在局限性，比如是否具有短期的时效性，或是难以适用于其他国家。

我们的案例如何更广泛地揭示了参与者与政策背景对于包容或排斥政策的重要性？我们能在多大程度上证实或区别于早期研究的结果呢？同样，此类讨论是由本书的分析框架的各个组成部分构成的。我们回到第二部分导言中提出的研究问题，以阐明构成要素的重要性。个别案例已经对此有所阐明，但我们在此章中对六个国家做出了更系统与更全面的讨论。

框　　架

一般来说，移民的社会权利和移民政策的主要框架是什么，框架对移民权利有何影响，框架如何影响政策场域？

在框架中，有两个方面在塑造移民权利方面尤为重要。首先，框架是政治正当性的核心，框架对移民权利的影响反映在它们为已转化为立法的各种政策提案提供了政治的正确性。其次，框架涉及问题的构建，也对移民权利产生了重大影响。

正当理由的政治

在六个国家中，促进移民的社会权利、增强政策的包容性的最重要的一套框架是与平等相关的。各种形式的平等框架使得立法和法院判决有正当理由去扩展移民权利。法律面前的平等和对平等的保护支持了美国最高法院的裁决，即各州不能禁止合法的永久居民享受福利待遇，这一决定有助于扩展福利权利。难民权利平等是 1980 年的《难民法》的一个关键框架。新英联邦移民的社会权利首先以完整及平等的公民身份为框架，但最终这种框架被机会平等和种族平等所取代。法国援引了平等的《宪法》原则，不仅将权利扩大至非公民的国家最低福利，也为反歧视立法辩护。这样的立法是为了确保公民的平等和平等待遇，20 世纪 60 年代，英国也提出了这一论点。在德国，种族平等和非德裔移民的权利平等与待遇平等，对挑战族裔公民身份模式的负面框架至关重要，因为这种模式对移民权利的影响差别很大。法国人、德国人强调劳工移民在参加工会和社团主义机构时的平等。在斯堪的纳维亚的两个国家，平等及平权是 20 世纪 70 年代和 80 年代初立法改革的主要框架。

应得权的框架也保护了移民权利，两个具体框架具有重要的意义。首先，政治受害者的正当性是这六个国家中最重要的框架（虽然英国在这方面并不十分显著）。一些不同意识形态国家政权的压迫使他们在美国和德国更加具有正当性。与美国其他准入类别相比，这种框架有助于保障难民的社会权利。德国和法国的《宪法》通过庇护权使政治迫害更具有正当性。丹麦和瑞典在这一框架中融合了国际团结，即与第三世界国家团结起来，共同呼吁富国采取慷慨的政策。

第二个主要的应得权框架归因于国家，此是美国的主导框架。在劳工移民的鼎盛时期，法国和德国的贡献框架也很突出。移民促进了两国的经济复苏和战后繁荣。随着千禧年欧洲国家劳工移民的复苏，这一框架获得了新的流通方式。

权利收缩和排斥政治的核心是负面地限制移民，以损害他们的应得权。最常见的负面建构是将移民建构为假冒者、靠着福利政策白吃白拿的人、犯罪分子和安全威胁者。在德国，申请难民身份的人越来越被视为滥用庇护权的假寻求庇护者，并且从20世纪80年代末开始，同族移民被指控为假德国人。滥用社会福利的虚假寻求庇护者一直是许多欧洲国家的共同表述，但英国政府官员更擅长将大多数准入类别定性为犯有福利欺诈罪。这些框架证明了德国和英国法律使寻求庇护者更难享有社会权利，在德国，甚至同族移民也面临这种情况。在丹麦，福利滥用的框架决定了1998年的《融合法》进一步削减了新移民的福利（Ejrnæs，2001：8-9）。在法国，部族保留作为应得权的框架，造成无证件移民即使已经为社会建设做出了贡献，也无法获得保险福利。一般来说，在这些国家中，无证件移民的非法入境已成了它们拒绝给予移民居留权与享有社会权利的论据。所有这些框架的潜台词都是不诚实，这使新移民的可信赖性受到怀疑。

负面框架的另一种形式是将移民描绘成社会问题，特别是将破坏性作为排斥的正当理由，成了非同化的问题所在及非欧洲移民无法同化的前提。这种说法在法国、德国和丹麦都有很大的影响，而且常常有着非欧洲移民对国家构成威胁的暗示。这一框架最终影响了新移民的社会权利，作为对他们未能满足融合或同化要求的惩罚。移民也被视为社会问题的根源。一个突出的例子是“容忍度门槛”的论点，该论点认为移民的集中导致了公共住房、教育和服务的紧张。这种框架把责任推卸给移民，认为移民导致或加剧了社会问题，他们未能融入当地社会，因此丧失了他们的应得权。

重新塑造应得权的框架也在权利收缩和去权利的政治中发挥了重要作用。契约自由的新自由主义支持者试图改变对权利的理解，强调权利是以履行义务和责任为条件，从而淡化了权利源于个人平等价值和尊严的观点。这一框架削弱了公民和非公民的社会权利，但其在各个国家的影响各不相同，其在自由主义体制国家中会产生更强烈的共鸣。此外，去权利政治还需要设计新的应得权框架（目前的框架是将移民排除在外的）。这种类型中最有影响力的框架之一是公民身份。它是1996年的《美国福利法案》的核心，其框架在其他国家和我们研究的六个国家中都有所打磨。特别是在英国，2009 年的《国境、移民和公民法案》保留了公民的全部社会权利。

问题建构

框架需要建构问题，问题如何被建构也会产生一些政治后果。首先，问题建构可能对某些解决方案有利，而对其他改进措施有所阻碍。其次，问题的建构及其解决方案可以决定谁会受到政策的影响，即移民是被接纳还是被排斥在外。再次，问题的定义可以影响政策场域，以及相关行动者和支持性联盟的范围。最后，问题的初步框架也可能对政策的制度化产生影响。

与其他几个国家相比，法国的问题建构方式有所不同，这说明了问题建构对解决方案范围的影响。我们已经讨论了法国人和德国人关于俾斯麦社会保护制度主要缺陷的问题建构差异，这些差异如何影响其政策反应，这些政策又对移民的社会权利产生何种不同的影响。将这种比较扩展到自由主义体制国家，就进一步突出了框架和问题建构的重要性。美国和英国将社会问题定义为福利依赖，个人责任则被视为解决福利依赖问题的方案。个人责任即经济上自给自足的义务，其重点是工作福利措施。相比之下，法国人将问题定义为社会排斥，其解决方案是包容。他们强调“以公民权的名义参与社区生活”，融入措施也具有比工作福利更广泛的改善范围（Morel，2004：97）。最后，新工党政府将打击社会排斥作为重中之重，但英国人对排斥的定义十分狭隘，只对那些最被排斥或权利被剥夺的群体采取了措施（Burchardt，2005），其中并不包括移民群体。法国社会排斥的广义概念包括长期失业、社会关系的削弱（特别是家庭的不稳定）、社会孤立和边缘化（Silver，1994），移民也被包含在被排斥的人群之中。

我们的两个案例——英国和瑞典——通过最初的融合或移民政策框架，提供了对问题建构的长期重要性的见解。在英国，融合政策最初是在公共秩序和完整公民身份的双重框架中进行的。在公共秩序框架以及内政部的现有职责中，将融合政策推广成为关键的政策场域。第二个框架强调了二等公民的出现，解决方案是针对移民（后来扩展到少数族裔）的反歧视立法和特殊福利措施——这些措施已不再属于内政部的职责范围。治安与移民政策之间的紧张关系首先在 2005 年被部分打破，当时反歧视和少数族裔相关福利的职责已从内政部转移到其他部门（Somerville，2007：76，78），但内政部仍保留着对寻求庇护者的服务和福利负责的职责。

瑞典人认为，移民是潜在的永久居民，并将这一问题定义为新移民适应自身劣势地位（与其他人口相比）的社会环境的问题。其解决方案旨在促进定居，并为所有居民创造相同的生活条件的移民政策。移民政策被建构在平等与权利平等之上。瑞典成立了一个隶属于劳动事务部的新中央行政机构来处理移民和移民问题。国家、地区和地方各级现有的福利机构具有为居民提供同等生活条件的责任。因此，尽管两国都对防止新移民遭遇不平等境遇予以关注，但不同的框架将两者的定居政策设定在了完全不同的轨道之上。

在总结框架对确定适当政策场域的影响时，我们发现了框架在建立政策场域尤其是制度化政策管理时具有重要作用的例子。然而在一般的情况下，框架和政策场域之间的关系是常规性的（其涉及将问题界定在某一特定的政策领域）。例如，社会立法通常有一套特定的政策场域。一旦某一问题被定义为社会政策，它对这些场域的分配在很大程度上就是惯例问题。我们研究的六个“包容与排斥政治”的国家的经验，揭示了几个未经大张旗鼓便将因移民资格或对资格的限制而加强或削弱移民社会权利纳入社会改革立法的案例。政治争议集中在改革的主要特征上，将注意力从移民权利问题上转移开，可能会带来巨大优势，也可能会带来灾难性后果。

政 策 场 域

哪些政策场域负责移民权利，政策场域对移民权利有何影响呢？

政策场域作为决策的权威节点，为特定的行动者群体提供特权，并塑造政策网络。通过在特定的国家背景下研究不同的场域，可以很容易地掌握政策场域在确定移民社会权利方面的重要性，因为许多因素或多或少都会保持不变。这种检视揭示了场域的变化如何改变参与者名单、冲突的路线、政策联盟以及对各种措施的支持范围，所有这些都会影响政策产出。

美国和丹麦的经验提供了两个关于不同政策场域的后果的启发性例子。它们的经验也说明了制度安排的重要性。在美国，权力分立往往需要几个政策场域共同参与。正如我们所看到的，不同的场域在塑造特定准入类别的社会权利方面发挥了重要作用，但多个政策场域对移民权利产生了相互矛盾的影响。

在丹麦，单一的场域负责制定政策，但该场域会随着时间的推移而发生变化。劳动部和司法部之间的对比是说明政策场域重要性的最好例子。当劳动部是政策场域时，参与者名单反映了三方社团主义：国家代表、工会和雇主。由于左翼和右翼政党之间的分歧，因而劳动者和管理者之间的分歧也加深，阻碍了若干建议的通过。随着政策场域向司法部的转变，参与者名单加入了法律专家、维权行动者和人道主义组织。冲突的路线发生了变化，使得包括议会多数在内的广泛支持联盟成为可能，从而促进了改善移民合法权利的立法进程。

在保守社团主义国家中，我们也可以观察到政策场域变化的影响。在劳工移民的多年间，劳动和社会事务部是主要的政策场域。由于“包容和排斥政治比较”规定了各部委的管辖权，因而移民的社会权利成了令人关注的问题，他们的权利也有了很大的改善。终止劳工移民需要在内政部的参与下对移民进行控制。内政部逐渐成为占主导地位的政策场域，这个场域的运作在很大程度上并不利于维护移民权利。内政部起草的《移民法案》往往损害了移民的社会权利。

种族融合政策经历了场域的类似转变。自 2005 年以来，法国与德国政府都将融合和移民政策的责任分配给同一部门。与法国和德国一样，丹麦也将融合和移民政策的责任合并分配给同一部门；在英国，内政部从一开始便负责这两项政策。当两个政策场域部门的责任结合在一起时，种族融合就可能成为移民政策目标的附属，从而影响融合措施，还有新移民为证明成功融合而必须满足的要求。

这种推论方式仍存在局限性，如瑞典案例等例外情况使其成为关注的焦点。在20世纪70年代早期，瑞典委任了一名移民事务部部长，负责移民和移民政策。同样，国家移民事务委员会的职责也涵盖上述两类政策。但这不仅没有导致移民权利的收缩，反而使其扩张了。为什么会这样呢？多年来（1973—1995），左翼和中间党派的部长们认为瑞典应该奉行宽松的政策（Demker and Malmström，1999：76－88）。移民事务委员会在放宽许可和入籍要求方面的作用也与其他国家的行政管理发展形成了对比。瑞典机构雇用的工作人员是亲移民派，其中还包括几名移民。法国也是一个例外，在若斯潘政府（1997—2002）执政期间，移民立法扩大了移民的社会权利。

总之，一些国家在政策场域和移民权利方面表现出了类似的模式。当政策场域以移民为其主要责任时，移民权利往往退居次要地位，或成为准入政策的次要因素，从而经常导致权利收缩。除了控制移民之外，还有其他任务的政策场域在扩展和捍卫移民权利方面能表现得更好。然而例外的情况表明，单靠政策场域的类型不足以促进或收缩移民权利。

对政策场域论点的重新审视

政策场域论点认为，官僚和司法政策场域有系统地偏向于移民的社会权利（Guiraudon，2002：139）。本书的两个优点是：（1）它引导人们关注制度安排在决定政策产出中的作用；（2）它将政策场域（特别是行政的政治）纳入分析。我们的六个案例能在多大程度上证实这一论点呢？

官僚场域

在六个国家中，英国案例在官僚场域方面与此论点最为矛盾。行政措施和广泛的自由裁量权对于限制移民的社会权利至关重要。官僚主义场域在社会保障部和内政部都削减了移民的社会权利，无论是隐秘的还是封闭的政治都没能保护移民的社会权利。

我们在看到其他限制性思维的管理者和机构试图或已成功地限制移民权利的几个国家的经验的同时，也要看到一些例外情况。法国和德国的案例都表明，在官僚场域里，无论是独立决定还是听从部长的命令，都是在限制移民的权利。

在法国，管理人员和技术专家首先声称，非欧洲移民无法被同化，移民福利机构的主管又是削弱移民社会权利的“低门槛”论点的强烈倡导者（Freeman，1979；Schain，1999：207）。德国行政官员和基层官僚在拒绝为寻求庇护者提供福利方面有相当大的自由裁量权（Minderhoud，1999：142；Bosswick，2000；Morris，2002：32－50）。在美国，一家官僚机构（总会计办公室）在 20 世纪 70 年代中期最先呼吁限制新移民的福利，并继续参与对移民社会权利的收缩。里根政府的科层官员也收紧了对无证件移民合法化的资格认证（Tichenor，2002：263－265）。总而言之，即使是负责移民融合的官僚场域也都偏离了政策场域论点的主张。

司法场域

在美国，司法政治在扩大移民社会权利方面的重要性是尤为明显的，但即使如此，政策场域的论点也是受限的。最高法院主要宣布了州立法限制移民的社会权利是违宪的，但它维护了国会的特权，即对移民有资格享有社会权利并因此赋予不平等的社会权利提出了特殊要求。引人注目的是，联邦法官取消了 1994 年加利福尼亚州限制无证件移民进入学校或享受服务的计划，但 1996 年国会通过的《福利法案》仍存留了对法律的挑战（Fix and Passel，2002：184）。

具有讽刺意味的是，鉴于服务于国家的传统弱势司法机构的标准情况（Wright，1999：92），法国法院在扩大和保护移民的社会权利方面一直非常积极：一方面，1990 年宪法法院裁决给予移民平等的国家援助福利权利，法院的判决推翻了当地将移民排除在社会福利之外的举措；另一方面，宪法法院保持了社会福利的住房要求，同时主要安全网福利的资格是建立在排除新来者的居住要求之上的（HCI，1998）。

在乔普克对司法政治和移民的大量比较研究中，他强调了英国法院鲜有扩大移民权利方面的判决，认为“议会主权和普通法限制已经使法院中立为行政机关的有效反对者，导致了内政部在移民政策方面的绝对主义”(1999：137)。他将温和的英国法院与美、德的激进法院进行了对比。无可否认的是，早期法院在影响社会权利的歧视案件中的判决站在了移民和少数族裔申诉人的对立面（Griffith，1977：87－93)，且社会供给领域的权威法律裁决被定性为“信任当局”的做法（Robertson，1998：370)。然而自 20 世纪 90 年代中期以来，一系列裁决推翻了对寻求庇护者社会福利的限制（Morris，2007：52－53；Somerville，2007：96－97)。法院变得过分自信，已经很难说是温和的了。政府仍拥有最终决定权，且已经引入了驳回高等法院裁决的法规。

德国法院在促进移民社会权利方面也喜忧参半。提高其权利的裁决包括 1979 年联邦宪法法院关于“即使没有双边协议，外国人也不能被禁止获得援助福利”的裁决（Guiraudon，2002：137)。2010 年年初，法院裁定，许多非公民使用的失业救助福利（ALG Ⅱ）并不符合社会接受范围内的最低标准，这种低水平的救济金尤其阻碍了儿童的发展，剥夺了儿童的许多生活机会。为了损害移民的社会权利，法院判决基于国籍的歧视是具有《宪法》效力的，这袒护了剥夺外国人平等待遇的法律和法规。根据英、法、德及 1990—2004 年瑞士关于移民申请的比较数据，保罗·斯坦森和安德鲁·格迪斯（Paul Statham and Andrew Geddes，2006：254－255)质疑了乔普克关于英、德法院之间存在巨大差距的结论。包容和排斥政治体现于《劳动法》《社会保险法》之中（Wilpert，2003：259)。法院的判决也证实了对 20 世纪 90 年代后期移民施加限制是合法的，其中就包括不公平的福利待遇（Joppke，2005；Klusmeyer and Papademetriou，2009：124)。德国法院也没有采取积极的立场，宪法法院的裁决依从了联邦政府和各州（Bosswick，2000：52；Klusmeyer and Papademetriou，2009：123，172－173)。也有一些法院裁决的影响很小，针对宪法法院关于失业援助达不到社会最低标准的裁决，联邦政府也只是做出了微乎其微的改变。

丹麦和瑞典缺乏激进的法院，移民权利的扩张也并不是由司法政治推动的。丹麦政策制定者在20世纪90年代开展越来越多的限制性行动之前，这两个国家都赋予新移民广泛的社会、政治和文化权利。因此，对这两个国家的移民权利延伸解释并不在司法政策场域。此外，作为调查委员会负责人的几位瑞典法律专家基本上没有推动移民权利的发展，也并未推动更强有力的反歧视立法。21世纪头十年的中期，收容决策的司法化也导致了案件接收地越来越少。

总而言之，官僚政策场域可能会有一些将其与其他类型场域区别开来的总体规范，但个别官僚机构会发展其特定的文化。前面的章节记录了自由裁量行政文化在英、法、德案例中的重要性。政策场域论点需要更优先地考虑招聘和人员配备程序。正如瑞典的经验所表明的，对政策产出来说，负责人的差异可能与典型的官僚场域规则一样重要。同样重要的是，官僚政策场域往往容易受到限制主义管理者的意愿和指示的影响（Joppke，2001）。司法政策也难以胜过具有限制主义的管理者。简而言之，激进主义法院不是扩张移民权利的必要或充分条件，各国法院都参与了扩大或收缩移民权利的政治。

地域维度

地域维度在何时以及如何促进移民社会权利的扩张或收缩？权力下放对移民的社会权利产生了不利的影响吗？

在六个国家中，资金安排在形成行动者参与扩大或缩小移民社会权利的动机方面发挥了重要作用。理论化成本—收益的计算如何决定扩张性与限制性政策产出的一个被忽视的因素是买单的政府级别。由于许多移民的存在，因而地方政府对不公平的财政负担的看法经常引发当地的反对声浪。与单一制国家相比，联邦系统中的地方以下机构的渠道和政治影响力更重要。然而美国、德国以及丹麦的地方和地区的反对派在联邦与自治州的限制性政策产出中发挥了作用。

在美国，地域维度会影响社会权利的扩大或缩减。对于一些州来说，新移民的高度集中使得移民权利成为这些州的政治家的主要关注点。来自外来移民较多的州的国会议员提议，在需要联邦资助时扩大移民的权利，但他们经常在需要州与地方的财政支持服务和福利项目时却寻求限制移民权利的机会。立法程序也充分为他们提供了影响政策成果的机会。

德国的案例值得关注，与如下原因有关：事态发展与成本扩散促进扩张的观点背道而驰。相反，寻求庇护者的公平分配，以及各州和市政府基于接收和提供福利的财务责任，对限制提出了一致的不满和激励。机构安排（联邦参议院各州的代表权、联邦参议院的权力、各州部长会议以及地方政府的协会）动员了对联邦政府所施加的压力。在六个国家中，德国地方政府在使移民社会权利恶化方面对国家政策的影响最为直接。

瑞典、丹麦是有着相对较强的市政及地方政府负责提供福利和服务传统的统一国家，但地域维度的政治发展则不同，一个关键的区别是负责接待寻求庇护者并为其初步筹资的组织有所不同。在 20 世纪 80 年代涌现了越来越多的寻求庇护者，瑞典市政当局对他们的接待负有越来越大的责任，且国家在寻求庇护者入境时进行了资助。瑞典的寻求庇护者的分布情况与德国不同，但“全瑞典战略”意味着大多数城市都有寻求庇护者。在丹麦，移民高度集中，对不公平负担的看法引发了市长们的反抗，他们对移民服务和教育成本的增加感到沮丧。由于移民集中在左翼的据点，因而对市长的批评是通过丹麦社会民主党来进行的，这给该党的领导施加了压力。最终，社会民主党总理任命了一名反叛市长为负责融合改革的部长，1998 年的《融合法》将介绍性计划的责任转移到市政当局，为该计划提供国家资助，并降低了新移民为期 3 年的入门期援助福利。中央政府为援助福利支付了大约一半的费用，这也为它提供了一种减少新移民获得这些福利的可能性。

虽然法国 20 世纪 80 年代初的权力下放改革扩大了部门和公社对地方福利计划（助理社会）的责任，但中央政府已经以各种方式检视了地方当局对移民社会福利的影响。重要的是，中央政府负责与“国家团结”相关的最低福利，并确定这些计划的基本福利水平和资格要求。国家最低福利主要由中央政府财政提供资金，包括向寻求庇护者支付的最低福利。因此，与本书其他几个国家的资助制度相比，为移民提供的福利资金减少了法国地方当局限制移民援助福利的经济支持。但是，移民的福利待遇并非完全不受地方的影响。地方当局可以通过实施地方计划来阻止移民获益。在巴黎和法国南部等移民高度集中的地区，引入了对移民资格的限制。中央政府通过立法予以反击，禁止这些地区取消移民从当地福利计划中获益的资格。当然，中央政府也可以发挥负面作用，正如中央政府无视抗议活动，坚持限制寻求庇护者的利益，并废除移民福利机构 FAS 时所表现的那样。

英国以中央集权国家而闻名，地方政府在制定政策方面的影响微乎其微。权力下放为社会供给带来了地域维度，但中央管理者在制定权力下放前后的社会和融合政策方面发挥了关键作用。自战后初期以来，英国的中央政府对援助福利负有主要责任，其参与程度超过了我们所提到的其他国家。财政和管理都在中央层面，且由中央确定移民的受益范围与资格要求。与丹麦的情况一样，中央资金在更大程度上创造了财政激励措施，以减少援助福利的支出。也许这有助于解释英国政府官员热衷于强调新移民滥用福利制度的现象。与移民获取的福利相比，国家管理的社会救助福利对“包容与排斥政治”的地方政治影响很小，但集中化的系统也有助于在确定申请人获取福利的资格时核实移民的身份。

这六个国家的经验能在多大程度上证实在权力下放产生了不利影响时，集权化能促进移民和少数族裔社会权利的传统观念呢？与关于权力下放的主张相一致，地方当局使移民获得福利的机会减少（主要是在美国和德国——这六个案例中分权而治最突出的国家），而在法国，这种情况被中央政府的立法逆转了。法定权利、中央确定的福利水平和全国范围的行政规则阻止了地方当局侵犯移民的权利，但这些条件并不能完全保证移民获得福利。中央控制可能会对移民的社会权利产生有利或不利的后果。最引人注目的是，这六个国家的中央政府一直在通过立法或法规的变更，使移民的社会权利严重恶化。在这里需要再次重申，这在很大程度上取决于掌权者是谁。

政 党

我们在反民粹主义的规范论点中找到了何种有关主流政党不会在竞选活动中将移民和移民问题政治化的证据，左、右派的差异在选举中将这些问题政治化以及制定影响移民权利的政策方面有多重要。

关于政党的两种观点在国际移民文献中占有突出地位。第一种观点是在弗里曼的“反民粹主义规范”论点的指导下，强调主流政党为避免加剧其社会中的种族或种族冲突，将移民和移民政策排除在选举舞台之外的作用。在默认的状况下，这种观点主要关注右翼反移民政党的崛起，他们将移民政策政治化并在选举中推行移民政策。许多极右翼反移民政党的共同之处是福利沙文主义，即本地人口应全部享有应享权利，而新移民则享较低福利或根本没有福利。

第二种观点认为，移民政治跨越了左右分歧。这种观点引出了这一政策领域很少或没有主要政党差异的假设，这种假设反而认为政党和政府的党派构成不是决定政策产出的关键变量。这种观点也蔓延到了移民权利之中。首先是在选举政治中，其次是在政策进程中，这六个国家中的政党在包容与排斥政治中究竟发挥了什么作用?

政党和选举

主流政党并没有将移民和移民政策作为一个长期的竞选议题，但出现了一些偏离反民粹主义规范的论点，以及主流政党更偏向于封闭或绝缘的舞台的假设。这些偏差不仅仅局限于欧洲国家。事实上，主流右翼政党基于民众主流意见，将移民和移民政策作为选举议题是非常诱人的，因为正如弗里曼在其广泛的移民政策悖论中指出的那样，一般来说政策是偏向于限制的。所有国家的主流政党都在博取选民支持时使用了移民卡，在英、美、德等国家，这些问题与纳税人的福利滥用和高额福利成本息息相关。因此，民粹主义政党的存在并不是将移民和移民政策以及移民的社会权利政治化的必要条件。

在国家层面没有反移民政党或其势力较弱的三个国家，一般来说，主流右翼政党在选举活动中会将移民和移民的社会权利政治化。美国是一个明显不受极右政党影响的例子。然而在1996年的美国总统大选中，共和党候选人试图利用选民中的反移民情绪，在党内谴责移民利用福利。在接下来的三次总统选举中，移民和移民的福利待遇都不是竞选中关注的问题。虽然这可以解释为恢复正常，但反民粹主义并不是要求从总统选举中移除移民，而是考虑能否吸引拉丁裔公民的选票或淡化那些分裂共和党的问题，以在投票中获胜。

英国主流右翼政党在选举中比美国政党更频繁地打移民牌，但只有在1979年大选前夕，撒切尔夫人对移民问题的强调可以被解释为对极右翼反移民政党的回应。相反，10年前，采取越来越严格的移民政策的驱动来自保守党的右翼和当时的影子内阁成员伊诺克·鲍威尔（Enoch Powell）。鲍威尔攻击了现有的移民政策和1968年的《种族关系法案》，他在1970年的大选中将移民政策作为一个议题且对其做出了贡献（Studlar, 1978）。由于选民一再认为托利党（保守党被称为“托利党”）在处理移民方面比工党更有能力（Saggar, 2003），因而保守党或个别党派候选人在几次选举中（包括1970年、1979年、1992年、2001年、2005年和2010年）提出移民问题并不奇怪。在21世纪初期的选举中，保守党利用了移民问题，新工党也通过强调其强硬立场做出了回应（Solomos and Back, 1993; King, 2002: 2-14, 24; Kavanagh and Butler, 2005: 73, 88-90; Somerville, 2007: 127-129）。

有几次，德国主流右翼（CDU-CSU）的行为与反民粹主义的规范论点相矛盾，也许这在20世纪80年代初期是最为明显的。在失去1980年的联邦选举后，由于公众舆论变得越来越消极，因而主流右翼使移民问题和移民政策政治化了。由于对移民不加控制，因而政府发起了大规模的攻击，基民盟政客呼吁遣返移民，声称非欧洲移民无法被同化。在20世纪80年代早期的州选举中，基民盟开展了减少外国人和轮换制度的竞选活动（Joppke, 1999: 80-81）。在20世纪90年代后期，基民盟在公民选举中将公民身份改革作为一个议题。2002 年联邦选举中的基民盟-科罗拉多州立大学候选人对新《移民法案》提出了反对意见，认为增加移民福利成本和融合措施是额外的负担（MN，2002）。

在瑞典，移民和移民政策很少成为竞选议题。然而即使在这里，当国家没有反移民政党存在时，一个主流政党也将移民和移民政策作为选举问题，当时没有全国性的反移民政党存在。在 2002 年的选举中，民主党-自由党开展了一项新的更严格的一体化政策和更加严格的公民身份获取要求（Boréus，2006）。瑞典选举中移民人数偏低的一个主要原因是政党的获胜策略。改良派没有将移民或移民政策政治化，因为那样做会损害组建右翼政府的可能性（Green-Pedersen and Krogstrup，2008）。值得注意的是，赢得 2006 年大选的右翼中心政党对移民和移民政策的关注程度远低于 2002 年的竞选活动（Boréus，2006，2010：152）。在瑞典选举中，在战略上并未考虑到移民和移民问题的非政治化，而不是遵守反民粹主义的规范。

极右翼政党和主流政党

在丹麦和法国的例子中，自 20 世纪 80 年代中期开始，极右翼政党在进行竞选时，经常就移民和移民问题提出异乎寻常的主张和选举承诺。实际上，各方将这个问题保留在了“包容与排斥政治”的政治议程上，并消除了反民粹主义发挥作用的可能性。然而这两个案例突出了主流右翼政党的重要性。

法国和丹麦之间的区别在于，勒庞和国民阵线在移民的社会权利议题上进行了竞选活动，但其对其他政党的支持就相对较少。在丹麦，一旦提出了移民社会权利的议题，一些政党最终都会加入其中。一部分的差异是与丹麦和法国政党的竞争结构差异有关的。在这两个国家中，政党竞争是在左派和右派之间进行的，但两者的对比是至关重要的。首先是右翼的民意调查，与丹麦相比，法国的民意调查强度更大。其次，丹麦政府的可贵之处在于长期受到中间派政党的影响，这些政党既可能支持右翼政党，也可能支持左翼政党。为了争取与中间派政党结盟，两个主流右翼政党开始为移民提供限制性福利，其目标是包含最右翼的反移民党的议会多数议员

(Green-Pedersen and Krogstrup, 2008：621－623)。

法国政党竞争的结构涉及左右两极分化。法国政党获胜的战略重点是加强各自集团的前景、建立选举联盟以及将各党派团结在一起。国民阵线成功地从左翼和右翼吸纳了选民，但作为一个右翼政党，它对主流右翼提出了严峻的选举挑战。国民议会的两个选票多数选举制度以及选举联盟的重要性使这一挑战更加严峻。当国民阵线已经达到参加第二轮投票的门槛，并且它与主流右翼之间不存在选举联盟时，其结果就是三角竞赛，使得联合的左派更容易赢得竞选。

在应对挑战时，主流右翼在是否与国民阵线合作方面存在分歧。然而自 1988 年以来，主流右翼的官方政策一直没有在全国选举中与新生力量一同进入选举联盟。右翼政党在政策趋同的调整战略之间周旋，希望摆脱国民阵线（1993 年的立法选举）的选民以及政策分歧的对抗战略（2002 年的总统选举）(Meguid, 2008)。需要补充的是，它们拒绝参加选举联盟是第三种孤立策略。重要的是，孤立策略与选举制度一同令国民阵线在国民议会中几乎没有什么代表权。

因此，在法国和丹麦，主流右翼政党在答复中存在分歧，但这两个案例都强调了主流右翼对极右翼政党的关键作用。丹麦的主流权利采取了宽松的策略，提高了极右翼反移民党的影响力和合法性，该民主党在 2005 年和 2007 年的选举中的民意持续增长。法国和丹麦主流左翼政党的反应也有所不同。在法国，社会党经常采取对抗选举战略（Meguid, 2008)，而丹麦社会民主党自 20 世纪 90 年代后期以来，却一直在调整战略和对抗战略之间摇摆不定。

总之，主流政党有一些重要的例子符合反民粹主义的规范。然而主流右翼政党也将其对移民和移民权利的限制性立场转变为竞选问题，无论其是否必须与极右翼政党竞争，这种情况都已发生了。在英国和德国，保守党在这些政党取得突破之前已经就这些问题进行了路线的竞争，而美国并不存在极右翼政党。移民和移民政策从竞选议程中被移除，也不能全归咎于反民粹主义的规范；出于赢得选票的战术考虑，它们从竞选议程中被移除的情况也是存在的。在极右翼政党竞选成功的国家，主流政党可以批判、效仿或忽视其选举承诺。主流右翼政党经常就限制性政策立场进行竞选，而左翼政党则倾向于批判这些提案或对此保持沉默，改用其他竞选方案进行替代。

如果主流右翼政党以移民权利和削减选举竞选的社会权利为目标，而左翼政党没有这样做，那么左、右的分歧就体现在选举政治中。右翼和左翼小党派的崛起进一步加强了这种鸿沟的重要性。最后，移民选民绝大多数支持左翼政党：这六个国家中，移民对左翼政党的投票率一般会超过60%，高者达80%（Wihtol de Wenden，1994：104；CFMB，2000：341；Leal et al.，2005；Aytar，2007：143；Messina，2007：209－210；Bird et al.，2011：Chapter 3）。虽然也有例外，但各国选举政治中的左-右模式的大致轮廓正在显现。这是1996年的《美国福利法案》的核心内容，这一框架在其他国家逐渐得到了认可。

政党和政策

在本书的分析中，比前面所述更重要的是政府部门的掌权者和政策制定者或政策经纪人。执政确保了政党在政策过程中处于中心地位，但政党确定政策差异的先决条件是各方在政策上存在差异。各方发挥作用的另一个先决条件是能掌握行政权力或能影响政策。因此，政府的党派组成和政府部门的控股模式构成了一个关键变量。政策成果还由行为者之间的动态和政策进程的制度特征决定；当流程的特点是广泛的权力分享和多重否决或机会的节点时，政党政策的差异可能会被稀释。最后，考虑政党在政策形成中的重要性，不仅要研究以党内冲突为标志的政策领域，还要研究左右政府在政策改善或不作为方面有独特记录的政策领域。

许多针对单一国家的研究和若干比较分析的共同特点是强调任何一方的共识，或跨党派联盟在规定移民入境和移民政策中的重要性（Hammar，1985；Guiraudon，1998，2000b；Gimpel and Edwards，1999；Hansen，2000：228；Tichenor，2002；Dahlström，2004；Schain，2007）。该党的路线在移民政策上一直模糊不清。左翼和右翼政府在一些类似立场的其他政党支持的情况下引入了入境限制。在解释美国接纳政策的广泛主旨时，分析人员指出了左翼和右翼联盟的重要性（Tichenor，2002）。这一观察结果也与欧洲的情况有关。例如，英国（Blair）和德国（Schröder）的左翼政府在商业上的加入，促进了21世纪初期劳工移民的恢复（Green，2004：112；Somerville，2007）。在瑞典，东扩后的欧盟成员国对公民缺乏限制，这是左翼和右翼联合反对党反对社会民主党政府的结果（Arvidsson，2009）。政党共识与左翼和右翼联盟在准入政策方面具有相当大的优点。

左翼和右翼的差异

然而评估党的共识，需要对涉及移民权利的问题进行鉴定。六个国家都出现了立法的左、右政策差异模式。在某些情况下，类似的左、右政策差异在几个国家已经明确，而在另一些情况下，某国可能具有其特有的差异模式。总的来说，左翼与右翼的政策差异是围绕着包容性和排他性措施的。除社会权利外，影响政策差异的问题还包括与国家容纳制度的关键维度相关的问题，如公民身份获取、移民政治权利、住所权和永久居留权、合法化以及无证件移民的权利。这些问题越来越多地与移民的社会权利交织在一起。

公民权的获得

或许最能体现包容性或排斥性的指标是移民成为公民是否困难，因为公民身份就是社区成员的象征。获取公民身份方面的左、右翼差异影响了五个国家的立法。正如我们所发现的，在20世纪八九十年代，获取公民身份是德国和法国党派长期斗争的根源，右翼政党赞成限制性立法，左派则主张包容性措施。在德国，社会民主党-自由党联合政府已经在1981年提出了一项法案，授予第二代外国人入籍权，但该法案被联邦参议院的基民盟-科罗拉多州立大学的多数票拒绝了（Green，2001：32）。在1992年庇护妥协的谈判期间，社会民主党在提高外国人成为本国公民的可能性方面做出了重大的让步，社会民主党-绿色联合政府也引入了具有里程碑意义的 1999 年国籍改革。基民盟-科罗拉多州立大学阻碍了接受双重国籍的进程，基民盟内政部部长负责起草 2007 年的《国籍法修正案（草案）》时，引入了新的限制措施。法国的若斯潘政府（1997—2002）在很大程度上扭转了由当权政府于 1993 年制定的《国籍法》的苛刻要求。在瑞典，引入双重国籍是一项旷日持久的斗争，社会民主党在推动这一问题上发挥了重要作用。早在 1991 年，社会民主党政府法案就批准了双重国籍原则（第 1990/1991：195 号提案），然而在右翼中央政府上任后，便搁置了这项法案。后来，社会民主党政府任命了调查委员会，促使 2001 年允许双重国籍的改革。当时只有保守党投票反对这项改革。在 21 世纪初期，保守派和自由主义者一直在争论更严格的归化要求。丹麦主流右翼政府（2001—2011）在极右翼政党的支持下，极大地收紧了对公民身份的要求，使丹麦成为六国中对此规定最为严苛的国家。左翼和中间党派投票反对了更为严苛的 2004 年《丹麦国籍法修正案》（Ersboll，2006：130）。

在美国、德国和丹麦三个国家中，右翼政党将获取公民身份与社会权利联系起来。美国众议院共和党人提议，享有福利的非公民应无资格入籍。在克林顿的坚持下，国会法案移除了这项他已签署成为法律的提案。共和党人还想改变伊乌斯·索利的原则，以使无证件移民的子女在美国出生时无法获得公民资格。作为非公民，他们没有获得福利的资格，其父母也无法代表他们申请福利。2007 年，《德国国籍法修正案》取消了在德国出生的外国人因获得社会救助或失业救助而成为公民的资格。最极端的例子是丹麦，保守党政府收紧了经济自给自足的要求，因此它在福利计划中包含了当前和以前的参与。2005 年，政府首次禁止在入籍前 5 年内使用援助福利超过 1 年的移民，并在 2008 年将过去 5 年的期限缩短至 6 个月。总而言之，在获得公民身份问题上，左翼和右翼的差异得到了明显的缓解。在上述三种情况下，右翼政党将这一问题与社会权利联系起来。

政 治 权 利

左、右翼的分歧也滋生了移民的政治权利问题，这一问题受到公民身份概念的影响。左翼的德国和法国政党支持移民的地方投票权，在德国，两个由左翼领导的州于 1989 年通过立法，对非德国籍的移民授予地方投票权。基民盟-基社盟议会党将此事提交给宪法法院，推翻了这项立法（Joppke，1999：194 – 195）。除了支持地方投票权外，法国左翼政府还取消了对移民结社权的限制，并在 20 世纪 80 年代初向移民组织提供了补贴。1984 年，左翼政府还在法国移民福利机构 FAS 管理委员会纳入了移民代表，并在 1990 年扩大了其数量，成立了全国移民人口理事会，这是社会事务部部长的一个咨询机构。相比之下，在 FAS 已成为移民组织的平台之后，保守党政府在 21 世纪初期首先减少了 FAS 的预算，之后废除了该机构。在丹麦，社会民主党政府于 1981 年扩大了非北欧籍移民在地方和地区选举中的投票权与竞选公职的权利，保守党、自由党和极右翼党派投票反对该法案。极右翼一直对该事件有异议，要求剥夺非北欧籍移民的权利。2010 年，保守党政府将居留要求提高到 4 年。瑞典主流右翼政党虽然不情愿，但在 1975 年议会投票期间并不反对给予非公民地方和区域政治权利。然而在 20 世纪 80 年代初，当左翼政党建议给予非公民在全国选举中投票权时，就出现了强烈而尖锐的左翼和右翼的分歧。中、右翼政党强烈反对，后来左翼政党把这个问题从议事日程上删除了。值得注意的是，在英国，公民资格的获得和移民的投票权都不是左派与右派的问题，而移民在美国的投票权也不是什么问题。

居 住 权

居住权（居留权）和永久居留许可的要求在法国引起了左翼与右翼双方之间的争端。从 20 世纪 70 年代到 21 世纪初期，法国保守派政府一直试图收紧许可证要求。相反，社会主义国家政府采取了若干措施来加强居住权，例如用单一许可证（le titre unique de sejour et de travail）取代了居住证和工作许可证，并在 20 世纪 80 年代中期将居留权与就业脱钩。虽然主流右翼支持引入单一许可证，但希拉克政府（1986—1988）几乎立即收紧了对单一许可证的要求。2003 年，右翼政府将同化作为永久居留许可的一项要求，并将永久许可的最低居住要求从 3 年提高到 5 年。对永久居留许可要求的变化，也影响了新移民获得基本安全网福利的机会，因为持有永久许可证的移民即使不符合工作测试，也有资格获得基本安全网福利。在德国，对永久居留证要求的增加是政党谈判的一项增量产出，缓解了入籍的严格要求，但基民盟提出了苛刻的居留证要求条件，作为妥协的一部分。缴纳 5 年社会保险金的许可要求将社会保护制度与纳入制度联系在一起，保障生计的要求加强了这一联系。在丹麦，安德斯·佛冈·拉斯穆森（Anders Fogh Rasmussen）的右翼政府（2001—2009）将永久居留许可的居住要求从 3 年提高到 7 年，并增加了许可要求。与法国和德国一样，丹麦也加强了对永久居留证的要求，以便与以前的入籍要求相似。这三个国家的右翼政府也加强了对家庭团聚的要求，对配偶的许可要求也更加严格。瑞典中间偏右政府（从 2006 年至今）推出了临时工作许可证，对于持有这类许可证的人，就业成为获得永久居留许可证的一项要求。政府还规定了家庭团聚的支持义务。

长期以来，合法化问题一直被列在法国和美国的政策议程上，左派和右派的分歧也影响了两国的政策。法国左翼政府在 20 世纪 80 年代初和 90 年代后期赞助了大规模的合法化方案，而保守派政府则倾向于对申请进行个别审查，结果成功申请的人数少了许多。约斯平政府规定在居住 10 年后自动转为合法，但主流右翼政府后来排除了这一可能性。法国保守派政府还巩固了社会权利与法律地位之间的联系，规定大多数社会福利（包括社会保险福利）的享受取决于居留许可。在美国，罗纳德·里根政府和国会共和党人首先成功地阻止了一直在享受福利的无证件移民获得法律地位，其次在 5 年内禁止合法移民享受福利。在里根总统和乔治·W. 布什总统的领导下，加强了防止无证件移民领取福利的核查程序，布什政府排除了无证件移民获得社会保障福利的可能性。

社会权利

到目前为止，我们已经看到，权利的各方越来越多地试图加强社会权利与获得永久居留权、公民身份和法律地位之间的联系，取得了不同程度的成功。对使用福利的制裁包括取消法律地位、永久居留证和入籍资格。另一种趋势是对新移民引入不平等的社会权利，这也经常是右翼政党的建议。这意味着要么禁止移民在头几年（如美国、英国、法国和丹麦等国）享受福利，要么将他们的福利固定在低于常规福利的水平（如德国、法国、英国和丹麦）。在瑞典，一个中间偏右政府切断了寻求庇护者的福利与社会最低限度之间的联系。

保守派政府也通过社会立法实行限制。2009 年，法国政府对不是来自欧洲经济区（主要是欧盟成员国）的移民进行了一项为期 5 年的工作测试，这是对安全网络的一次重大改革。同样，在 21 世纪第一个十年的中期，丹麦政府收紧了获得社会援助的资格规定，移民是这些变革的目标（MFII，2005）。

在移民的社会权利方面，美国和法国的左派与右派的分歧相当尖锐。在过去 30 年中，民主党和共和党在新移民的社会权利问题上不时发生分歧，国会对一系列影响移民社会权利的法案的投票基本上遵循了党派的路线。1980 年，共和党人反对将难民的社会权利制度化，并主张在 20 世纪 80 年代中期使利用过福利的移民没有资格获得法律地位。此外，正是众议院的共和党人最初提出了禁止永久合法居民享受联邦福利的想法，对公民和非公民的社会权利进行了区分，这是 1996 年的《福利法案》的基础。在法国，左翼政府负责向非公民提供国家最低福利，并负责保障他们获得当地社会福利，而右翼政府削弱了移民的社会权利，包括无证件移民和合法移民的社会权利。

最后，英国的情况乍一看似乎是个例外。在移民和庇护政策、获得公民身份，以及移民的政治和社会权利方面，我们很难找到左、右两派的分歧。然而工党与保守党不同，它在少数族群权利领域引入了里程碑式的立法，如 1965 年、1968 年、1976 年和 2000 年的《种族关系法案》以及 1998 年的《人权法》。反歧视立法也加强了少数群体和移民的社会权利。相反，关于撒切尔和右翼政府的记录是无所作为的。因此，英国的案例强调了考虑政策领域的重要性，即在这些领域中，左翼和右翼政府都有不同程度的改善或惯性政策记录，而不仅仅是关注以党派冲突为特征的政策领域。

对影响这六个国家移民权利的政策的审查，揭示了政府党派组成的重要性，但有几个因素阻碍了将政党立场转化为立法的工作。在政党内部，特别是大的政党和党派集团内，存在着意见分歧。主流右翼包含持自由主义观点的政治家，就像左翼有其限制主义者一样。多党政府和少数派政府在立法方面也存在明显的分歧，政策进程中的权力分享特点也是如此。也不会让政府总是放弃右翼政府提出的限制性立法。

尽管有这些相互抵消的影响，但在各国制定包容性和限制性政策的过程中，左、右翼分歧一直是包容和排斥政治不可分割的一部分。在政策建议方面，左、右翼的分歧往往比在政党谈判中产生的实际立法更为尖锐，但即使是其中的许多法律也以政党政策分歧为标志。行政机关中的政党有权启动和负责制定政策，这一权力超过了官僚和司法政策场域的特权。简而言之，政府的党派构成是一个不可忽视的重要因素，这种情况由来已久。

移民在政策制定过程中的组织和渗透

移民在何种程度上以及如何渗透到政策制定过程，并产生了什么影响？

移民的政治参与是一个不断扩展的研究领域，越来越多的是从比较的角度来研究移民的政治参与问题。然而移民在政策制定过程中的组织和渗透很少被视为塑造政策的解释性变量。未能做到这一点，有几种解释。其中，新移民一般被认为在政策制定过程中可以忽略不计，或者作为决定因素而居于系统因素的首要地位。

尽管有淡化移民作为政治角色的倾向，但在过去 20 年里，移民在所有六个国家都占据了关键的政治职位，担任议员、内阁部长、初级部长、部长顾问、州长或政党领导人。另一个变化是，第一代移民在几个国家担任这些职位的人数有所增加。此外，尽管学术界越来越重视移民的跨国活动，但移民的政治动员往往围绕着移民及其在居住国的权利而进行（Koopmans et al.，2005：Chapter 3）。

对移民在政治进程中的立场进行梳理，可以看出移民的政治组织及其在这六个国家对政策进程的渗透程度存在很大的差异。只有三个国家即美国、瑞典和德国有移民直接参与制定影响其权利的政策。在这些国家中，移民或有移民背景的人对政策产生了内部影响。涉及移民和少数族群的协商安排在欧洲国家中很常见。在某些情况下，协商涉及融合或社会政策的执行，即对现有政策的管理。不过，协商安排仍然为影响政策议程或资源分配以及游说提供了机会。在英国、法国和瑞典，移民政策的政策机制也成为移民参与和积极行动的舞台。移民组织的最后一个方面是渗透具有政治意义的重要组织，如政党。各方的渗透可以使政党领导人更加重视移民的需求和关注，从而产生间接的政策影响。

美国：一个由移民和移民政治组成的国家

在美国这个拥有包容性纳入制度的“移民国家”，人们期待移民和族裔渗透到政策的推进过程中，并对移民人口和少数族裔进行政治动员。事实上，自20世纪60年代末以来，美国的有关组织资源有所增加；国会中少数族裔代表人数显著增加；移民组织和有关战略也经常配合非裔美国人的领导。举例而言，少数族裔代表组成了国会核心小组，按顺序分别为：首先是非洲裔美国人（1969），然后是西班牙裔美国人（1976），最后是亚洲裔和太平洋岛民（1994）。该核心小组可以监测立法对其选区成员的影响。少数族裔和移民国会议员逐渐加强了他们在众议院处理社会福利和移民事务小组委员会中的地位。由于支离破碎，因而移民和少数族裔对政策进程的渗透只是产生了影响的可能性，但不能保证结果的确定性。一个根本的弱点是移民和少数族裔的渗透主要局限于众议院和民主党中。此外，即使是在少数族裔代表人数占多数的移民小组委员会中，也有狂热的限制主义者担任委员。

尽管国会少数族裔议员在1996年的《福利法案》通过的许多波折中，

要么失败，要么只对移民做出微小的改变，但他们作为国会内外一个更大政策联盟的一部分，已经影响了移民立法。一项重大的成就是，1996 年的《移民法案》（IIRIRA）中关于减少合法移民的条款被否决了。同样，西班牙裔游说团体及其在国会的盟友留下了 1986 年的《移民法案》（IRCA）的印记，以扩大大赦计划的资格，禁止基于移民身份的歧视，并在司法部设立一个新办公室，负责调查歧视案件。甚至在更早的时候，国会的少数党成员联合起来支持 1980 年的《难民法》。在 1998 年和 2002 年，移民获得食品券的机会逐步恢复，这取决于建立一个广泛的联盟，包括移民组织、福利游说团体、营养团体、农民协会以及移民高度集中的州的官员。

相比之下，在我们的一些案例中，美国移民可以说比其他国家的移民拥有更大的政治影响力。越来越多的国会议员成为移民和少数族群的代言人；由于他们的努力，因而移民群体可以参与到立法程序中。移民组织已经推行了成功的游说和诉讼策略，他们在几起案例中获得了胜利。自 1996 年总统选举以来，移民的选票变得更加重要，特别是候选人逐渐争夺拉丁裔移民的选票。然而政治权力具有一定的关联性，必须根据国家背景下其他行动者的权力资源进行评估，而不仅仅是跨国比较。在 20 世纪 90 年代中期，美国移民的社会权利面临巨大挑战，众议院共和党决心削减非公民的福利，共和党控制了众议院和参议院，总统承诺进行福利改革。在没有盟友的情况下，少数族裔代表在政策推进过程中的少数地位被暴露无遗。

这里需要强调两点：第一，政策进程的分歧意味着少数族裔的影响力往往需要参与到更广泛的政策联盟中。第二，“否决”站点同时起到“机会”站点的作用，一个站点中的故障可以通过另一个站点的成功而逆转或缓解。一个有启发性的例子是，移民组织利用法院推翻了州政府剥夺无证件移民的社会权利的政策和里根政府对无证件移民合法化方面的限制性程序。

瑞典：移民作为政治内部人士和议程制定者

与美国移民不同的是，瑞典移民在 20 世纪 70 年代初没有议会代表，但发生了包容性的转变。正如我们现在所看到的，移民群体作为内部人士反而推动了政策的制定进程。作为移民政策和地方投票权调查委员会的专家，他们为后来法律的制定提供了一些建议。

委员会中含有移民背景的专家和成员，这样的做法开创了先例。自20世纪70年代中期以来，具有移民背景的人作为专家或成员被纳入许多处理移民问题的调查委员会中。这种包容性做法符合长期以来的《宪法》规范，即与受所审议立法直接影响的有关方面进行协商。这一规范主要在政策层面，为影响纳入制度提供了可能性，但对社会政策本身的影响要小得多。然而当纳入制度政策层面和社会政策相互交织时，委员会的建议又影响了移民的社会权利。

除了在立法进程的准备阶段发挥作用外，移民群体也是议程的制定者。在这一方面，移民帮助重新制定政策，使其不再是一项由调整措施组成的外国人政策，而是一项移民政策，其目标包括平等权利和相互尊重。在20世纪90年代的辩论中，有移民背景的人提出了新的批评，这对立法产生了影响。他们批评了“移民”一词，强调它的使用区分了移民和瑞典人，强调了当地人对移民的反对。这一术语已从几项法律中被删除，移民政策也被重新命名为融合政策。

在20世纪60年代，移民也加入了工会和政党，作为成员，他们开始在内部辩论中表达移民的要求，并努力将移民问题列入议程。在20世纪80年代，第一代移民获得了左翼政党管理委员会的职位；到了90年代，非欧洲移民开始进入政党领导层，先是作为政党内青年组织的官员，后来又作为政党的官员。工会和政党也是进入议会与行政办公厅的跳板。1979年，第一批“移民”候选人当选为议会议员。随着1994年、2002年和2010年选举的重大突破，移民担任官员的人数增加了，他们的种族背景也变得更加多样化，外国出生的人也可以晋升到部长职位。

总之，移民的渗透显示了瑞典政策制定进程的平易近人之处。它的开放性体现在第一代移民的数量上，移民曾是调查委员会的成员或专家、议员和内阁部长。通过将他们纳入调查委员会中，他们也参与了移民政策的制定，在某些情况下还行使了移民的社会权利。诚然，移民代表和专家是少数部分，批评人士会认为他们是多数人“利用的工具”。尽管如此，移民观点在政策制定的筹备阶段就有所体现，在某些情况下，移民观点对政策产出具有决定性作用。具有移民背景的国会议员也影响了政策议程，延续了议程制定者的传统，在2006年至2010年间，一名移民内阁部长曾负责融合政策。

德国：同族裔移民作为内部人士，而外国人仅作为外部人士

德国的纳入制度对移民和外国人有截然不同的态度，这为移民的政治参与和动员已设定了参数，造就了政治局内人和局外人。从历史上看，作为德国人和公民，同族裔移民几乎可以立即进入政治进程，并且他们在配置移民的地位和社会权利方面具有深远的影响。来自德裔的移民，即被驱逐者（Vertriebene）和来自第三帝国前领土的难民，成为德意志联邦共和国的一股政治力量。到了20世纪50年代初，德国移民已经渗透到权力走廊，成为公务员、议员甚至部长。77名海归议员（所占比例为18%）在1949年的第一次联邦议院选举中当选，代表所有政党。选举胜利后，基民盟总理康拉德·阿登纳（Konrad Adenauer）立即成立了驱逐出境部门。新部门的部长由波兰的一名被驱逐者汉斯·卢卡申科（Hans Lukaschek）担任。他在1953年的立法中引入外迁移民的地位，确立了重新定居者和德国人之间的社会平等原则——共同族裔移民社会权利的基础（Schindler，1999：1031－1045；Levy，2002：20－23，29；Joppke，2005：170，286）。

相比之下，外国人的政治活动最初是受到压制的，人们普遍持怀疑的态度。外国人的政治动员受到政治权利发展迟缓和非德裔移民入籍率低的限制。虽然《基本法》保障集会和结社的权利，但外国公民在1964年才首次获得建立自己的社团的权利。虽然同族裔移民可以组成同胞协会来捍卫他们的权利，但外国人不愿意参与到与其祖国相关的协会中。这种参与被视为违背了对德国的忠诚或持久承诺，这是入籍的一项要求。自1967年以来，外国公民被允许加入政党，但不像被驱逐者那样组建政党。立法

还禁止外国人成为多数党的代表（Hammar，1990：79；Neuman，1998：265；Green，2004：17）。同样重要的是，非德裔移民很少有机会进入联邦政策进程，参与制定直接影响他们的措施。

综上所述，在一个关键的政策关头，同族裔移民通过内部代表显著地影响了外来移民的社会权利。尽管驱逐出境部门在20世纪60年代末被废除，但直到90年代才发生了一次根本性的政策调整。外来移民的地位被重新定义并逐渐消失，政策决定改变同族裔移民的特权社会权利。在政策变化的同时，最近一拨移民（Spataussiedler）的政治影响力也在恶化（Munz and Ohliger，1998：180，194；Klekowski von Koppenfels，2003：310－312，315，318）。在21世纪初，德国新移民和非德国移民在联邦与州一级的政治决策机构中的代表性都很低（Wust，2011），与第一拨移民在政策进程中的渗透相比，他们在这10年中的进步仍然相形见绌。

移民的政治遗留问题一直延续到21世纪初期。即使在同族裔移民的社会权利受到侵蚀之后，同族裔移民仍然是社会福利的净受益者。相比之下，外国移民的政治边缘化对其社会权利的影响集中在两个方面：首先，未能解决“外国人利用社会救助的问题”，这早在1979年就被认定为问题；其次，外国人的经济需求经常超过德国人的经济需求，仍然是社会保护体系的净贡献者。

英国：参与工党和种族平等政策机制

在英国，移民对政策进程的渗透是一个渐进且不稳定的过程，它主要包括参与工党和在种族平等政策机制中获得职位。早在20世纪60年代，新英联邦移民就已在工党中确立了一定的地位，移民积极分子参与了1965年和1968年的《种族关系法案》背后的政策联盟。移民也指出了当地种族关系委员会的缺点。他们的批评连同报告广泛存在的歧视的研究，帮助当局把种族关系重新提上了政策议程，并促成了1968年的《种族关系法案》的出台。

虽然第一个新英联邦移民作为工党候选人参加了1964年的议会选举，

但直到20世纪80年代末，明显属于少数族裔的候选人才成功当选为议会议员。自4名少数族裔工党候选人在1987年的选举中获胜这一突破以来，少数族裔代表人数有了小幅上升，在2005年的选举中，总共有15名议员（13名工党议员和2名保守党议员）当选（Layton-Henry，1992：163－169；Solomos，2003：199－202；Criddle，2005：160）。少数族裔和移民在选举中具有一定的影响力，因为他们集中在一些选区，而且他们强烈支持工党。

少数族裔在工党中的人数日益增加，与此同时，他们在种族平等政策机制和就种族问题进行游说的主要组织中巩固了自己的地位。在20世纪六七十年代，委员会成员几乎全是白人名流，而20年后，他们代表了广泛的少数族裔。同样重要的是，多年来国家和地方一级的政策机制得到了加强。在持续性的立法审查和改进建议的命令下，种族平等委员会采取了积极的立场，其在这一政策领域中的权威有所增加。

新工党上台后，政府采取了照顾少数族裔和移民社区的关切的措施。为了回应来自选区办公室的抱怨，政府取消了通常会阻碍家庭团聚的武断规定，还通过了一项法律，以加强对种族骚扰和袭击的惩罚。随后工党引入了2006年的《种族和宗教仇恨法案》，该法案长期以来受到穆斯林拥护者的青睐（Bleich，2003：197，9；Somerville，2007：20，58）。最深远的变化是2000年颁布的《种族关系法案》，该法案旨在与制度上的种族主义做斗争。

综上所述，移民和少数族裔间接地影响了英国融合政策的旗舰——反歧视政策，而反歧视政策对于将他们的正式的社会权利转化为有效的权利具有重要的意义。相比之下，移民和少数族裔几乎没有机会参与到制定移民社会权利政策的过程中，因为这一过程日益成为内政部和社会保障部的行政政治领域。

丹麦：延迟获取和针对排斥的动员

丹麦的移民对移民政策或移民的社会权利并没有产生太多的影响，无论是直接的还是间接的。如前所述，直到20世纪90年代，移民才被纳入丹麦处理移民政策的主要调查委员会。虽然第一批有移民成员的委员会为新移民和少数族裔制定了积极的立法（创建了种族平等委员会，它于2002年被解散；它改善了移民的成人教育状况），但政府无视或修改了委员会关于融合的许多建议。

移民在获得议会和行政职位方面也进展缓慢，尽管他们在当选地方官员方面做得很好。第一批移民于2001年进入议会，而在2010年之前还没有人能够获得内阁席位。与英国和瑞典相比，丹麦的主要左翼政党没有为移民提供多少晋升到议会办公室的平台。移民首次以社会民主党候选人的身份进入议会是在2007年，然而在地方一级，社会民主党的纪录要好得多。社会民主党派出的竞选地方公职的移民候选人数量最多，而且他们的成功率远远高于其他政党的移民候选人（Togeby，2003：183，185）。尽管如此，移民和少数族裔选民及积极分子在丹麦社会民主党中，并没有像他们在工党中那样构成一个有影响力的选区。相反地，在移民高度集中的社区中，社会民主党市长的影响力似乎超过了移民和族裔选民在丹麦政党内作为一个选区的影响力。

不仅移民进入调查委员会和议会办公室的机会被推迟，而且他们最初以对抗而不是以合作为特征的组织活动也是软弱无力的。事实上，排斥引发了移民抗议，并在20世纪70年代成为一股动员力量。由于移民变得更有组织性，因而随着国家咨询机构的设立，协商和包容的必要性得到了正式的承认。咨询委员会允许与移民和族裔组织进行某种形式的协商，这种协商与立法程序无关。然而比参与调查委员会更为流行的就政策建议举行的正式听证会，使移民和少数族裔组织有机会公开他们的意见。此外，理事会还提供了一个能够影响政策议程的论坛（Togeby，2003：153－154，Chapter 9）。

2001年之后，丹麦人民党成为一个掮客型政党，移民基本上被排除在影响他们的政策进程之外。造成非公民的社会权利的恶化的排斥政治，也反映在移民的诉求中。与英国、德国和法国的移民相比，丹麦移民尤其是新移民的社会权利的诉求主要集中在融合问题上（Togeby，2003：143，

151－152）。

最后，移民受到的排斥和政治孤立有助于解释2007年选举中由纳泽·卡德（Naser Khader）领导的新政党——新联盟政党的出现。卡德是从小来到丹麦的第一代移民，他强调该政党是移民人口和丹麦人之间的桥梁，其目的是结束反移民党的中间人地位。新联盟政党几乎成功了。它在议会中赢得了5个席位，但随后就分崩离析了。更为糟糕的是，该党一名当选议员转而支持极右翼政党，对削弱丹麦人民党的战略造成了致命打击。一年半后，新政党陷入混乱。不再是该党领袖的纳泽·卡德离开该党，加入了保守党。在2011年大选之前，政府与恶化移民权利的极右翼政党之间的谈判一直是家常便饭。

法国：抗议、协商和任命

在法国，一直到1981年，移民的组织活动都因结社权受限而面临重大限制。在战后早期，移民的行动主义往往被引入工会和政党，特别是共产党及其主导的工会，这些工会组织了许多移民工作的分支机构（Schain，1999）。移民工人也参加了抗议活动，他们拒付租金并举行了罢工。在1981年立法赋予移民平等的结社权利并为移民提供补贴后，移民组织蓬勃发展。在出现族裔协会的同时，移民社区也进行了更多的协商。在20世纪80年代，移民和具有移民背景的人是人权与反种族主义运动的积极分子，而在90年代，则是在无国界的运动中的积极分子（Waters，2003）。随着移民和他们的孩子把希望寄托在密特朗总统身上，移民党派激进主义分子在20世纪80年代从共产党转向了社会主义党，但这些希望在90年代开始幻灭。左翼政党和工会不再像以前那样履行帮助移民社会化的职能（Schain，1999）。

这种组织方式影响了移民和少数族裔潜在的政策，直接行动影响了移民，也影响了移民政策和社会政策。有几次示威和大规模动员使最具争议的提案从法案中删除，或拖延通过有争议的提案。20世纪80年代中期，示威活动促使政府撤回了修改《国籍法》的建议，并停止了1980年的

《邦纳法》（*Bonnet law*）中最严厉的措施以及20世纪90年代中期的类似建议。从20世纪70年代末到21世纪头十年的中期，零星但反复发生的抗议和动荡促使新的社区行动计划得以实施，并促使额外的资源被分配到移民社区。

在常规政策进程中，要找到移民影响的痕迹是比较困难的。法国式的协商经常在部门做出自己的决定时结束，这与被咨询的人的观点相反并引发抗议，与移民组织的协商也不例外。法国的移民协商主要涉及社会福利和融合项目的执行，2006年移民福利机构的解散消除了一个正式的协商渠道。它代表了萨科奇强调的同化的一个方面，终止了对以移民身份作为组织基础的官方制裁，并取消了移民组织的一个重要舞台。

移民通过民选办公室对政策进程的渗透呈现出矛盾的情况。一方面，来自欧洲国家的移民已经晋升到高级政治职位——总统、总理、政府成员或议员。此外，国民议会长期以来都有有色人种成员，但他们是由海外领土而不是由法国大都市选举产生的。另一方面，代表当前移民群体的非洲裔或阿拉伯裔政客在当选公职方面没有类似的优势。在2002年和2007年的议会选举中，主要政党几乎没有派出非欧洲背景的移民候选人，也没有一个人当选。在本书所述的国家中，法国国民议会在非欧洲少数族裔作为国会议员的代表人数与选民人数之间的差距最大（Messina，2007：215；Brouard and Tiberj，2011：164－165）。

虽然对非欧洲血统的人来说，议会办公室难以捉摸，但指定的办公室已逐渐向他们开放。社会党总理伊迪丝·克雷森（1991—1992）任命了一位融合了多哥血统的副部长（Weil，2004：287），在21世纪的头十年里，这一比例有了进一步的上升。在萨科奇总统的领导下，菲永政府任命了第一位有着北非血统的第二代移民担任一个重要的部长职位——司法部部长，然而作为初级部长的短期任期和职位降低了其影响政策的可能性。尽管取得了进步，但非欧洲移民仍未在高度集中和隔离的政策进程的核心圈子中获得持久的存在。

综上所述，移民组织和渗透政治进程的模式在这六个国家有所不同，这些不同为政策变化提供了分析上的洞见。与社会政策相比，移民在直接或间接影响移民和移民政策及融合政策方面更为成功。最重要的例外是德国的案例，一名少数族裔移民负责强化难民的社会权利的立法的引入，这使他们与其他德国人平起平坐。在美国，拉美裔和非洲裔美国人是将难民的社会权利制度化的联盟的一部分，同时也是在 1996 年的《福利法案》之后部分恢复移民社会权利的联盟的一部分。

不管这些国家的移民采用何种政治融合方式，他们都已参与政治活动。他们以集体或个人的方式行使了他们的权利。例如，2006 年美国各地爆发大规模示威，反对对无证件移民实施更严厉的制裁，这是迄今为止拉美裔组织的规模最大的示威活动（MN，2006：2，3）；还有对英国官员在公共住房方面的不利决定提出个别的法律挑战。移民越来越多地参与政治进程，但他们对于政策进程的渗透在这六个国家中却显得很不均衡。

结　论

通过借鉴比较福利国家研究和国际移民文献，这里使用的分析框架，在了解影响移民权利的政策产出和政策变化方面产生了相当大的作用。这个框架比只使用福利国家文献或移民文献中的理论观点更有成效。该分析还对社会政策和移民政策之间的联系的重要性提出了新的见解。正如我们所看到的，移民的社会权利越来越多地受到移民法律法规以及在某些情况下的融合措施的影响。在所涉及的六个国家中，新移民的社会福利如果与接纳政策或纳入制度的政策层面交织在一起，就会受到严重削弱。

该分析的另一个优点是它同时审查了权利的扩张和收缩，而以前的许多研究只涉及移民权利的扩张。权利收缩的引入为权利扩张过程的理论主张或解释提供了一个检验。这些结果也与只考虑移民权利而不考虑限制和收缩权利变化的描述有很大不同（Koopmans et al.，2005：73）。

在实证分析的基础上，本书检视了之前研究的几种理论假设和主张。其中包括政策场域论点、反民粹主义规范论点，以及与成本效益演算和移民地域维度相关的假设。在检验官僚和司法场域促进移民权利（特别是社会权利）扩张的主张时，一方面，本书分析指出了官僚和司法政治的局限性；另一方面，分析结果表明了政策场域在制定政策方面的重要性。正如我们所发现的，同一国家不同的政策场域或政策场域的变化都对政策产出和移民权利产生了重大影响。此外，行政政治或官僚场域对移民的社会权利具有决定性作用，但不是政策场域进行假设的论点。

对于主流政党倾向于将移民和移民政策排除在竞选舞台之外的论点的实证审查表明，六个国家的主流政党都在这些议题上进行了竞选活动，在四个国家中没有反移民政党，这可以解释主流政党的行动。当主流政党选择不提出移民或移民权利选举议题时，经常是出于赢得选票并获得职位而不是反民粹主义规范的战术考虑。

此处的分析还呼吁，要重新考虑地域维度、以扩散成本和扩张或包容性政策产出的集中效益为特征的成本效益计算。笔者对这种成本效益计算的相关性研究是有关移民权利方面的而非政策方面的。在理论方面，学者们认为，特定地区的移民集中是限制的驱动力（Money，1999；Freeman，2002）。笔者的分析表明，移民安置的地域集中（如丹麦）与分散（如德国）可以促使对移民社会权利的限制和收缩。同样，如美国一样的高密集的移民会促进权利的扩张和收缩。在这六个国家中，一个有助于弄清这些看似矛盾的模式的因素一直是成本效益计算中被忽略的组成部分，即政府资助社会福利的水平。

最后，有三点值得强调：第一点是六个国家的框架、思想和意识形态传统的重要性，尽管其在配对比较中的含义是完全不同的。两个自由主义政权国家在政府制度和权力集中方面是两个极端。除了政党不同，权利收缩政治的性质也明显不同。尽管存在这些不同之处，美国和英国的情况仍非常相似。包容与排斥政治的比较等政策禁止新移民在该国的头几年获得家计调查的福利。这两个国家最重要的共同点是自由主义传统建构框架。20世纪六七十年代引介来自反歧视措施的大量政策（Bleich，2003）和20世纪90年代的工作福利措施也受到了相似的政治传统与制度化的自由主义思想的推动（King，1995，1999）。

框架和意识形态传统对于解释保守社团主义体制国家对俾斯麦模式的不同政策反应也至关重要。框架影响了问题的建构和政治的合理正当性。

社会排斥、民族团结和权利（尤其是包容权）是法国框架的主要组成部分，而德国的框架则强调了工作性质的变化，仅团结纳入社会保险计划之中的成员和辅助原则，对问题建构的分歧提出了不同的政策解决方案。

两个社会民主体制国家的政府机构比自由主义和保守社团主义体制国家的政府机构更为相似。尽管存在许多共性，但在合并制度上的差距仍然有所扩大，丹麦人也采取了削减新移民福利的策略。移民政策初始框架的差异在两个方面非常重要。首先是框架对移民权利的直接影响。丹麦人将新移民定义为临时驻扎在该国的外国工人，与瑞典将移民定性为具有平等权利的潜在定居者相比，这种框架不利于移民权利的进步。瑞典人强调与移民建立伙伴关系并相互包容，而丹麦框架中没有类似的内容。瑞典的框架有助于政策的制定，同时也可改善新移民的社会、文化和政治权利。其次是初始框架的遗产继续与瑞典政策进程相关。社会民主党政府在将移民政策重新塑造为融合政策，在很大程度上重申了平等权利、共同参与社会发展、相互尊重和包容的长远目标。在制定政策和辩护政治中，权利框架继续引起共鸣的一个例子是融合政策。引入与集成协定相关的限制的尝试遭遇失败。丹麦政治中缺少权利框架和相互尊重的元素，而融合政策在很大程度上已成为限制移民权利的工具。

第二点涉及政党的中心地位、塑造移民权利的左翼和右翼分歧。六个国家中的左翼和右翼的差异以及政府的党派组成影响了移民权利政策。在之前的大部分有关移民、融合政策和移民权利研究文献中，政党一直是被忽视的因素。最近将各方纳入分析体系的尝试往往集中在选举方面的战略上，而不是执政党方面。虽然已注意到了极右翼和主流右翼的政党，却不太重视左翼政党和左右翼政党的分裂。本书的分析集中在执政层面和各政党的各个方面，记录了政党和左、右翼分歧对移民权利政策的影响。

第三点是移民政治。与大多数先前的研究相比，本书对政策进程的存在和渗透的关注体现了研究移民政治的更广泛视角。人们经常将移民与政策进程的关系视为政策接受者之一，而不是政策制定者之一。在考虑移民可能产生的影响时，早期的研究主要涉及政治进程和政策进程的议程设定阶段，重点是移民的动员、测试和索赔。通过转移重点和审查政策进程的渗透，这一分析产生了意想不到的见解。其中三个国家的移民作为局内人参与了政策进程，他们可以解释政策输出的变化。这三个案例表明，移民政策影响的政治包容是开放式的。它们的政策进程的渗透并不一定导致包容性的政策立场和采用特定的包容性的政策，特别是在渗透性赋予特定种族群体以特权的情况下，如德国的情况。然而将移民纳入政治进程和政策进程，可以改变支持包容性或排斥性措施的政治力量的平衡，从而对包容和排斥的政治产生重要影响。

第十二章　结论：移民权利——福利国家的挑战

本书提出，把对移民和福利国家讨论的重点放在福利国家对移民的社会权利、经济福利和社会融入的影响上。本书也提出重新思考福利国家面对的挑战，我们需要开始考虑，把社会新成员及其孩子的移民权利与社会融入作为一个主要的挑战，而不是把移民和种族多样性视作对福利国家政策的威胁。

首先，为了理解现在新成员融入社会所面临的挑战，本书已经分析了移民在福利国家范围内的社会权利。第一个结论是，在移民的社会权利和福利制度类型的问题上，国家之间存在相当大的差异。有关三种福利国家类型的章节已经揭示了制度的属性和不同福利体制的紧缩政策是如何影响移民权利的。最重要的是，福利国家去商品化政策对移民的影响会根据福利体制类型的不同而不同。社会民主体制国家去商品化程度最高，这意味着，与保守社团主义体制国家相比，尤其是与那些自由主义体制国家相比，在脱贫和确保移民享有社会可接受的生活水平方面，它们的政策更为高效。

第二个同样重要的结论是，移民与本地公民的社会权利之间存在重大的差异。对于正式的社会权利和权利扩张的关注造就了一种普遍的假设，那就是在合法的外国居住者和本地公民之间几乎没有不同，并且这导致人们并不认为不平等的权利和社会融入会成为问题。但是对于实质或有效的社会权利的调查，揭示了在福利国家公民和移民的社会权利的质量之间存在着差距，这也反映在福利的获取方面。我们的分析显示，与移民相比，本地居民更有可能享受一种社会可接受的生活水平；居民更有可能获得与他们的需求有关的福利，并且当他们获得福利时，他们的生活水平更可能被提升到贫困线之上。这些结果清楚地驳斥了一些断言：移民获得福利损害了公民享受的社会权利的质量或妨碍了公民获取福利。

我们发现白种人和可见的少数族群的社会权利之间的不同，与公民和移民的权利之间的差异相似。最值得关注的问题是，与白人相比，福利在消除明显的少数族裔的贫困风险上的作用较差。移居入境在社会权利方面引入新的分层模式，在福利国家中移民和可见的少数族群所拥有的更少的实际性权利构成了挑战的核心。

另一个问题涉及，随着时间的推移，移民的社会权利发生什么样的变化以及变化的方向如何。新成员的社会融入是一个不断增强的挑战吗？我们看到，移民的社会权利变化往往遵照战后福利国家扩张和收缩的变迁。移民普遍得益于政府津贴制的发展，而他们往往不成比例地受到福利国家削减规模和经济衰退的影响。

因为某些原因，人们很容易把 20 世纪 90 年代中期视作强化跨国家的限制性转向的开端。一些国家的福利国家结构调整加速。同时人们很少关注这些变化如何影响移民权利，很少关注改革对移民权利的不同影响。在福利国家中，最明显的例子之一是养老金改革，在一些方面，对移民的社会权利的损害已经变得不被注意和不被分析了。

另外，过去 20 年间的改革小心谨慎地设法缩减移民的社会权利。或许移民权利的最基本的改变是地域原则的突破，这样社会权利是以公民身份而不是法定住所为基础的。然而到目前为止，这种变化并没有在所有国家发生。同时，自 20 世纪 90 年代中期以来，在移民和非公民获得福利的权利以及寻求纠正移民意外取消资格的福利措施方面都有较大的进步。

同样地，竞争性的发展进程已经表现出了具有不同的准入类别的社会权利的特征。一方面，具体的准入类别已经经历了一个急剧的社会权利的弱化。以 1985 年为基础并比较那时和 21 世纪初寻求庇护者的社会权利，显示了他们在各个国家权利的突变。无证件移民的社会权利状况严重恶化，只出现了偶然的改善迹象。另一方面，随着时间的推移，公民以及在某些情况下永久居住在欧盟成员国的第三国国民的权利有所改善。这些矛盾的趋势导致了不断增长的以准入类别为基础的移民社会权利的区别产生，欧洲国家恢复劳工移民进一步加剧了移民权利的分层。

纳入制度的政策层面的变化也被描述为一个限制性的转折点。一些学者指出，近期促进移民公民化的政策变化相当于利用狭隘的手段，因此构成了压制自由主义的一种形式（Joppke，2007；Guild et al.，2009）。克里斯蒂安·乔普克进一步声称，公民融合政策的趋同与国家模式或“国家独特性的削弱”有很大的不同（2007：1）。在六个国家中，还有两个国家与这一趋势相去甚远。在几个国家但不是所有的国家里，一个负面的事态发展是对永久居留许可的要求有所增加，使其类似于入籍申请。在家庭团聚的政策方面，限制增加了一倍，并且自 21 世纪头十年的中期以来，有几个国家将语言能力作为入籍要求。但是关于家庭团聚的变化又一次广泛地发生在这六个国家，在丹麦要求得最严格，在瑞典要求得最宽松。在国籍政策方面，各国都有不同的突出发展。在丹麦和英国推行最严格的限制；在法国和美国，推行更为严格的准入要求的尝试失败了；同时对国籍的要求在德国和瑞典有所放松。大体上，反歧视立法工作已经开始加强，即使不能公平地改善现有状况。

纳入制度的政策层面的变化不仅仅使融入更加困难，它们也损害了移民的社会权利。融合措施与社会权利有两种联系。在一些国家，非公民利用援助福利成为参与融合计划的候选人，并且未能遵守规则而遭受严厉的制裁，包括从福利的撤回和罚款到永久居住资格及入籍资格的不合格。最终，政策制定者把社会权利和准入政策联系在一起，相信福利对移民来说是一块磁铁，并且可以通过消除获得福利的途径或减少福利的方式阻止他们。即使在这一点上，国家之间也存在着差异。

总体而言，虽然出现了权利缩减和差异的程度大于权利扩张程度的转变，但是主要政策变化对移民权利产生影响的情况依然存在，而且国家范围内的政策发展既不是非线性也不是统一的。这些非规律性以及各个国家的竞争趋势，凸显了政治的重要性。在面对新成员的社会融入的挑战和改进移民与可见的少数族群越来越少的社会权利方面，包容与排斥的政治会对结果产生决定性的影响。

参考文献[1]

[1] Abiri, Elisabeth. 2000. "The Changing Praxis of 'Generosity': Swedish Refugee Policy during the 1990s," Journal of Refugee Studies 13 (1), 11 – 28.

[2] Adema, Willem. 2006. "Social Assistance Policy Development and the Provision of a Decent Level of Income in Selected OECD Countries," OECD Social, Employment and Migration Working Paper No. 38. OECD: Paris < www. oecd. org/els >, accessed July 31, 2009.

[3] Alber, Jens. 1986. "Germany," in Peter Flora (ed.), Growth to Limits: The Western European Welfare States since World War Ⅱ, Vol. 2. Berlin: Walter de Gruyter, pp. 1 – 154.

[4] Alber, Jens. 2003. "Recent Developments in the German Welfare State: Basic Continuity or a Paradigm Shift?" in Neil Gilbert and Rebecca A. Van Voorhis (eds.), Changing Patterns of Social Protection. New Brunswick, NJ: Transaction Publishers, pp. 9 – 73.

[5] Alber, Jens and Gilbert, Neil (eds.). 2010. United in Diversity? Comparing Social Models in Europe and America. New York: Oxford University Press.

[6] Aleinikoff, T. Alexander and Klusmeyer, Douglas. 2002. Citizenship Policies for an Age of Migration. Washington, DC: Migration Policy Institute.

[7] Alesina, Alberto and Glaeser, Edward L. 2004. Fighting Poverty in the US and Europe: A World of Difference. Oxford: Oxford University Press.

[8] Andersen, Karen. 1979. Gastearbejder, udlanding, indvandrer, dansker! Migration till Danmark 1968 – 1978. Copenhagen: Gyldendal.

[9] Anttonen, Anneli and Sipila, Jorma. 1996. "European Social Care Services: Is It

① 为方便读者查阅，本书按原版复制参考文献。

Possible to Identify Models?" Journal of European Social Policy 6 (2), 87 – 100.

[10] Armingeon, Klaus and Bonoli, Giuliano (eds.). 2006. The Politics of Post-industrial Welfare States: Adapting Post-war Social Policies to New Social Risks. London: Routledge.

[11] Arter, David. 1999. Scandinavian Politics Today. Manchester: Manchester University Press.

[12] Arts, Wil A. and Gelissen, John. 2010. "Models of the Welfare State," in Francis G. Castles, Stephan Leibfried, Jane Lewis, Herbert Obinger, and Christopher Pierson (eds.), The Oxford Handbook of the Welfare State. Oxford: Oxford University Press, pp. 569 – 583.

[13] Arvidsson, Monika. 2009. "EU Labour Migration: Government and Social Partner Policies in Sweden," in Bela Galgoczi, Janine Leschke, and Andrew Watt (eds.), EU Labour Migration since Enlargement: Trends, Impacts and Policies. Farnham: Ashgate, pp. 87 – 100.

[14] Ashford, Douglas E. 1982. Policy and Politics in France: Living with Uncertainty. Philadelphia: Temple University Press.

[15] Ashford, Douglas E. 1991. "Advantages of Complexity: Social Insurance in France," in John S. Ambler (ed.), The French Welfare State: Surviving Social and Ideological Change. New York: New York University Press, pp. 32 – 57.

[16] Aspinall, Peter and Mitton, Lavinia. 2007. "Are English Local Authorities' Practices on Housing and Council Tax Benefit Administration Meeting Race Equality Requirements?" Critical Social Policy 27 (3), 381 – 414.

[17] Aytar, Osman. 2007. Mangfaldens organisering: Om integration, organisationer och interetniska relationer i Sverige. Stockholm: Department of Sociology, Stockholm University.

[18] Back, Henry and Soininen, Maritta. 1996. Invandrarna, demokratin och samhallet. Gothenburg: Forvaltninghogskolans rapporter, University of Gothenburg.

[19] Baldwin-Edwards, Martin. 1991. "The Socio-Political Rights of Migrants in the European Community," in Graham Room (ed.), Towards a European Welfare State? Bristol: SAUS Publications, pp. 189 – 234.

[20] Baldwin-Edwards, Martin. 2004. "Immigrants and the Welfare State in Europe," in Douglas S. Massey and J. Edward Taylor (eds.), International Migration: Prospects

and Policies in a Global World. Oxford: Oxford University Press, pp. 318 – 334.

[21] Baldwin-Edwards, Martin and Schain, Martin A. 1994. "The Politics of Immigration: An Introduction," in Martin Baldwin-Edwards and Martin A. Schain (eds.), The Politics of Immigration in Western Europe. London: Frank Cass, pp. 1 – 16.

[22] Bale, Tim. 2003. "Cinderella and Her Ugly Sisters: The Mainstream and Extreme Right in Europe's Bipolarising Party Systems," West European Politics 26 (3), 67 – 90.

[23] Bale, Tim. 2008. "Turning Round the Telescope: Centre-Right Parties and Immigration and Integration Policy in Europe," Journal of European Public Policy 15 (3), 315 – 330.

[24] Bale, Tim (ed.). 2009. Immigration and Integration Policy in Europe: Why Politics — and the Centre-Right — Matter. London: Routledge.

[25] BAMF 2007. Integration in Zahlen 2006. Nurnberg: Bundesamt fur Migration und Fluchtlinge <www. bamf. de>, accessed December 20, 2007.

[26] Banting, Keith. 2000. "Looking in Three Directions: Migration and the European Welfare State in Comparative Perspective," in Michael Brommes and Andrew Geddes (eds.), Immigration and Welfare: Challenging the Boundaries of the Welfare State. London: Routledge, pp. 13 – 33.

[27] Banting, Keith and Kymlicka, Will (eds.). 2006. Multiculturalism and the Welfare State: Recognition and Redistribution in Contemporary Democracies. Oxford: Oxford University Press.

[28] Barbier, Jean-Claude and Theret, Bruno. 2003. "The French System of Social Protection: Path Dependencies and Societal Coherence," in Neil Gilbert and Rebecca A. Van Voorhis (eds.), Changing Patterns of Social Protection. New Brunswick, NJ: Transaction Publishers, pp. 119 – 167.

[29] Baubock, Rainer, Ersboll, Eva, Groenendijk, Kees, and Waldrauch, Harald (eds.). 2006. Acquisition and Loss of Nationality: Policies and Trends in 15 European Countries. Volume 2. Country Analyses. Amsterdam: Amsterdam University Press.

[30] Baumgartner, Frank R. and Jones, Bryan D. 1993. Agendas and Instability in American Politics. Chicago: University of Chicago Press.

[31] BBMFI. 2007a. "Anderungen durch Richtlinienumsetzsungsgesetz (summary)" <www. beauftragtefuerintegration. de/staatsangehoerigkeitsrecht>, accessed February

8, 2008. BBMFI. 2007b. 7. Bericht der Beauftragten der Bundesregierung fur Migration, Fluchtlinge und Integration uber die Lage der Auslanderinnen und Auslander in Deutschland <www. integrationsbeauftragte. de>, accessed December 20, 2007.

[32] BBMFI. 2010. 8. Bericht der Beauftragten der Bundesregierung fur Migration, Fluchtlinge und Integration uber die Lage der Auslanderinnen und Auslander in Deutschland <www. integrationsbeauftragte. de>, accessed May 17, 2011.

[33] BCIA. 2009. Borders, Citizenship and Immigration Act of 2009 <www. legislation. gov. uk>, accessed August 16, 2011.

[34] Beck, Ulrich. 1992 [1986]. Risk Society: Towards a New Modernity. London: Sage.

[35] Beech, Matt. 2008. "New Labour and the Politics of Dominance," in Matt Beech and Simon Lee (eds.), Ten Years of New Labour. Basingstoke: Palgrave Macmillan, pp. 1 – 16.

[36] Benner, Mats and Vad, Torben Bundgaard. 2000. "Sweden and Denmark: Defending the Welfare State," in Fritz Scharpf and Vivien A. Schmidt (eds.), Welfare and Work in the Open Economy, Vol. Ⅱ, Diverse Responses to Common Challenges. Oxford: Oxford University Press, pp. 399 – 466.

[37] Bergmark, Ake. 2000. "Socialbidragen under 1990-talet," in Ake Bergmark (ed.), Valfard och forsorjning (SOU 2000: 40). Stockholm: Ministry of Social Affairs, pp. 129 – 169.

[38] Bernitz, Hedvig Lokrantz and Bernitz, Henrik. 2006. "Sweden," in Rainer Daubock, Eva Ersboll, Kees Groenendijk, and Harald Waldrauch (eds.), Acquisition and Loss of Nationality: Policies and Trends in 15 European Countries. Volume 2. Country Analyses. Amsterdam: Amsterdam University Press, pp. 517 – 549.

[39] Berthoud, Richard. 1998. The Incomes of Ethnic Minorities. Colchester: Institute for Social and Economic Research, University of Essex <www. essex. ac. uk>.

[40] Betankning nr. 589. 1971. Betankning om udenlandske arbejderes forhold i Danmark. Copenhagen: Ministry of Labor.

[41] Betankning nr. 761. 1975. Betankning om udenlandske arbejderes sociale og samfundsmassige tilpasning her i landet. Copenhagen: Ministry of Social Affairs.

[42] Betankning nr. 882. 1979. Betankning om udlandingelovgivningen: administrative

retningslinjer. Copenhagen: Ministry of Justice.

[43] Betankning nr. 1337. 1997. Integration, betankning afgivet af det af indenrigsministeren nedsatte Integrationsudvalg. Copenhagen: Ministry of the Interior.

[44] Bird, Karen, Saalfeld, Thomas, and Wust, Andreas M. (eds.). 2011. The Political Representation of Immigrants and Ethnic Minorities. London: Routledge.

[45] Bleich, Erik. 2003. Race Politics in Britain and France: Ideas and Policymaking since the 1960s. Cambridge: Cambridge University Press.

[46] Bleses, Peter and Seeleib-Kaiser, Martin. 2004. The Dual Transformation of the German Welfare State. Basingstoke: Palgrave Macmillan.

[47] Blume, Kran, Gustafsson, Bjorn, Pedersen, Peder J., and Verner, Mette. 2005. "A Tale of Two Countries: Poverty among Immigrants in Denmark and Sweden since 1984," in George J. Borjas and Jeff Crisp (eds.), Poverty, International Migration and Asylum. Basingstoke: Palgrave Macmillan, pp. 317 – 340.

[48] BMAS. 2008. " 'Riestern' lohnt sich fast 10, 8 Millionen Vertrage abgeschlossen" (February 7, 2008). Berlin: Federal Ministry of Labor and Social Affairs <www. bmas. de>, accessed February 12, 2008.

[49] BMI. 2004. Act to Control and Restrict Immigration and to Regulate the Residence and Integration of EU Citizens and Foreigners (Immigration Act) of July 30, 2004. Berlin: Federal Ministry of the Interior <www. bmi. bund. de>, accessed May 11, 2006.

[50] BMI. 2005. Nationality Act (Unofficial translation). Berlin: Federal Ministry of the Interior <www. zuwandrung. de>, accessed May 12, 2006.

[51] Boeri, Tito, Hanson, Gordon, and McCornick, Barry (eds.). 2002. Immigration Policy and the Welfare System. Oxford: Oxford University Press.

[52] Bonoli, Giuliano. 1997. "Classifying Welfare States: A Two-Dimensional Approach," Journal of Social Policy 26 (3), 351 – 372.

[53] Bonoli, Giuliano and Palier, Bruno. 1996. "Reclaiming Welfare: The Politics of Social Protection Reform in France," Southern European Society and Politics 1 (3), 240 – 259.

[54] Boreus, Kristina. 2006. Diskrimineringens retorik: En studie av svenska valrorelser 1988 – 2002 (SOU 2006: 52). Stockholm: Ministry of Justice.

[55] Boreus, Kristina. 2008. "Making Natives 'Us' and Immigrants 'Them': A Study of

Discrimination in Election Campaigns in Austria, Denmark and Sweden," paper presented at the Nordic Political Science Association, Tromso, Norway, August 6–9, 2008.

[56] Boreus, Kristina. 2010. "Including or Excluding Immigrants? The Impact of Right-Wing Populism in Denmark and Sweden," in Bo Bengtsson, Per Stromblad, and Ann-Helen Bay (eds.), Diversity, Inclusion and Citizenship in Scandinavia. Newcastle, UK: Cambridge Scholars Publishing, pp. 127–157.

[57] Borevi, Karin. 2002. Valfardsstaten i det mangkulturella samhallet. Uppsala: Department of Government, Uppsala University.

[58] Borevi, Karin. 2010. "Sverige: Multikulturalismens flaggskepp i Norden?" in Grete Brochmann and Anniken Hagelund (eds.), Velferdens grenser. Olso: Universitetsforlaget, pp. 43–130.

[59] Borevi, Karin and Myrberg, Gunnar. 2008. "Valfardsstaten och de nyanlanda," paper presented at the XV Nordic Political Science Association Conference, Tromso, Norway, August 6–9, 2008.

[60] Borjas, George J. 1990. Friends or Strangers: The Impact of Immigrants on the U. S. Economy. New York: Basic Books.

[61] Bosswick, Wolfgang. 2000. "Development of Asylum Policy in Germany," Journal of Refugee Studies 13 (1), 43–60.

[62] Boswell, Christina and Geddes, Andrew. 2011. Migration and Mobility in the European Union. Basingstoke: Palgrave Macmillan.

[63] Boswell, Christina and Hough, Dan. 2008. "Politicizing Migration: Opportunity or Liability for the Centre-Right in Germany?" Journal of European Public Policy 15 (3), 332–348.

[64] Bowler, M. Kenneth. 1974. The Nixon Guaranteed Income Proposal. Cambridge, MA: Ballinger Publishing Company.

[65] Bradley, Anthony. 2007. "The Sovereignty of Parliament: Form or Substance?" in Jeffrey Jowell and Dawn Oliver (eds.), The Changing Constitution. Oxford: Oxford University Press, pp. 25–58.

[66] Brouard, Sylvain and Tiberj, Vincent. 2011. "Yes They Can: An Experimental Approach to the Eligibility of Ethnic Minority Candidates in France," in Karen Bird, Thomas Saalfeld, and Andreas M. Wust (eds.), The Political Representation of

Immigrants and Minorities. London: Routledge, pp. 164 – 180.

[67] Brubaker, Rogers. 1989. "Citizenship and Naturalization: Policies and Politics," in Rogers Brubaker (ed.), Immigration and the Politics of Citizenship in Europe and North America. Lanham, MD: University Press of America, pp. 99 – 127.

[68] Brubaker, Rogers. 1992. Citizenship and Nationhood in France and Germany. Cambridge, MA: Harvard University Press.

[69] Brubaker, Rogers. 1995. "Comments on 'Modes of Immigration Politics in Liberal Democratic States'," International Migration Review 29 (4), 303 – 309.

[70] Buchel, Felix and Frick, Joachim R. 2005. "Immigrants' Economic Performance Across Europe: Does Immigration Policy Matter?" Population Research and Policy Review 24 (2), 175 – 212.

[71] Burchardt, Tania. 2005. "Selective Inclusion: Asylum Seekers and Other Marginalised Groups," in John Hills and Kitty Stewart (eds.), A More Equal Society? New Labour, Poverty, Inequality and Exclusion. Bristol: Policy Press, pp. 209 – 228.

[72] Cameron, David R. 1991. "Continuity and Change in French Social Policy: The Welfare State under Gaullism, Liberalism, and Socialism," in John S. Ambler (ed.), The French Welfare State: Surviving Social and Ideological Change. New York: New York University Press, pp. 58 – 93.

[73] Carmel, Emma, Cerami, Alfio, and Papadopoulos, Theodoros (eds.). 2011. Migration and Welfare in the New Europe: Social Protection and the Challenges of Integration. Bristol: Policy Press.

[74] Castles, Francis G. 2004. The Future of the Welfare State. Oxford: Oxford University Press. Castles, Francis G. and Mitchell, Deborah. 1993. "Worlds of Welfare and Families of Nations," in Francis G. Castles (ed.), Families of Nations: Patterns of Public Policy in Western Democracies. Aldershot: Dartmouth, pp. 93 – 128.

[75] Castles, Stephen and Kosack, Godula. 1985. Immigrant Workers and Class Structure in Western Europe. Oxford: Oxford University Press.

[76] Castles, Stephen and Miller, Mark J. 1993. The Age of Migration: International Population Movements in the Modern World. London: Macmillan.

[77] Castles, Stephen and Schierup, Carl-Ulrik. 2010. "Migration and Ethnic Minorities," in Francis G. Castles, Stephan Leibfried, Jane Lewis, Herbert Obinger, and

Christopher Pierson (eds.), The Oxford Handbook of the Welfare State. Oxford: Oxford University Press, pp. 278 – 291.

[78] CFMB. 2000. Commission on the Future of Multi-Ethnic Britain, The Future of Multi-Ethnic Britain. London: Profile Books.

[79] Clasen, Jochen. 1994. "Social Security: The Core of the German Employment-Centred Social State," in Jochen Clasen and Richard Freeman (eds.), Social Policy in Germany. New York: Harvester Wheatsheaf, pp. 61 – 82.

[80] Clasen, Jochen. 2005. Reforming European Welfare States: Germany and the United Kingdom Compared. Oxford: Oxford University Press.

[81] Cohen, Steve. 2001. Immigration Controls, the Family and the Welfare State. London: Jessica Kingsley.

[82] CPR. 1999a. Schmidley, A. Dianne and Gibson, Campbell. US Census Bureau. Current Population Reports, Series P23 – 195. Profile of the Foreign-Born Population in the United States: 1997. Washington, DC: US Government Printing Office.

[83] CPR. 1999b. US Census Bureau, Current Population Reports, Series 70 – 69, Dynamics of Economic Well-Being, Participation in Government Programs, 1993 – 1994, Who Gets Assistance? Washington, DC: US Government Printing Office.

[84] CPR. 2001a. Tin, Jan and Castro, Charita. US Census Bureau, Current Population Reports, Series 70 – 77, Dynamics of Economic Well-Being, Participation in Government Programs, 1993 to 1995, Who Gets Assistance? Washington, DC: US Government Printing Office.

[85] CPR. 2001b. Schmidley, A. Dianne. US Census Bureau. Current Population Reports, Series P23 – 206. Profile of the Foreign-Born Population in the United States: 2000. Washington, DC: US Government Printing Office.

[86] CPR. 2002. He, Wan. US Census Bureau, Current Population Reports, Series P23 – 211. The Older Foreign-Born Population in the United States: 2000. Washington, DC: US Government Printing Office.

[87] CPR. 2003. Mills, Robert J. and Bhandari, Shailesh. US Census Bureau, Current Population Reports, Series P60 – 223. Health Insurance Coverage in the United States: 2002. Washington, DC: US Government Printing Office.

[88] CPR. 2004. Lester, Gordon H. and Tin, Jan. US Census Bureau, Current Population Reports, Series 70 – 94, Dynamics of Economic Well-Being, Participation in

Government Programs, 1996 to 1999, Who Gets Assistance? Washington, DC: US Government Printing Office.

[89] CPR. 2006. Loveless, Tracy A. and Tin, Jan. US Census Bureau, Current Population Reports, Series 70 - 108, Dynamics of Economic Well-Being, Participation in Government Programs, 2001 through 2003, Who Gets Assistance? Washington, DC: US Government Printing Office.

[90] CQA. Various years. Congressional Quarterly Almanac. Washington, DC: Congressional Quarterly, Inc.

[91] CQA+. 2002—2003. Congressional Quarterly Almanac Plus. Washington, DC: Congressional Quarterly, Inc.

[92] Craig, F. W. S. 1990. British General Election Manifestos 1959 - 1987. Aldershot: Dartmouth.

[93] Craig, Gary. 1999. " 'Race,' Social Security and Poverty," in John Ditch (ed.), Introduction to Social Security. London: Routledge, pp. 206 - 226.

[94] Craig, Gary. 2007. "Cunning, Unprincipled, Loathsome: The Racist Tail Wags the Welfare Dog," Journal of Social Policy 36 (4), 605 - 623.

[95] Crepaz, Markus. 2008. Trust beyond Borders: Immigration, the Welfare State and Identity in Modern Societies. Ann Arbor: University of Michigan Press.

[96] Criddle, Byron. 2005. "MPs and Candidates," in Dennis Kavanagh and David Butler (eds.), The British Election of 2005. Basingstoke: Palgrave Macmillan, pp. 146 - 167.

[97] Dahlstrom, Carl. 2004. Nastan valkomna. Invandrarpolitikens retorik och praktik. Gothenburg: Department of Political Science, University of Gothenburg.

[98] Delouvin, Patrick. 2000. "The Evolution of Asylum in France," Journal of Refugee Studies 13 (1), 61 - 73.

[99] Demker, Marie. 2010. "Svenskarna langsiktigt alltmer positiva till invandrare," in Soren Holmberg and Lennart Weibull (eds.), Nordiskt ljus. Gothenburg: SOM-Institute, pp. 107 - 112.

[100] Demker, Marie and Malmstrom, Cecilia. 1999. Ingenmansland? Svensk immigrationspolitik i utrikespolitisk belysning. Lund: Studentlitteratur. Derthick, Martha. 1990. Agency under Pressure: The Social Security Administration in American Government. Washington, DC: Brookings Institution.

[101] DF 2003. Chronologie: histoire de l'immigration en dates. La documentation

francaise < www. ladocumentationfrancaise. fr/dossier _ polpublic/immigration/ chronologie>, updated July 2003, accessed December 9, 2003.

[102] Diehl, Claudia and Blohm, Michael. 2003. " Rights or Identity? Naturalization Processes among ' Labor Migrants' in Germany," International Migration Review 37 (1), 133 – 162.

[103] Dolle, Michel. 2004. " Income Support Policy in France," in Neil Gilbert and Antoine Parent (eds.), Welfare Reform: A Comparative Assessment of the French and U. S. Experiences. New Brunswick, NJ: Transaction Publishers, pp. 67 – 92.

[104] Dorr, Silvia and Faist, Thomas. 1997. " Institutional Conditions for the Integration of Immigrants in Welfare States: A Comparison of the Literature on Germany, France, Great Britain, and the Netherlands," European Journal of Political Research 31 (4), 401 – 426.

[105] Driver, Stephen. 2008. " New Labour and Social Policy," in Matt Beech and Simon Lee (eds.), Ten Years of New Labour. Basingstoke: Palgrave Macmillan, pp. 50 – 67.

[106] Ds A 1986: 6. Dubbelt medborgarskap. Stockholm: Ministry of Labor.

[107] Ds 1991: 79. Introduktionsersattning till flyktingar och vissa andra utlanningar. Stockholm: Ministry of Labor.

[108] Dummett, Ann. 2006. " United Kingdom," in Rainer Baubock, Eva Ersboll, Kees Groenendijk, and Harald Waldrauch (eds.), Acquisition and Loss of Nationality: Policies and Trends in 15 European Countries. Volume 2. Country Analyses. Amsterdam: Amsterdam University Press, pp. 551 – 585.

[109] Dummett, Ann and Nicol, Andrew. 1990. Subjects, Citizens, Aliens and Others: Nationality and Immigration Law. London: Weidenfeld & Nicolson.

[110] Duvander, Ann-Zofie and Eklund, Stina. 2006. " Utrikesfodda och svenskfodda foraldrars foraldrapenningsanvandande," in Paulina de los Reyes (ed.), Om valfardens granser och det villkorade medborgarskapet (SOU 2006: 37). Stockholm: Ministry of Justice, pp. 33 – 68.

[111] DWP. 2007. Opportunities for All: Indicators Update 2007. London: Department for Work and Pensions <www. dwp. gov. uk/ofa>, accessed November 11, 2009.

[112] DWP. 2008. Employment and Support Allowance Equality Impact Assessment. London: Department for Work and Pensions < www. dwp. gov. uk/docs/

equalityimpactassessment. pdf>, accessed November 11, 2009.

[113] Eardley, Tony, Bradshaw, Jonathan, Ditch, John, Gough, Ian, and Whiteford, Peter. 1996a. Social Assistance in OECD Countries: Synthesis Report. London: HMSO.

[114] Eardley, Tony, Bradshaw, Jonathan, Ditch, John, Gough, Ian, and Whiteford, Peter. 1996b. Social Assistance in OECD Countries: Country Reports. London: HMSO.

[115] ECRE. 2004. "Country Report 2004 — France," European Council on Refugees and Exiles <www. ecre. org>, accessed December 18, 2007.

[116] EI. 2010. Erklaring om integration og aktivt medborgerskab i det danske samfund. Copenhagen. Ministry of Refugees, Immigrants and Integration <www. nyidanmark. dk>, accessed March 15, 2010.

[117] Einhorn, Eric S. and Logue, John. 1989. Modern Welfare States: Politics and Policies in Social Democratic Scandinavia. New York: Praeger.

[118] Eitrheim, Pal and Kuhnle, Stein. 2000. "Nordic Welfare States in the 1990s," in Stein Kuhnle (ed.), Survival of the European Welfare State. London: Routledge, pp. 39 – 57.

[119] Ejrnas, Morten. 2001. "Integrationsloven — en case, der illustrerer etniske minoriteters usikre medborgerstatus," AMID Working Paper Series 1/2001 <www. amid. dk>.

[120] Elder, Neil, Thomas, Alistair H., and Arter, David. 1982. The Consensual Democracies? The Government and Politics of the Scandinavian States. Oxford: Martin Robertson.

[121] Elmer, Ake. 1994. Svensk socialpolitik. Stockholm: Liber. Engelen, Ewald. 2003. "How to Combine Openness and Protection? Citizenship, Migration, and Welfare Regimes," Politics & Society 31 (4), 503 – 536.

[122] Enjolras, Bernard and Lodemel, Ivar. 1999. "Activation of Social Protection in France and Norway," in Dennis Bourget and Bruno Palier (eds.), Comparing Social Welfare Systems in Nordic Europe and France. Paris: MIRE-DREES (Centre of Research, Studies and Statistics), Ministry of Employment and Solidarity, pp. 469 – 503.

[123] Erikson, Robert, Hansen, Erik Jorgen, Ringen, Stein, and Uusitalo, Hannu (eds.). 1987. The Scandinavian Model: Welfare States and Welfare Research.

Armonk, NY: M. E. Sharpe.

[124] Ersboll, Eva. 2006. "Denmark," in Rainer Baubock, Eva Ersboll, Kees Groenendijk, and Harald Waldrauch (eds.), Acquisition and Loss of Nationality: Policies and Trends in 15 European Countries. Volume 2. Country Analyses. Amsterdam: Amsterdam University Press, pp. 105 – 148.

[125] Esping-Andersen, Gosta. 1990. The Three Worlds of Welfare Capitalism. Cambridge: Polity Press.

[126] Esping-Andersen, Gosta. 1992. "The Three Political Economies of Welfare Capitalism," in Jon Eivind Kolberg (ed.), The Study of Welfare State Regimes. Armonk, NY: M. E. Sharpe, pp. 92 – 123.

[127] Esping-Andersen, Gosta. 1999. Social Foundations of Postindustrial Economies. Oxford: Oxford University Press.

[128] Esping-Andersen, Gosta, Gallie, Duncan, Hemerijck, Anton, and Myles, John. 2002. Why We Need a New Welfare State. Oxford: Oxford University Press.

[129] Esser, Hartmut and Korte, Hermann. 1985. "Federal Republic of Germany," in Tomas Hammar (ed.), European Immigration Policy. Cambridge: Cambridge University Press, pp. 165 – 205.

[130] Eurobarometer. 2004. "Justice and Home Affairs," Flash Eurobarometer 155. Brussels: European Commission, pp. 19 – 21 < www. europa. eu. int/comm/ public_ opinion>, accessed April 6, 2005.

[131] EUROSTAT. 2009. European Union Labour Force Survey — Annual Results 2008, 33/2009 — Data in Focus < www. epp. eurostat. ec. europa. eu >, accessed September 20, 2009.

[132] Evandrou, Maria and Falkingham, Jane. 2005. "A Secure Retirement for All? Older People and New Labour," in John Hills and Kitty Stewart (eds.), A More Equal Society? New Labour, Poverty, Inequality and Exclusion. Bristol: Policy Press, pp. 167 – 187.

[133] Evans, Martin. 1998. "Social Security: Dismantling the Pyramids?" in Howard Glennerster and John Hills (eds.), The State of Welfare: The Economics of Social Spending. Oxford: Oxford University Press, pp. 257 – 307.

[134] Faist, Thomas. 1995a. "Ethnicization and Racialization of Welfare-State Politics in Germany and the USA," Ethnic and Racial Studies 18 (2), 219 – 250.

[135] Faist, Thomas. 1995b. "Boundaries of Welfare States: Immigrants and Social Rights on the National and Supranational Level," in Robert Miles and Dietrich Thranhardt (eds.), Migration and European Integration: The Dynamics of Inclusion and Exclusion. London: Pinter Publishers, pp. 177 – 195.

[136] Favell, Adrian. 1998a. Philosophies of Integration: Immigration and the Idea of Citizenship in France and Britain. Basingstoke: Macmillan.

[137] Favell, Adrian. 1998b. "Multicultural Race Relations in Britain: Problems of Interpretation and Explanation," in Christian Joppke (ed.), Challenge to the Nation-State: Immigration in Western Europe and the United States. Oxford: Oxford University Press, pp. 319 – 349.

[138] Feldblum, Miriam. 1999. Reconstructing Citizenship: The Politics of Nationality Reform and Immigration in Contemporary France. Albany, NY: State University of New York Press.

[139] Fennema, Meindert. 2000. "Legal Repression of Extreme-Right Parties and Racial Discrimination," in Ruud Koopmans and Paul Statham (eds.), Challenging Immigration and Ethnic Relations Politics: Comparative European Perspectives. Oxford: Oxford University Press, pp. 119 – 144.

[140] Ferrera, Maurizio. 1996. "The 'Southern Model' of Welfare in Social Europe," Journal of European Social Policy 6 (1), 17 – 37.

[141] Fielding, Steven. 2003. The Labour Party: Continuity and Change in the Making of 'New' Labour. Basingstoke: Palgrave Macmillan.

[142] Fix, Michael and Passel, Jeffrey S. 1994. Immigration and Immigrants: Setting the Record Straight. Washington, DC: Urban Institute Press.

[143] Fix, Michael and Passel, Jeffrey S. 2002. "Assessing Welfare Reform's Immigrant Provisions," in Alan Weil and Kenneth Finegold (eds.), Welfare Reform: The Next Act. Washington, DC: Urban Institute Press, pp. 179 – 202.

[144] Fix, Michael and Zimmermann, Wendy. 1994. "After Arrival: An Overview of Federal Immigrant Policy in the United States," in Barry Edmonston and Jeffery S. Passel (eds.), Immigration and Ethnicity: The Integration of America's Newest Arrivals. Washington, DC: Urban Institute Press, pp. 251 – 281.

[145] Fix, Michael and Zimmermann, Wendy. 2004. "The Legacy of Welfare Reform for U. S. Immigrants," in Douglas S. Massey and J. Edward Taylor (eds.),

International Migration: Prospects and Policies in a Global World. Oxford: Oxford University Press, pp. 335 – 351.

[146] FM. 2004. Lavindkomstgruppen — mobilitet og sammensatning. Copenhagen: Finance Ministry <www. fm. dk/1024/visPublikationesForside. asp? artikelID = 6615 & mode=hele>, accessed June 28, 2004.

[147] FN. 2007. 2007 Programme de gouvernement de Jean-Marie Le Pen < www. frontnational. com>, accessed April 22, 2007.

[148] Freedman, Jane. 2004. Immigration and Insecurity in France. Aldershot: Ashgate.

[149] Freeman, Gary P. 1979. Immigrant Labor and Racial Conflict in Industrial Societies: The French and British Experience 1945 – 1975. Princeton: Princeton University Press.

[150] Freeman, Gary P. 1986. "Migration and the Political Economy of the Welfare State," Annals of the American Academy of Political and Social Science 485, 51 – 63.

[151] Freeman, Gary P. 1995. "Modes of Immigration Politics in Liberal Democratic States," International Migration Review 29 (4), 881 – 902.

[152] Freeman, Gary P. 2001. "Client Politics or Populism? Immigration Reform in the United States," in Virginie Guiraudon and Christian Joppke (eds.), Controlling a New Migration World. London: Routledge, pp. 67 – 95.

[153] Freeman, Gary P. 2002. "Winners and Losers: Politics and the Costs and Benefits of Migration," in Anthony M. Messina (ed.), West European Immigration and Immigrant Policy in the New Century. Westport, CT: Praeger, pp. 77 – 95.

[154] Freeman, Gary P. 2004. "Immigrant Incorporation in Western Democracies," International Migration Review 38 (3), 945 – 969.

[155] Freeman, Gary P. 2006. "National Models, Policy Types, and the Politics of Immigration in Liberal Democracies," West European Politics 29 (2), 227 – 247.

[156] Freeman, Gary P. and Betts, Katharine. 1992. "The Politics of Interests and Immigration Policymaking in Australia and the United States," in Gary P. Freeman and James Jupp (eds.), Nations of Immigrants. Melbourne: Oxford University Press, pp. 72 – 88.

[157] Freeman, Richard and Clasen, Jochen. 1994. "The German Social State: An Introduction," in Jochen Clasen and Richard Freeman (eds.), Social Policy in

Germany. New York: Harvester Wheatsheaf, pp. 1 – 17.

[158] Frick, Joachim R. and Wagner, Gert G. 2001. "Living Conditions of Immigrant Children in Germany," in Koen Vleminckx and Timothy M. Smeeding (eds.), Child Well-Being, Child Poverty and Child Policy in Modern Nations. Bristol: Policy Press, pp. 275 – 298.

[159] Fryklund, Bjorn, Kiiskinen, Jenny, and Saveljeff, Sigrid. 2007. Populism and a Mistrust of Foreigners: Sweden in Europe. Norrkoping: National Board of Integration.

[160] Fuchs, Lawrence H. 1990. "The Reactions of Black Americans to Immigration," in Virginia Yans-McLaughlin (ed.), Immigration Reconsidered: History, Sociology, and Politics. New York: Oxford University Press, pp. 293 – 314.

[161] Gaasholt, Øystein and Togeby, Lise. 1995. I syv sind — Danskernes holdninger til flygtninge og indvandrere. Arhus: Politica. Gallie, Duncan and Paugam, Serge. 2000. "The Experience of Unemployment in Europe," in Duncan Gallie and Serge Paugam (eds.), Welfare Regimes and the Experience of Unemployment in Europe. Oxford: Oxford University Press, pp. 1 – 22.

[162] GAO. 1975. "Need to Reduce Public Expenditures for Newly Arrived Immigrants and Correct Inequity in Current Immigration Law" (GGD – 75 – 107). Washington, DC: General Accounting Office.

[163] GB. 2004. Green Book. Background Material and Data on Major Programs within the Jurisdiction of the Committee on Ways and Means, US House of Representatives. Washington, DC: Government Printing Office.

[164] Geddes, Andrew. 2003a. "Migration and the Welfare State in Europe," in Sarah Spencer (ed.), The Politics of Migration: Managing Opportunity, Conflict and Change. Oxford: Blackwell Publishing, pp. 150 – 162.

[165] Geddes, Andrew. 2003b. The Politics of Migration and Immigration in Europe. London: Sage.

[166] Geddes, Andrew. 2008. Immigration and European Integration: Beyond Fortress Europe? Manchester: Manchester University Press.

[167] Gelatt, Julie and Fix, Michael. 2007. "Federal Spending on Immigrant Families' Integration," in Michael Fix (ed.), Securing the Future: US Immigrant Integration Policy. Washington, DC: Migration Policy Institute, pp. 61 – 80.

[168] Gibney, Matthew J. 2004. The Ethics and Politics of Asylum: Liberal Democracy and the Response to Refugees. Cambridge: Cambridge University Press.

[169] Giddens, Anthony. 1998. The Third Way: The Renewal of Social Democracy. Cambridge: Polity Press.

[170] Gimpel, James G. and Edwards, James R., Jr. 1999. The Congressional Politics of Immigration Reform. Boston: Allyn & Bacon.

[171] Ginn, Jay and Arber, Sara. 2001. "Pension Prospects of Ethnic Minority Groups: Inequalities by Gender and Ethnicity," British Journal of Sociology 52, 519 – 539.

[172] Ginsburg, Norman. 1993. Divisions of Welfare. London: Sage.

[173] Ginsburg, Norman. 1994. "Ethnic Minorities and Social Policy," in Jochen Clasen and Richard Freeman (eds.), Social Policy in Germany. New York: Harvester Wheatsheaf, pp. 191 – 206.

[174] Givens, Terri and Luedtke, Adam. 2005. "European Immigration Policies in Comparative Perspective: Issue Salience, Partisanship and Immigrant Rights," Comparative European Politics 3 (1), 1 – 22.

[175] Goodin, Robert E., Headey, Bruce, Muffels, Ruud, and Dirven, Henk-Jan. 1999. The Real Worlds of Welfare Capitalism. Cambridge: Cambridge University Press.

[176] Gordon, Paul. 1985. Policing Immigration: Britain's Internal Controls. London: Pluto Press.

[177] Gordon, Paul and Newnham, Anne. 1985. Passport to Benefits? Racism and Social Security. London: Child Poverty Action Group and Runnymede Trust.

[178] Goul Andersen, Jorgen. 2000. "Welfare Crisis and Beyond: Danish Welfare Policies in the 1980s and 1990s," in Stein Kuhnle (ed.), The Survival of the European Welfare State. London: Routledge, pp. 69 – 87.

[179] Goul Andersen, Jorgen. 2003. "The General Election in Denmark, November 2001," Electoral Studies 22, 186 – 193.

[180] Goul Andersen, Jorgen. 2007. "Restricting Access to Social Protection for Immigrants in the Danish Welfare State," Benefits 15 (3), 257 – 269.

[181] Goul Andersen, Jorgen. 2008. "Welfare State Transformations in an Affluent Scandinavian State: The Case of Denmark," in Martin Seeleib-Kaiser (ed.), Welfare State Transformations: Comparative Perspectives. Basingstoke: Palgrav Macmillan, pp. 33 – 55.

[182] Goul Andersen, Jorgen and Hoff, Jens. 2001. Democracy and Citizenship in Scandinavia. Basingstoke: Palgrave.

[183] Green, Simon. 2001. "Citizenship Policy in Germany: The Case of Ethnicity over Residence," in Randall Hansen and Patrick Weil (eds.), Towards a European Nationality: Citizenship, Immigration and Nationality Law in the EU. Basingstoke: Palgrave Macmillan, pp. 24 – 51.

[184] Green, Simon. 2004. The Politics of Exclusion: Institutions and Immigration Policy in Contemporary Germany. Manchester: Manchester University Press.

[185] Green, Simon. 2005. "Immigration and Integration Policy: Between Incrementalism and Non-decisions," in Simon Green and William E. Paterson (eds.), Governance in Contemporary Germany: The Semisovereign State Revisited. Cambridge: Cambridge University Press, pp. 190 – 211.

[186] Green-Pedersen, Christoffer. 2002. The Politics of Justification: Party Competition and Welfare-State Retrenchment in Denmark and the Netherlands from 1982 to 1998. Amsterdam: Amsterdam University Press.

[187] Green-Pedersen, Christoffer. 2007. "Denmark: A 'World Bank' Pension System," in Ellen M. Immergut, Karen M. Anderson, and Isabelle Schulze (eds.), The Handbook of West European Pension Politics. Oxford: Oxford University Press, pp. 454 – 495.

[188] Green-Pedersen, Christoffer and Krogstrup, Jesper. 2008. "Immigration as a Political Issue in Denmark and Sweden," European Journal of Political Research 47 (5), 610 – 634.

[189] Griffith, J. A. G. 1977. The Politics of the Judiciary. Manchester: Manchester University Press.

[190] Griffith, J. A. G. 1997. The Politics of the Judiciary (5th edn.). London: Fontana Press. Guendelsberger, John W. 1992 – 1993. "Equal Protection and Resident Alien Access to Public Benefits in France and the United States," Tulane Law Review 67, 669 – 731.

[191] Guild, Elspeth, Groenendijk, Kees, and Carrera, Sergio. 2009. Illiberal Liberal States: Immigration, Citizenship and Integration in the EU. Farnham: Ashgate.

[192] Guiraudon, Virginie. 1998. "Citizenship Rights for Non-Citizens: France, Germany and the Netherlands" in Christian Joppke (ed.), Challenge to the Nation-State:

Immigration in Western Europe and the United States. Oxford: Oxford University Press, pp. 272 – 304.

[193] Guiraudon, Virginie. 2000a. "The Marshallian Triptych Reordered: The Role of Courts and Bureaucracy in Furthering Migrants' Social Rights," in Michael Bommes and Andrew Geddes (eds.), Immigration and Welfare: Challenging the Borders of the Welfare State. London: Routledge, pp. 72 – 89.

[194] Guiraudon, Virginie. 2000b. Les politiques d'immigration en Europe: Allemagne, France, Pays-Bas. Paris: L'Harmattan.

[195] Guiraudon, Virginie. 2002. "Including Foreigners in National Welfare States: Institutional Venues and Rules of the Game," in Bo Rothstein and Sven Steinmo (eds.), Restructuring the Welfare State: Political Institutions and Policy Change. Basingstoke: Palgrave Macmillan, pp. 129 – 156.

[196] Guiraudon, Virginie. 2003. "The Constitution of a European Immigration Policy Domain: A Political Sociology Approach," Journal of European Public Policy 19 (2), 263 – 282.

[197] Guiraudon, Virginie. 2005. "Immigration Politics and Policies," in Alistair Cole, Patrick Le Gales, and Jonah Levy (eds.), Developments in French Politics 3. Basingstoke: Palgrave Macmillan, pp. 154 – 169.

[198] Guiraudon, Virginie. 2006. "Different Nation, Same Nationhood: The Challenges of Immigrant Policy," in Pepper D. Culpepper, Peter A. Hall, and Bruno Palier (eds.), Changing France: The Politics that Markets Make. Basingstoke: Palgrave Macmillan, pp. 129 – 149.

[199] Hacker, Jacob S. 2002. The Divided Welfare State: The Battle over Public and Private Social Benefits in the United States. Cambridge: Cambridge University Press.

[200] Hailbronner, Kay. 2006. "Germany," in Rainer Baubock, Eva Ersboll, Kees Groenendijk, and Harald Waldrauch (eds.), Acquisition and Loss of Nationality: Policies and Trends in 15 European Countries. Volume 2. Country Analyses. Amsterdam: Amsterdam University Press, pp. 213 – 251.

[201] Hammar, Tomas. 1979. Det forsta invandrarvalet. Stockholm: Publica.

[202] Hammar, Tomas (ed.). 1985. European Immigration Policy. Cambridge: Cambridge University Press.

[203] Hammar, Tomas. 1990. "The Civil Rights of Aliens," in Zig Layton-Henry (ed.),

The Political Rights of Migrant Workers in Western Europe. London: Sage, pp. 74 - 93.

[204] Hammar, Tomas. 2003. "Einwanderung in einem skandinavischen Wohlfahrtsstaat: Die schwedische Erfahrung," in Dietrich Thranhardt and Uwe Hunger (eds.), Migration im Spannungsfeld von Globalisierung und Nationalstaat. Wiesbaden: Westdeutscher Verlag, pp. 227 - 252.

[205] Hammer, Ole (ed.). 1995. Handbog om indvandrere og flygtninge. Copenhagen: Forlaget Kommuninformation.

[206] Hansen, Hans, Jensen, Helle Cwarzko, Larsen, Claus, and Nielsen, Niels-Kenneth. 2002. Social Security Benefits in Denmark and Germany with a Focus on Access Conditions for Refugees and Immigrants. Copenhagen: Rockwool Foundation Research Unit.

[207] Hansen, Lars-Erik. 2001. Jamlikhet och valfrihet: En studie av den svenska invandrarpolitikens framvaxt. Stockholm: Almqvist & Wiksell International.

[208] Hansen, Randall. 2000. Citizenship and Immigration in Post-War Britain. Oxford: Oxford University Press.

[209] Hayduk, Ron. 2006. Democracy for All: Restoring Immigrant Voting Rights in the United States. New York: Routledge.

[210] Hayward, Jack and Wright, Vincent. 2002. Governing from the Centre: Core Executive Coordination in France. Oxford: Oxford University Press.

[211] HCI. 1998. Lutte contre les discriminations: faire respecter le principe d'egalite, rapport au Premier ministre/Haut Conseil a l'integration. Paris: La documentation francaise.

[212] HCI. 2006. Le bilan de la politique de l'integration 2002—2005, rapport par du Haut conseil a l'integration. Paris: La documentation francaise.

[213] HCI. 2009. Etudes et integration — Faire connaitre les valeurs de la Republique, Les elus issus de l'immigration dans les conseils municipaux (2001—2008). Paris: La documentation francaise < www. ladocumentationfrancaise. fr/rapports-publics >, accessed December 28, 2009.

[214] Heclo, Hugh. 1974. Modern Social Politics in Britain and Sweden. New Haven: Yale University Press.

[215] Heinelt, Hubert. 1993. "Immigration and the Welfare State in Germany," German

Politics 2 (1), 78 - 96.

[216] Heinrich, Andreas. 2002. "The Integration of Ethnic Germans from the Soviet Union," in David Rock and Stefan Wolff (eds.), Coming Home to Germany? The Integration of Ethnic Germans from Central and Eastern Europe in the Federal Republic. New York: Berghahn Books, pp. 77 - 86.

[217] Hendley, Alexa A. and Bilimoria, Natasha F. 1999. "Minorities and Social Security: An Analysis of Racial and Ethnic Differences," Social Security Bulletin 62 (2), 59 - 64.

[218] Hero, Rodney and Preuhs, Robert R. 2006. "Multiculturalism and Welfare Policies in the USA: A State-level Comparative Analysis," in Keith Banting and Will Kymlicka (eds.), Multiculturalism and the Welfare State. Oxford: Oxford University Press, pp. 121 - 151.

[219] Hill, Michael. 1990. Social Security Policy in Britain. Aldershot: Edward Elgar.

[220] Hill, Michael J. and Issacharoff, Ruth M. 1971. Community Action and Race Relations: A Study of Community Relations Committees in Britain. London: Oxford University Press/Institute of Race Relations.

[221] Hills, John. 2004. Inequality and the State. Oxford: Oxford University Press.

[222] Hills, John and Stewart, Kitty. 2005. "A Tide Turned but Mountains yet to Climb?" in John Hills and Kitty Stewart (eds.), A More Equal Society? New Labour, Poverty, Inequality and Exclusion. Bristol: Policy Press, pp. 325 - 346.

[223] Hinrichs, Karl. 2010. "A Social Insurance State Withers Away: Welfare State Reforms in Germany — Or: Attempts to Turn Around in a Cul-de-Sac," in Bruno Palier (ed.), A Long Goodbye to Bismarck? The Politics of Welfare Reform in Continental Europe. Amsterdam: Amsterdam University Press, pp. 45 - 72.

[224] Hix, Simon and Noury, Abdul. 2007. "Politics, Not Economic Interests: Determinants of Migration Policies in the European Union," International Migration Review 41 (1), 182 - 205.

[225] Hjarno, Jan, Lundbak, Torben, and Skovmand, Sven (eds.). 1973. Fremmedarbejderpolitik. Copenhagen: Mellemfolkeligt Samvirke.

[226] HLR. 1983. "Developments in the Law: Immigration Policy and the Rights of Aliens," Harvard Law Review 96 (6), 1286 - 1465.

[227] HO. 2005. Home Office, Controlling our Borders: Making Migration Work for

Britain. Fiveyear strategy for asylum and immigration <www. homeoffice. gov. uk>, accessed November 7, 2007.

[228] HO. 2008. Home Office, Border and Immigration Agency, The Path to Citizenship: Next Steps in Reforming the Immigration System <www. homeoffice. gov. uk>, accessed February 4, 2009.

[229] HO-UKBA. 2009. Home Office and UK Border Agency, Reforming Asylum Support: Effective Support for Those with Protection Needs <www. ukba. homeoffice. gov. uk>, accessed November 16, 2009.

[230] Hojsteen, Signe. 1992. "Dansk udlandingelovgivning med sarligt henblik pa perioden 1968 – 1986." Unpublished dissertation, Department of History, University of Copenhagen.

[231] Howard, Christopher. 1997. The Hidden Welfare State: Tax Expenditures and Social Policy in the United States. Princeton: Princeton University Press.

[232] Howard, Christopher. 2007. The Welfare State Nobody Knows: Debunking Myths about U. S. Social Policy. Princeton: Princeton University Press.

[233] Howard, Marc Morje. 2009. The Politics of Citizenship in Europe. New York: Cambridge University Press.

[234] HR 4. US House, 104th Congress, "H. R. 4, Personal Responsibility Act of 1995." Full Text of Bills Available from: LexisNexis Congressional Online Service. Bethesda, MD: Congressional Information Service.

[235] Huber, Evelyn and Stephens, John D. 2001. Development and Crisis of the Welfare State: Parties and Policies in Global Markets. Chicago: University of Chicago Press.

[236] Hutchinson, Edward Prince. 1981. Legislative History of American Immigration Policy. Philadelphia: University of Pennsylvania Press.

[237] IND. 2004. Immigration and Nationality Directorate, "Nationality, Immigration and Asylum Act 2002," Law and Policy <www. ind. homeoffice. gov. uk>, accessed May 1, 2004. INSEE. 2005. Les immigres en France, edition 2005 <www. insee. fr>, accessed June 27, 2008.

[238] Ireland, Patrick. 1994. The Policy Challenge of Ethnic Diversity. Cambridge, MA: Harvard University Press.

[239] Ireland, Patrick. 2004. Becoming Europe: Immigration, Integration and the Welfare State. Pittsburgh: University of Pittsburgh Press.

[240] Jackson, David C. 1999. Immigration: Law and Practice (2nd edn.). London: Sweet & Maxwell.

[241] Jacobson, David. 1996. Rights across Borders. Baltimore, MD: Johns Hopkins University Press.

[242] Jamlikhet. 1969. Jamlikhet. Stockholm: Prisma.

[243] Jensen, Bent. 1999. "Thirty Years of Press Debate on 'Foreigners' in Denmark: Part Ⅰ and Part Ⅱ," in David Coleman and Eskil Wadensjo, with contributions by Bent Jensen and Soren Pedersen, Immigration to Denmark. Arhus: Rockwool Foundation Research Unit/Aarhus University Press, pp. 191 – 289.

[244] JO. 2006. Loi 2006 – 911 du 24 juillet 2006 relative a l'immigration et a l'integration, Journal officiel de la Republique Francaise, <www. journal-officiel. gouv. fr>, accessed May 8, 2007.

[245] Johansen, Lars Norby. 1986. "Denmark," in Peter Flora (ed.), Growth to Limits: The Western European Welfare States since World War Ⅱ, Vol. 1. Berlin: Walter de Gruyter, pp. 293 – 381.

[246] Johnston, Richard, Banting, Keith, Kymlicka, Will, and Soroka, Stuart. 2010. "National Identity and Support for the Welfare State," Canadian Journal of Political Science 43 (2), 349 – 377.

[247] Joppke, Christian. 1999. Immigration and the Nation-State: The United States, Germany, and Great Britain. Oxford: Oxford University Press.

[248] Joppke, Christian. 2001. "The Legal-Domestic Sources of Immigrant Rights: The United States, Germany and the European Union," Comparative Political Studies 34 (4), 339 – 366.

[249] Joppke, Christian. 2003. "Citizenship between De- and Re-ethnicization," European Journal of Sociology 44 (3), 429 – 458.

[250] Joppke, Christian. 2005. Selecting by Origin: Ethnic Migration in the Liberal State. Cambridge, MA: Harvard University Press.

[251] Joppke, Christian. 2007. "Beyond National Models: Civic Integration Policies for Immigrants in Western Europe," West European Politics 30 (1), 1 – 22.

[252] Joppke, Christian and Morawska, Ewa. 2003. "Integrating Immigrants in Liberal Nation-States: Policies and Practices," in Christian Joppke and Ewa Morawska (eds.), Toward Assimilation and Citizenship. Basingstoke: Palgrave Macmillan,

pp. 1 – 36.

[253] Jowell, Jeffery. 2007. "The Rule of Law and its Underlying Values," in Jeffrey Jowell and Dawn Oliver (eds.), The Changing Constitution. Oxford: Oxford University Press, pp. 5 – 24.

[254] Kangas, Olli and Palme, Joakim (eds.). 2005. Social Policy and Economic Development in the Nordic Countries. Basingstoke: Palgrave Macmillan.

[255] Karapin, Roger. 2002. "Far-Right Parties and the Construction of Immigration Issues in Germany," in Martin Schain, Aristide Zolberg, and Patrick Hossay (eds.), Shadows over Europe: The Development and Impact of the Extreme Right in Western Europe. Basingstoke: Palgrave Macmillan, pp. 187 – 219.

[256] Katzenstein, Peter. 1987. Policy and Politics in West Germany: The Growth of a Semisovereign State. Philadelphia: Temple University Press.

[257] Kautto, Mikko. 2000. Two of a Kind? Economic Crisis, Policy Responses and Well-Being during the 1990s in Sweden and Finland (SOU 2000: 83). Stockholm: Ministry of Health and Social Affairs.

[258] Kautto, Mikko, Fritzell, Johan, Hvinden, Bjorn, Kvist, Jon, and Uusitalo, Hannu (eds.). 2001. Nordic Welfare States in the European Context. London: Routledge.

[259] Kavanagh, Dennis and Butler, David. 2005. The British Election of 2005. Basingstoke: Palgrave Macmillan.

[260] Kennedy-Brenner, Carliene. 1979. Foreign Workers and Immigration Policy: The Case of France. Paris: OECD.

[261] King, Anthony. 2002. "Tony Blair's First Term," in Anthony King (ed.), Britain at the Polls, 2001. New York: Chatham House Publishers, pp. 1 – 44.

[262] King, Desmond. 1995. Actively Seeking Work? The Politics of Unemployment and Welfare Policy in the United States and Great Britain. Chicago: University of Chicago Press.

[263] King, Desmond. 1999. In the Name of Liberalism: Illiberal Social Policy in the USA and Britain. Oxford: Oxford University Press.

[264] Klekowski von Koppenfels, Amanda. 2002. "The Decline of Privilege: The Legal Background to the Migration of Ethnic Germans," in David Rock and Stefan Wolff (eds.), Coming Home to Germany? The Integration of Ethnic Germans from Central and Eastern Europe in the Federal Republic. New York: Berghahn Books,

pp. 102 – 118.

[265] Klekowski von Koppenfels, Amanda. 2003. "Who Organizes? The Political Opportunity Structure of Co-Ethnic Migrant Mobilization," in Rainer Munz and Rainer Ohliger (eds.), Diasporas and Ethnic Migrants: Germany, Israel and Post-Soviet Successor States in Comparative Perspective. London: Frank Cass, pp. 305 – 323.

[266] Klusmeyer, Douglas B. and Papademetriou, Demetrios G. 2009. Immigration Policy in the Federal Republic of Germany: Negotiating Membership and Remaking the Nation. New York: Berghahn Books.

[267] Knapp, Andrew. 2004. Parties and the Party System in France: A Disconnected Democracy? Basingstoke: Palgrave Macmillan.

[268] Kondo, Atsushi (ed.) 2001. Citizenship in a Global World: Comparing Citizenship Rights for Aliens. Basingstoke: Palgrave.

[269] Koopmans, Ruud and Statham, Paul (eds.). 2000. Challenging Immigration and Ethnic Relations Politics. Oxford: Oxford University Press.

[270] Koopmans, Ruud, Statham, Paul, Giugni, Marco, and Passy, Florence. 2005. Contested Citizenship: Immigration and Cultural Diversity in Europe. Minneapolis: University of Minnesota Press.

[271] Korpi, Walter. 1980. "Social Policy and Distributional Conflict in the Capitalist Democracies: A Preliminary Comparative Framework," West European Politics 3 (3), 296 – 316.

[272] Korpi, Walter. 1995. "The Development of Social Citizenship in France Since 1930: Comparative Perspectives," in Comparing Social Welfare Systems in Europe. Paris: MIRE, Ministry of Employment and Solidarity, pp. 9 – 47.

[273] Korpi, Walter. 2002. Velfardsstat og socialt medborgerskab. Danmark i et komparativt perspektiv, 1930 – 1995. Arhus: Magtudredningen.

[274] Korpi, Walter and Palme, Joakim. 1998. "The Paradox of Redistribution and the Strategy of Equality: Welfare State Institutions, Inequality and Poverty in Western Countries," American Sociological Review 63 (5), 661 – 687.

[275] Koslowski, Rey. 1998. "European Union Migration Regimes, Established and Emergent," in Christian Joppke (ed.), Challenge to the Nation-State: Immigration in Western Europe and the United States. Oxford: Oxford University Press, pp. 153 – 188.

[276] Ku, Leighton and Papademetriou, Demetrios G. 2007. "Access to Health Care and Health Insurance: Immigrants and Immigration Reform," in Michael Fix (ed.), Securing the Future: US Immigrant Integration Policy. Washington, DC: Migration Policy Institute, pp. 83 - 106.

[277] Kurthen, Hermann. 1998. "Fiscal Impacts of Immigration on the American and German Welfare States," in Hermann Kurthen, Jurgen Fijalkowski, and Gert G. Wagner (eds.), Immigration, Citizenship and the Welfare State in Germany and the United States, Part A: Immigrant Incorporation. Stamford, CT: JAI Press, pp. 175 - 211.

[278] Lahav, Gallya. 2004. Immigration and Politics in the New Europe: Reinventing Borders. Cambridge: Cambridge University Press.

[279] Law, Ian. 1996. Racism, Ethnicity and Social Policy. London: Prentice-Hall/Harvester Wheatsheaf.

[280] Law, Ian. 2009. "Racism, Ethnicity, Migration and Social Security," in Jane Millar (ed.), Understanding Social Security (2nd edn.). Bristol: Policy Press, pp. 75 - 92.

[281] Layton-Henry, Zig. 1985. "Great Britain," in Tomas Hammar (ed.), European Immigration Policy: A Comparative Study. Cambridge: Cambridge University Press, pp. 89 - 126.

[282] Layton-Henry, Zig (ed.). 1990. The Political Rights of Immigrant Workers in Western Europe. London: Sage.

[283] Layton-Henry, Zig. 1992. The Politics of Immigration. Oxford: Blackwell.

[284] Leal, David L., Barreto, Matt A., Lee, Jongho, and de la Garza, Rodolfo O. 2005. "The Latino Vote in the 2004 Election," PS, Political Science and Politics 38 (1), 41 - 49 <www. apsanet. org>, accessed December 2, 2008.

[285] Legifrance. 2003. Loi no 2003-1119 du 26 novembre 2003 relative a la maitrise de l'immigration, au sejour des etrangers en France et a la nationalite, < www. legifrance. gouv. fr>, accessed December 19, 2003.

[286] Legifrance. 2007. Loi no 2007 - 1631 du 20 novembre 2007 relative a la maitrise de l'immigration, a l'integration et a l'asile <www. legifrance. gouv. fr>, accessed December 12, 2010.

[287] Leibfried, Stephan. 1992. "Towards a European Welfare State? On Integrating Poverty Regimes into the European Community," in Zsuzsa Ferge and Jon Eivind

Kolberg (eds.), Social Policy in a Changing Europe. Frankfurt: Campus Verlag, pp. 245 – 279.

[288] Lenoir, Remi. 1991. "Family Policy in France since 1938," in John S. Ambler (ed.), The French Welfare State: Surviving Social and Ideological Change. New York: New York University Press, pp. 144 – 186.

[289] Lester, Anthony and Beattie, Kate. 2007. "Human Rights and the British Constitution," in Jeffrey Jowell and Dawn Oliver (eds.), The Changing Constitution. Oxford: Oxford University Press, pp. 59 – 83.

[290] Levy, Daniel. 2002. "Integrating Ethnic Germans in West Germany: The Early Postwar Period," in David Rock and Stefan Wolff (eds.), Coming Home to Germany? The Integration of Ethnic Germans from Central and Eastern Europe in the Federal Republic. New York: Berghahn Books, pp. 19 – 37.

[291] Levy, Jonah D. 1999. Tocqueville's Revenge: State, Society and Economy in Contemporary France. Cambridge, MA: Harvard University Press.

[292] Levy, Jonah D. 2000. "France: Directing Adjustment?" in Fritz Scharpf and Vivien A. Schmidt (eds.), Welfare and Work in the Open Economy, Vol. Ⅱ, Diverse Responses to Common Challenges. Oxford: Oxford University Press, pp. 308 – 350.

[293] Levy, Jonah D. 2005. "Redeploying the State: Liberalization and Social Policy in France," in Wolfgang Streeck and Kathleen Thelen (eds.), Beyond Continuity: Institutional Change in Advanced Political Economies. Oxford: Oxford University Press, pp. 103 – 126.

[294] Lieberman, Robert C. 2005. Shaping Race Policy. Princeton: Princeton University Press. LIS. Luxembourg Income Study Database <www. lisdatacenter. org>.

[295] Lister, Ruth. 1991. "Social Security in the 1980s," Social Policy and Administration 25 (2), 91 – 107.

[296] Lochak, Daniele. 1992. "Discrimination against Foreigners under French Law," in Donald L. Horowitz and Gerard Noiriel (eds.), Immigrants in Two Democracies: French and American Experiences. New York: New York University Press, pp. 391 – 410.

[297] Loescher, Gil and Scanlan, John A. 1986. Calculated Kindness: Refugees and America's Half-Open Door, 1945 to the Present. New York: Free Press.

[298] Lov om integration af udlandinge i Danmark, nr. 474 af 1. juli 1998.

[299] Luedtke, Adam. 2006. "The European Union Dimension: Supranational Integration, Free Movement of Persons, and Immigration Politics," in Craig A. Parsons and Timothy M. Smeeding (eds.), Immigration and the Transformation of Europe. Cambridge: Cambridge University Press, pp. 419 – 441.

[300] Lundborg, Per. 2009. "The Dimensions and Effects of EU Migration in Sweden," in Bela Galgoczi, Janine Leschke, and Andrew Watt (eds.), EU Labour Migration since Enlargement: Trends, Impacts and Policies. Farnham: Ashgate, pp. 69 – 86.

[301] Lundh, Christer and Ohlsson, Rolf. 1999. Fran arbetskraftsimport till flyktinginvandring (2nd edn.). Stockholm: SNS.

[302] Macdonald, Ian A. 1987. Immigration Law and Practice in the United Kingdom (2nd edn.). London: Butterworths.

[303] Macdonald, Ian A. and Webber, Frances (eds.). 2005. Immigration Law and Practice in the United Kingdom (6th edn.). London: LexisNexis Butterworths.

[304] Macridis, Roy C. 1987. "Politics of France," in Roy C. Macridis (ed.), Modern Political Systems: Europe (6th edn.). Englewood Cliffs, NJ: Prentice Hall, pp. 75 – 159.

[305] Macridis, Roy C. 1990. "Politics of France," in Roy C. Macridis (ed.), Modern Political Systems: Europe (7th edn.). Englewood Cliffs, NJ: Prentice Hall, pp. 65 – 135.

[306] Madeley, John T. S. 2003. "The Swedish Model Is Dead, Long Live the Swedish Model: The 2002 Swedish Election," West European Politics 26 (2), 165 – 173.

[307] Mandin, Christelle and Palier, Bruno. 2005. "The Politics of Pension Reform in France: The End of Exceptionalism?" in Giuliano Bonoli and Toshimitsu Shinkawa (eds.), Ageing and Pension Reform around the World. Northampton, MA: Edward Elgar, pp. 74 – 93.

[308] Mangen, Steen. 1991. "Social Policy, the Radical Right and the German Welfare State," in Howard Glennerster and James Midgley (eds.), The Radical Right and the Welfare State. Hemel Hempstead: Harvester Wheatsheaf, pp. 100 – 123.

[309] Manow, Philip. 2005. "Germany: Cooperative Federalism and the Overgrazing of the Fiscal Commons," in Herbert Obinger, Stephan Leibfried, and Francis G. Castles (eds.), Federalism and the Welfare State. Cambridge: Cambridge University Press, pp. 222 – 262.

[310] Manow, Philip. 2010. "Trajectories of Fiscal Adjustment in Bismarckian Welfare Systems," in Bruno Palier (ed.), A Long Goodbye to Bismarck? The Politics of Welfare Reform in Continental Europe. Amsterdam: Amsterdam University Press, pp. 279 – 299.

[311] Marshall, Barbara. 2000. The New Germany and Migration in Europe. Manchester: Manchester University Press.

[312] Marshall, T. H. 1950. Citizenship and Social Class. Cambridge: Cambridge University Press.

[313] Martin, Claude. 2010. "Feminization of Poverty in France: A Latent Issue," in Gertrude Schaffner Goldberg (ed.), Poor Women in Rich Countries. New York: Oxford University Press, pp. 61 – 93.

[314] Martin, Patricia P. 2007. "Hispanics, Social Security and Supplemental Security Income," Social Security Bulletin 67 (2), 73 – 100.

[315] Maschke, Michael. 2003. "Immigrants between Labour Market and Poverty," in Peter Krause, Gerhard Backer, and Walter Hanesch (eds.), Combating Poverty in Europe: The German Welfare Regime in Practice. Aldershot: Ashgate, pp. 223 – 245.

[316] Massot, Jean. 1990. "L'immigre et sa famille: le regroupement familial," in Elie Alfandari (ed.) Immigration et protection sociale. Paris: Sirey, pp. 81 – 89.

[317] Mau, Steffen and Burkhardt, Christoph. 2009. "Migration and Welfare State Solidarity in Western Europe," Journal of European Social Policy 19 (3), 213 – 229.

[318] McKay, Stephen. 2009. "Reforming Pensions: Investing in the Future," in Jane Millar (ed.), Understanding Social Security. Bristol: Policy Press, pp. 171 – 191.

[319] McKay, Stephen and Rowlingson, Karen. 1999. Social Security in Britain. Basingstoke: Macmillan.

[320] Meguid, Bonnie M. 2005. "Competition between Unequals: The Role of Mainstream Party Strategy in Niche Party Success," American Political Science Review 99 (3), 347 – 359.

[321] Meguid, Bonnie M. 2008. Party Competition between Unequals. New York: Cambridge University Press.

[322] Melnick, R. Shep. 1994. Between the Lines: Interpreting Welfare Rights. Washington, DC: Brookings Institution.

[323] Menz, Georg. 2006. " 'Useful' Gastarbeiter, Burdensome Asylum Seekers, and the Second Wave of Welfare Retrenchment: Exploring the Nexus between Migration and the Welfare State," in Craig A. Parsons and Timothy M. Smeeding (eds.), Immigration and the Transformation of Europe. Cambridge: Cambridge University Press, pp. 393 – 418.

[324] Menz, Georg. 2009. The Political Economy of Managed Migration. Oxford: Oxford University Press.

[325] Messina, Anthony M. 1989. Race and Party Competition in Britain. Oxford: Clarendon Press.

[326] Messina, Anthony M. 2007. The Logics and Politics of Post-WWII Migration to Western Europe. Cambridge: Cambridge University Press.

[327] Messu, Michel. 1999. "Solidarism and Familialism: The Influence of Ideological Conceptions on the Formation of French Social Protection," in Dennis Bourget and Bruno Palier (eds.), Comparing Social Welfare Systems in Nordic Europe and France. Paris: MIRE-DREES (Centre of Research, Evaluation Studies and Statistics), Ministry of Employment and Solidarity, pp. 113 – 125.

[328] MFII. 2003a. Vejledning om ydelser efter integrationsloven m. m. 2003 – 06 – 30. Copenhagen: Ministeriet for flygtninge, indvandrere og integration <www. inm. dk>, accessed January 15, 2004.

[329] MFII. 2003b. "Aftale mellem regeringspartierne og Dansk Folkeparti om udlandingelovgivning og indfodsret." Copenhagen: Ministeriet for flygtninge, indvandrere og integration <www. inm. dk>, accessed January 29, 2004.

[330] MFII. 2003 – 2004. Forslag til Lov om andring af indfodsretsloven. Copenhagen: Ministeriet for flygtninge, indvandrere og integration, j. nr. 2003/300 – 336 <www. inm. dk>, accessed May 18, 2004.

[331] MFII. 2004. Udlandinge- og integrationspolitikken i Danmark og udvalgte lande — Baggrundsrapport. Copenhagen: Ministeriet for flygtninge, indvandrere og integration <www. inm. dk>, accessed March 11, 2004.

[332] MFII. 2005. "Aftale om 'En ny chance til alle.' " Copenhagen: Ministeriet for flygtninge, indvandrere og integration <www. inm. dk>, accessed July 18, 2005.

[333] MFII. 2008. "Nye retningslinjer for meddelelse af dansk indfodsret trader i kraft 10. november 2008." Copenhagen: Ministeriet for flygtninge, indvandrere og

integration <www. inm. dk/da-dk>, accessed December 9, 2008.

[334] MFII. 2010. "Aftale mellem regeringen og Dansk Folkeparti, 15. marts 2010. Nye relger for at fa permanent opholdstilladelse og serviceeftersyn af udlandinge-og integrationspolitikken" <www. nyidanmark. dk/da-dk/nyheder>, accessed March 16, 2010.

[335] Millar, Jane (ed.). 2003a. Understanding Social Security. Bristol: Policy Press.

[336] Millar, Jane. 2003b. "From Wage Replacement to Wage Supplement: Benefits and Tax Credits," in Jane Millar (ed.), Understanding Social Security. Bristol: Policy Press, pp. 123 – 143.

[337] Millar, Jane. 2009. "Tax Credits," in Jane Millar (ed.), Understanding Social Security (2nd edn.). Bristol: Policy Press, pp. 233 – 251.

[338] Miller, Mark J. and Martin, Philip L. 1982. Administering Foreign-Worker Programs. Lexington, MA: Lexington Books.

[339] Minces, Juliette. 1973. Les travailleurs etrangers en France. Paris: Editions du Seuil. Minderhoud, Paul E. 1999. "Asylum Seekers and Access to Social Security: Recent Developments in The Netherlands, United Kingdom, Germany and Belgium," in Alice Bloch and Carl Levy (eds.), Refugees, Citizenship and Social Policy in Europe. Basingstoke: Macmillan, pp. 132 – 148.

[340] Minkenberg, Michael. 2003. "The Politics of Citizenship in the New Republic," West European Politics 26 (4), 219 – 240.

[341] MIPEX. 2011. Migrant Integration Policy Index Ⅲ <www. mipex. eu>, accessed May 7, 2011.

[342] MIRE. 1998. Glossaire bilingue de la protection sociale. Vol. 1: Les termes francais. Paris: MIRE, Ministry of Employment and Solidarity.

[343] MISSOC. 2007. Social Protection in the Member States of the European Union, of the European Economic Area and in Switzerland, Comparative Tables, Part 8: Finland, Sweden, United Kingdom, situation on January 1, 2007, <http: //ec. europa. eu /employment_ social/social_ protection/missoc_ tables_ en. htm>, accessed March 23, 2009.

[344] Mitchell, Deborah. 1991. Income Transfers in Ten Welfare States. Aldershot: Avebury.

[345] MN. 2002—2004. Migration News 9 – 11 <http: //migration. ucdavis. edu/mn>,

accessed May 23, 2006.

[346] MN. 2006. Migration News 13 (3) <http://migration.ucdavis.edu/mn>, accessed November 14, 2009.

[347] MN. 2007. Migration News 14 (3) <http://migration.ucdavis.edu/mn>, accessed December 11, 2007.

[348] MN. 2008. Migration News 15 (2) <http://migration.ucdavis.edu/mn>, accessed February 3, 2010.

[349] Modood, Tariq, Berthoud, Richard G., Lakey, Jane, Nazroo, James, Smith, Patten, Virdee, Satnam, and Beishon, Sharon. 1997. Ethnic Minorities in Britain: Diversity and Disadvantage. London: Policy Studies Institute.

[350] Moneger, Francoise. 1990. "L'immigre et sa famille: l'incidence du statut personnel sur la protection sociale des immigres," in Elie Alfandari (ed.), Immigration et protection sociale. Paris: Sirey.

[351] Money, Jeanette. 1999. Fences and Neighbors: The Political Geography of Immigration Control. Ithaca: Cornell University Press.

[352] Montanari, Ingalill. 1995. "Harmonization of Social Policies and Social Regulation in the European Community," European Journal of Political Research 27 (1), 21-45.

[353] Montanari, Ingalill, Nelson, Kenneth, and Palme, Joakim. 2008. "Towards a European Social Model? Trends in Social Insurance among EU Countries 1980—2000," European Societies 10 (5), 787-810.

[354] Morel, Nathalie. 2006. "Providing Coverage against New Social Risks in Bismarckian Welfare States: The Case of Long-Term Care," in Klaus Armingeon and Giuliano Bonoli (eds.), The Politics of Post-Industrial Welfare States: Adapting Post-War Social Policies to New Social Risks. London: Routledge, pp. 227-247.

[355] Morel, Sylvie. 2004. "Workfare and Insertion: How the U.S. and French Models of Assistance Have Been Transformed," in Neil Gilbert and Antoine Parent (eds.), Welfare Reform: A Comparative Assessment of the French and U.S. Experiences. New Brunswick, NJ: Transaction Publishers, pp. 93-142.

[356] Morissens, Ann. 2006a. "Immigrants' Socio-Economic Outcomes in Different Welfare States: How Do They Fare?" Ph. D. thesis, Department of Social Sciences, Roskilde University.

[357] Morissens, Ann. 2006b. "Immigrants, Unemployment, and Europe's Varying Welfare Regimes," in Craig A. Parsons and Timothy M. Smeeding (eds.), Immigration and the Transformation of Europe. Cambridge: Cambridge University Press, pp. 172 – 199.

[358] Morissens, Ann and Sainsbury, Diane. 2005. "Migrants' Social Rights, Ethnicity and Welfare Regimes," Journal of Social Policy 34 (4), 637 – 660.

[359] Morkenstam, Ulf. 2010. "Ekonomi, kultur och jamlikhet: Teman i svensk politik I invandrarfragor decennierna efter andra varldskriget," Historisk tidskrift for Finland 95 (4), 572 – 607.

[360] Morris, Lydia. 1998. "Governing at a Distance: The Elaboration of Controls in British Immigration," International Migration Review, 32 (4), 949 – 973.

[361] Morris, Lydia. 2002. Managing Migration: Civic Stratification and Migrants' Rights. London: Routledge.

[362] Morris, Lydia. 2007. "New Labour's Community of Rights: Welfare, Immigration and Asylum," Journal of Social Policy 36 (1), 39 – 57.

[363] MPI. 2004. "Global Data Center, United States: Estimates of the Net Number of Migrants." Washington, DC: Migration Policy Institute <www. migrationinformation. org>, accessed April 16, 2004.

[364] Munz, Rainer and Ohliger, Rainer. 1998. "Long-Distance Citizens: Ethnic Germans and their Immigration to Germany," in Peter H. Schuck and Rainer Munz (eds.), Paths to Inclusion: The Integration of Migrants in the United States and Germany. New York: Berghahn Books, pp. 155 – 201.

[365] Murray, Laura M. 1994. "Einwanderungsland Bundesrepublik Deutschland? Explaining the Evolving Positions of German Political Parties on Citizenship Policy," German Politics and Society 33, 23 – 56.

[366] MV. 2009. Migrationsverket, tillstandsstatistik < www. migrationsverket. se >, accessed May 5, 2009.

[367] Nannestad, Peter. 2004. "Immigration as a Challenge to the Danish Welfare State?" European Journal of Political Economy 20, 755 – 767.

[368] ND. 1991. Ny demokrati, partiprogram. Stockholm: Ny Demokrati.

[369] Nelson, Kenneth. 2008. "Minimum Income Protection and European Integration: Trends and Levels of Minimum Benefits in Comparative Perspective, 1990 – 2005,"

International Journal of Health Services 38 (1), 103 – 124.

[370] Neuman, Gerald L. 1998. "Nationality Law in the United States and the Federal Republic of Germany: Structure and Current Problems," in Peter Schuck and Rainer Munz (eds.), Paths to Inclusion: The Integration of Migrants in the United States and Germany. New York: Berghahn Books, pp. 247 – 298.

[371] Nielsen, Bodil Bjerg and Pihl, Louise. 1998. "Pa kanten af medborgerskabet — en analyse af dansk indvandrer/flygtningepolitik i ett medborgerskabsperspektiv." Master's thesis, Department of Political Science, University of Copenhagen.

[372] Nielsen, Niels-Kenneth. 2004. "Social Transfers to Immigrants in Germany and Denmark," in Torben Tranas and Klaus F. Zimmermann (eds.), Migrants, Work, and the Welfare State. Odense: University Press of Southern Denmark, pp. 245 – 284.

[373] NOSOSKO. 2010. Social tryghed i de nordiske lande 2008/09. Copenhagen: Nordic Social Statistics Committee (NOSOSKO) <www. nososco-da. nom-nos. dk>, accessed July 28, 2011.

[374] NS. 2007. Sarkozy, Nicolas. 2007. Mon projet: Ensemble tout devient possible < www. sarkozy. fr>, accessed May 7, 2007.

[375] O'Connor, Karen and Epstein, Lee. 1988. "A Legal Voice for the Chicano Community: The Activities of the Mexican-American Legal Defense and Educational Fund, 1968—1982," in F. Chris Garcia (ed.), Latinos and the Political System. Notre Dame: University of Notre Dame Press, pp. 255 – 268.

[376] OECD. 2004. Trends in International Migration. SOPEMI 2003. Paris: Organisation for Economic Development and Co-operation.

[377] OECD. 2010. International Migration Outlook. Paris. Organisation for Economic Development and Co-operation <www. oecd-library. org>, accessed May 16, 2011.

[378] OECD. 2011. Employment Outlook 2011. Paris: Organisation for Economic Development and Co-operation.

[379] Offe, Claus. 1991. "Smooth Consolidation in the West German Welfare State: Structural Change, Fiscal Policies and Populist Politics," in Frances Fox Piven (ed.), Labor Parties in Postindustrial Societies. Cambridge: Polity Press, pp. 124 – 146.

[380] Palier, Bruno. 2002. Gouverner la securite sociale. Les reformes du systeme francais de protection sociale depuis 1945. Paris: Presses universitaires de France.

[381] Palier, Bruno. 2005. Gouverner la securite sociale. Les reformes du systeme francais de protection sociale depuis 1945. Paris: Quadrige/Presses universitaires de France.

[382] Palier, Bruno. 2006. "The Long Goodbye to Bismarck? Changes in the French Welfare State," in Pepper D. Culpepper, Peter A. Hall, and Bruno Palier (eds.), Changing France: The Politics That Markets Make. Basingstoke: Palgrave Macmillan, pp. 107 – 128.

[383] Palier, Bruno. 2010. "The Dualizations of the French Welfare System," in Bruno Palier (ed.), A Long Goodbye to Bismarck? The Politics of Welfare Reform in Continental Europe. Amsterdam: Amsterdam University Press, pp. 73 – 99.

[384] Palier, Bruno and Thelen, Kathleen. 2010. "Institutionalizing Dualism: Complementarities and Change in France and Germany," Politics & Society 38 (1), 119 – 148.

[385] Palme, Joakim. 1990. Pension Rights in Welfare Capitalism: The Development of Old-Age Pensions in 18 OECD Countries 1930 to 1985. Stockholm: Swedish Institute for Social Research.

[386] Papadopoulos, Theodoros. 2011. "Immigration and the Variety of Migrant Integration Regimes in the European Union," in Emma Carmel, Alfio Cerami, and Theodoros Papadopoulos (eds.), Migration and Welfare in the New Europe: Social Protection and the Challenges of Integration. Bristol: Policy Press, pp. 23 – 47.

[387] Parrott, Thomas M., Kennedy, Lenna D., and Scott, Charles G. 1998. "Noncitizens and the Supplemental Security Income Program," Social Security Bulletin 61 (4), 3 – 32.

[388] Pavetti, Ladonna A. 2001. "Welfare Policy in Transition: Redefining the Social Contract for Poor Citizen Families and for Immigrants," in Sheldon H. Danziger and Robert H. Haveman (eds.), Understanding Poverty. New York: Russell Sage Foundation, pp. 229 – 277.

[389] Pedersen, Soren. 1999. "Migration to and from Denmark during the Period 1960 – 97," in David Coleman and Eskil Wadensjo, with contributions by Bent Jensen and Soren Pedersen, Immigration to Denmark. Arhus: Rockwool Foundation Research Unit/Aarhus University Press, pp. 148 – 190.

[390] Pedersen, Soren. 2000. "Overforselsindkomster til indvandrerne," in Gunnar Viby Mogensen and Poul Chr. Matthiessen (eds.), Integration i Danmark omkring

artusindskiftet. Arhus: Aarhus Universitetsforlag, pp. 160 – 207.

[391] Pedraza-Bailey, Silvia. 1985. Political and Economic Migrants in America: Cubans and Mexicans. Austin: University of Texas Press.

[392] Perlmutter, Ted. 1996. "Bringing Parties Back In: Comments on 'Modes of Immigration Politics in Liberal Democratic Societies'," International Migration Review 30, 375 – 388.

[393] Perlmutter, Ted. 2002. "The Politics of Restriction: The Effect of Xenophobic Parties on Italian Immigration Policy and German Asylum Policy," in Martin Schain, Aristide Zolberg, and Patrick Hossay (eds.), Shadows over Europe: The Development and Impact of the Extreme Right in Western Europe. Basingstoke: Palgrave Macmillan, pp. 269 – 298.

[394] Phillips, Anne. 1995. The Politics of Presence. Oxford: Clarendon Press.

[395] Phillips, Coretta. 2005. "Ethnic Inequalities under New Labour: Progress or Entrenchment?" in John Hills and Kitty Stewart (eds.), A More Equal Society? New Labour, Poverty, Inequality and Exclusion. Bristol: Policy Press, pp. 189 – 208.

[396] Pierson, Paul. 1994. Dismantling the Welfare State? Cambridge: Cambridge University Press.

[397] Pierson, Paul (ed.). 2001. The New Politics of the Welfare State. Oxford: Oxford University Press.

[398] Platt, Lucinda. 2003. "Social Security in a Multi-Ethnic Society," in Jane Millar (ed.), Understanding Social Security. Bristol: Policy Press, pp. 255 – 276.

[399] Platt, Lucinda. 2007. "Child Poverty, Employment and Ethnicity in the UK: The Role and Limitations of Policy," European Societies 9 (2), 175 – 199.

[400] Powell, Martin. 1999. "Introduction," in Martin Powel (ed.), New Labour, New Welfare State? The "Third Way" in British Social Policy. Bristol: Policy Press, pp. 1 – 28.

[401] Prop. 1968: 142. Angaende riktlinjer for utlanningspolitiken m. m.

[402] Prop. 1975/1976: 26. Om riktlinjer for invandrar- och minoritetspolitiken m. m.

[403] Prop. 1987/1988: 80. Om bistand at asylsokande m. m.

[404] Prop. 1990/1991: 195. Om aktiv flykting- och immigrationspolitik m m.

[405] Prop. 1992/1993: 50. Om atgarder for att stabilisera den svenska ekonomin.

[406] Prop. 1993/1994: 94. Mottagande av asylsokande m. m.

[407] Prop. 1994/1995: 179. Andringar i utlanningslagen.

[408] Prop. 1997/1998: 16. Sverige, framtiden och mangfalden: fran invandrarpolitik till integrationspolitik.

[409] Prop. 2007/2008: 147. Nya regler for arbetskraftsinvandring.

[410] Prop. 2009/2010: 60. Nyanlanda invandrares arbetsmarknadsetablering — egenansvar med professionellt stod.

[411] Prop. 2009/2010: 77. Forsorjningskrav vid anhoriginvandring.

[412] PS. 2008. A Detailed Guide to State Pensions for Advisers and Others. The Pension Service, The Department for Work and Pensions <www. thepensionservice. gov. uk/pdf/np46/np46sept08. pdf>, accessed March 25, 2009.

[413] Reimers, David M. 1985. Still the Golden Door: The Third World Comes to America. New York: Columbia University Press.

[414] Ridge, Tess. 2009. "Benefiting Children? The Challenge of Social Security Support for Children," in Jane Millar (ed.), Understanding Social Security (2nd edn.). Bristol: Policy Press, pp. 151 – 169.

[415] RK. 2011. Regeringskansliet, "Historisk overenskommelse om migrationspolitiken" <www.regeringen. se/sb/d/9863/a/162226>, accessed September 12, 2011.

[416] Robertson, David. 1998. Judicial Discretion in the House of Lords. Oxford: Oxford University Press.

[417] Rocaboy, Yvon. 1999. "The Decentralization of Welfare Policy in France: An Economic Perspective," in Dennis Bouget and Bruno Palier (eds.), Comparing Social Welfare Systems in Nordic Europe and France. Paris: MIRE-DREES (Centre of Research, Studies and Statistics), Ministry of Employment and Solidarity, pp. 541 – 560.

[418] Rose, E. J. B. et al. 1969. Colour and Citizenship: A Report on Race Relations in Britain. London: Oxford University Press/ Institute of Race Relations.

[419] RP. Riksdagens protokoll 2000/2001: 70. Minutes of the Swedish parliament. S 269. US Senate, 194th Congress, "S 269, The Immigrant Control and Financial Responsibility Act of 1995." Full Text of Bills. Available from: LexisNexis Congressional Online Service. Bethesda, MD: Congressional Information Service.

[420] Safran, William. 1998. The French Polity (5th edn.). New York: Longman.

[421] Saggar, Shamit. 2003. "Immigration and the Politics of Public Opinion," in Sarah Spencer (ed.), The Politics of Migration: Managing Opportunity, Conflict and Change. Oxford: Blackwell Publishing, pp. 178 - 194.

[422] Sainsbury, Diane. 1996. Gender, Equality and Welfare States. Cambridge: Cambridge University Press.

[423] Sainsbury, Diane. 2005. "The Politics of Inclusion and Exclusion: Denmark and Sweden," Paper presented at the XIV Nordic Political Science Association Conference, Reykjavik, Iceland, August 11 - 13, 2005.

[424] Sainsbury, Diane. 2006. "Immigrants' Social Rights in Comparative Perspective: Welfare Regimes, Forms of Immigration and Immigration Policy Regimes," Journal of European Social Policy 16 (3), 229 - 244.

[425] Sainsbury, Diane and Morissens, Ann. 2002. "Poverty in Europe in the Mid-1990s: The Effectiveness of Means-Tested Benefits," Journal of European Social Policy 12 (4), 293 - 306.

[426] Sainsbury, Diane and Morissens, Ann. 2010. "Sweden: The Feminization of Poverty?" in Gertrude Schaffner Goldberg (ed.), Poor Women in Rich Countries. New York: Oxford University Press, pp. 28 - 60.

[427] Sainsbury, Diane and Songur, Welat. 2001. "Invandrarna och det svenska trygghetssystemet i jamforande belysning," projektskiss.

[428] Sales, Rosemary. 2007. Understanding Immigration and Refugee Policy. Bristol: Policy Press.

[429] SAUS. Various years. Statistical Abstract of the United States. Washington, DC: Bureau of the Census.

[430] SBD. 2009. Statistisches Bundesamt Deutschland, "Auslandische Bevolkerung in Deutschland nach aufenthaltsrechtlichem Status am 31. 12. 2008," Bevolkerung und Erwerbstatigkeit: Auslandische Bevolkerung Ergebnisse des Auslanderzentralregisters, version 1. 07. 2009 <www. destatis. de>, accessed December 11, 2009.

[431] Schain, Martin A. 1985. "Immigrants and Politics in France," in John Ambler (ed.), The French Socialist Experiment. Philadelphia: Institute for the Study of Human Issues, pp. 166 - 190.

[432] Schain, Martin A. 1996. "The Immigration Debate and the National Front," in John T. S. Keller and Martin A. Schain (eds.), Chirac's Challenge: Liberalization,

Europeanization and Malaise in France. Basingstoke: Macmillan, pp. 169 – 197.

[433] Schain, Martin A. 1999. "Minorities and Immigrant Incorporation in France," in Christian Joppke and Steven Lukes (eds.), Multicultural Questions. Oxford: Oxford University Press, pp. 199 – 223.

[434] Schain, Martin A. 2007. "The Extreme-Right and Immigration Policy Making: Measuring Direct and Indirect Effects," in Virginie Guiraudon and Gallya Lahav (eds.), Immigration Policy in Europe: The Politics of Control. London: Routledge, pp. 70 – 89.

[435] Schain, Martin A. 2008. The Politics of Immigration in France, Britain and the United States: A Comparative Study. New York: Palgrave Macmillan.

[436] Schain, Martin A., Zolberg, Aristide and Hossay, Patrick (eds.). 2002. Shadows over Europe: The Development and Impact of the Extreme Right in Western Europe. Basingstoke: Palgrave Macmillan.

[437] Scharpf, Fritz W. 1988. "The Joint-Decision Trap: Lessons from German Federalism and European Integration," Public Administration 16 (3), 239 – 278.

[438] Scharpf, Fritz W. and Schmidt, Vivien A. (eds.). 2000. Welfare and Work in the Open Economy, Vol. I. From Vulnerability to Competitiveness. Oxford: Oxford University Press.

[439] Schierup, Carl-Ulrik, Hansen, Peo and Castles, Stephen. 2006. Migration, Citizenship and the European Welfare State. Oxford: Oxford University Press.

[440] Schindler, Peter. 1999. Datenhandbuch zur Geschichte des Deutschen Bundestages 1949 bis 1999, Band I. Baden-Baden: Nomos Verlagsgesellschaft.

[441] Schmidt, Manfred. 2003. Political Institutions in the Federal Republic of Germany. Oxford: Oxford University Press.

[442] Schmidt, Vivien A. 1990. Democratizing France: The Political and Administrative History of Decentralization. Cambridge: Cambridge University Press.

[443] Schuck, Peter H. 1998a. "The Re-Evaluation of American Citizenship," in Christian Joppke (ed.), Challenge to the Nation-State: Immigration in Western Europe and the United States. Oxford: Oxford University Press, pp. 191 – 230.

[444] Schuck, Peter H. 1998b. Citizens, Strangers and In-Betweens: Essays on Immigration and Citizenship. Boulder: Westview Press.

[445] Schuck, Peter H. and Munz, Rainer (eds.). 1998. Paths to Inclusion: The

Integration of Migrants in the United States and Germany. Oxford: Berghahn Books.

[446] Schultz-Nielsen, Marie Louise. 2000. "Integrationen pa arbejdsmarkedet — og de samfundsokonomiske forholds betydning," in Gunnar Viby Mogensen and Poul Chr. Matthiessen (eds.), Integration i Danmark omkring artusindskiftet. Arhus: Rockwool Foundation Research Unit/Aarhus Universitetsforlag, pp. 96 – 126.

[447] Schuster, Liza. 2003. The Use and Abuse of Political Asylum in Britain and Germany. London: Frank Cass.

[448] Schwarz, David (ed.). 1966. Svenska minoriteter. Stockholm: Aldus/Bonniers.

[449] Schwarz, David. 1971. Svensk invandrar- och minoritetspolitik 1945 – 1968. Stockholm: Prisma.

[450] SD. 2005. Sverigedemokraternas principprogram 2005. Antaget av Riksarsmotet den 4 maj 2003. Andringar av programmet antogs vid riksarsmotet den 8 maj 2005 <http: // sverigedemokraterna. se/vara-asikter/sverigedemokraternasprincipprogram-2005>, accessed May 6, 2010.

[451] SD. 2007. Invandringspolitiskt program. Antaget vid Riksarsmotet den 19 maj 2007 <http: //sverigedemokraterna. se/vara-asikter/invandringspolitisk-program>, accessed April 19, 2011.

[452] SD. 2010. 99 forslag for ett battre Sverige. Sverigedemokraternas kontrakt med valjarna 2010—2014. Stockholm 2010-09-02 <http: //sverigedemokraterna. se/files/2010709/valmanifest_ 2010. pdf> accessed April 19, 2011.

[453] Seddon, Duran, Fitzpatrick, Pamela, and Chatwin, Mick. 2002. Migration and Social Security Handbook. London: Child Poverty Action Group.

[454] Seeleib-Kaiser, Martin (ed.). 2008. Welfare State Transformations: Comparative Perspectives. Basingstoke: Palgrave Macmillan.

[455] SFS. 2008: 884. Svensk forfattningssamling. Lag om andring i utlanningslagen (2005: 716).

[456] Silburn, Richard and Becker, Saul. 2009. "Life beyond Work? Safety Nets and 'Security for Those Who Cannot' Work," in Jane Millar (ed.), Understanding Social Security (2nd edn.). Bristol: Policy Press, pp. 55 – 73.

[457] Silver, Hilary. 1994. "Social Exclusion and Social Solidarity: Three Paradigms," International Labour Review 133 (5 – 6), 531 – 578.

[458] Silverman, Maxim. 1992. Deconstructing the Nation: Immigration, Racism and

Citizenship in Modern France. New York: Routledge.

[459] Sodergran, Lena. 2000. Svensk invandrarpolitik och integrationspolitik. En fraga om jamlikhet, demokrati och manskliga rattigheter. Umea: Department of Sociology, Umea University.

[460] Soininen, Maritta. 1992. Det kommunala flyktingmottagandet: genomforande och organisation. Stockholm: Centre for Research in International Migration and Ethnic Relations (CEIFO).

[461] Solomos, John. 2003. Race and Racism in Britain. Basingstoke: Palgrave Macmillan.

[462] Solomos, John and Back, Les. 1993. "Migration and the Politics of Race," in Patrick Dunleavy, Andrew Gamble, Ian Holliday, and Gillian Peele (eds.), Developments in British Politics 4. Basingstoke: Macmillan, pp. 321 - 331.

[463] Somerville, Will. 2007. Immigration under New Labour. Bristol: Policy Press.

[464] Songur, Welat. 2002. Valfardsstaten, sociala rattigheter och invandrarnas maktresurser. En jamforande studie om aldre invandrare fran Mellanostern i Stockholm, London och Berlin. Stockholm: Department of Political Science, University of Stockholm.

[465] SOU 1967: 18. Invandringen. Problematik och handlaggning. Utlanningsutredningens betankande II. Stockholm: Ministry of Internal Affairs.

[466] SOU 1974: 69. Invandrarna och minoriteterna. Stockholm: Ministry of Labor Affairs.

[467] SOU 1975: 15. Kommunal rostratt for invandrare. Stockholm: Ministry of Municipal Affairs.

[468] SOU 1983: 18. Lag mot etnisk diskriminering i arbetslivet. Stockhom: Ministry of Labor Affairs.

[469] SOU 1984: 11. Rostratt och medborgarskap. Invandrares och utlandssvenskars rostratt. Stockholm: Ministry of Justice.

[470] SOU 1989: 13. Mangfald mot enfald. Slutrapport fran kommissionen mot rasism och framlingsfientlighet. Stockholm: Ministry of Labor Affairs.

[471] SOU 1992: 96. Forbud mot etnisk diskriminering i arbetslivet. Stockholm: Ministry of Cultural Affairs.

[472] SOU 1992: 133. Mottagandet av asylsokande och flyktingar. Stockholm: Ministry of Cultural Affairs.

[473] SOU 1993：113. Invandring och asyl i teori och praktik — en jamforelse mellan tolv landers politik. Stockholm：Ministry of Cultural Affairs.

[474] SOU 1994：33. Vandelns betydelse i medborgarskapsarenden. Stockholm：Ministry of Cultural Affairs.

[475] SOU 1995：75. Svensk flyktingpolitik i globalt perspektiv. Stockholm：Ministry of Labor Affairs.

[476] SOU 1996：55. Sverige, framtiden och mangfald. Stockholm：Ministry of Labor Affairs.

[477] SOU 1999：34. Svenskt medborgarskap. Stockholm：Ministry of Cultural Affairs.

[478] SOU 2000：41. Valfard, ofard och ojamlikhet. Stockholm：Ministry of Social Affairs.

[479] SOU 2005：103. Anhorigaterforening. Stockholm：Ministry of Foreign Affairs.

[480] SOU 2006：22. En sammanhallen diskrimineringslagstiftning. Stockholm：Ministry of Justice.

[481] SOU 2008：114. Forsorjningskrav vid anhoriginvandring. Stockholm：Ministry of Justice.

[482] SOU 2009：19. Aktiv vantan — asylsokande i Sverige. Stockholm：Ministry of Justice.

[483] SOU 2010：16. Sverige for nyanlanda. Varden, valfardsstat, vardagsliv. Stockholm：Ministry of Integration and Gender Equality.

[484] SOU 2011：28. Cirkular migration och utveckling. Stockholm：Ministry of Justice.

[485] Soysal, Yasemin Nuhoglu. 1994. Limits of Citizenship：Migrants and Postnational Membership in Europe. Chicago：University of Chicago Press.

[486] S-P. 2010. "Conditions particulieres d'attribution aux etrangers du revenu de solidarite active (RSA)" <http：//vosdroits. service-public. fr/particuliers/F15553. xhtml>, accessed January 20, 2010.

[487] Spicker, Paul. 1991. "Solidarity," in Graham Room (ed.), Towards a European Welfare State? Bristol：SAUS Publications, pp. 17 – 37.

[488] SS. 2007. Ekonomiskt bistand for inrikes och utrikes fodda 1998 – 2005. Stockholm：National Board of Social Welfare.

[489] SSB. 1995. Social Security Bulletin, Annual Statistical Supplement, 1995. Washington, DC：Social Security Administration.

[490] SSB. 2007. Social Security Bulletin, Annual Statistical Supplement, 2007. Washington, DC: Social Security Administration.

[491] SSI. 2008. SSI Annual Statistical Report, 2007. Washington, DC: Social Security Administration <www. ssa. gov/policy/dpcs/statcomps/ssi_ asr/2007/ssi_ asr07. pdf>, accessed February 25, 2009.

[492] SSPTW. 2010. Social Security Programs throughout the World: Europe 2010. Washington, DC and Geneva: Social Security Administration and the International Social Security Association <www. socialsecurity. gov/policy>, accessed August 25, 2010.

[493] Statham, Paul. 2003. "Understanding Anti-Asylum Rhetoric: Restrictive Politics or Racist Publics?" Political Quarterly 74 (1), 163 - 177.

[494] Statham, Paul and Geddes, Andrew. 2006. "Elites and the 'Organised Public': Who Drives British Immigration Politics and in Which Direction?" West European Politics 29 (2), 248 - 269.

[495] Steck, Philippe, Rauber, Edith, Alfandari, Elie, and Chastand, Antoine. 1990. "L'immigre et sa famille: les prestations familiales des immigres," in Elie Alfandari (ed.), Immigration et protection sociale. Paris: Sirey.

[496] Stephens, John D. 1979. The Transition from Capitalism to Socialism. London: Macmillan.

[497] Stewart, Kitty. 2007. "Equality and Social Justice," in Anthony Seldon (ed.), Blair's Britain 1997—2007. Cambridge: Cambridge University Press, pp. 408 - 435.

[498] Stjerno, Steinar. 2005. Solidarity in Europe: The History of an Idea. Cambridge: Cambridge University Press.

[499] Studlar, Donley T. 1978. "Policy Voting in Britain: The Colored Immigration Issue in the 1964, 1966 and 1970 General Elections," American Political Science Review 72 (1), 46 - 64.

[500] Studlar, Donley T. 1993. "Ethnic Minority Groups, Agenda Setting, and Policy Borrowing in Britain," in Paula D. McClain (ed.), Minority Group Influence: Agenda Setting, Formulation and Public Policy. Westport, CT: Greenwood Press.

[501] SV. 2007. Barns omsorg 2005: Omsorgsformer for barn 1 - 12. Stockholm: Swedish National Agency for Education <www. skolverket. se>, accessed January 28, 2008.

[502] Taguieff, Pierre-Andre. 1996. "Un programme 'revolutionnaire'?" in Nonna Mayer

and Pascal Perrineau (eds.), Le Front national a decouvert. Paris: Presses de Sciences Po, pp. 195 - 227.

[503] Taylor-Gooby, Peter (ed.). 2004. New Risks, New Welfare. Oxford: Oxford University Press.

[504] Taylor-Gooby, Peter. 2005. "Is the Future American? Or, Can Left Politics Preserve European Welfare States from Erosion through Growing 'Racial' Diversity?" Journal of Social Policy 34 (4), 661 - 672.

[505] Taylor-Gooby, Peter and Mitton, Lavinia. 2008. "Much Noise, Little Progress: The UK Experience of Privatization," in Daniel Beland and Brian Gran (eds.), Public and Private Social Policy: Health and Pension Policies in a New Era. Basingstoke: Palgrave Macmillan, pp. 147 - 168.

[506] Thranhardt, Dietrich. 1999. "Germany's Immigration Policies and Politics," in Grete Brochmann and Tomas Hammar (eds.), Mechanisms of Immigration Control: A Comparative Analysis of European Regulatory Policies. Oxford: Berg, pp. 29 - 57.

[507] Tichenor, Daniel J. 2002. Dividing Lines: The Politics of Immigration Control in America. Princeton: Princeton University Press.

[508] Tienda, Marta and Liang, Zia. 1994. "Poverty and Immigration in Policy Perspective," in Sheldon H. Danziger, Gary D. Sandefur, and Daniel H. Weinberg (eds.), Confronting Poverty. New York: Russell Sage Foundation, pp. 330 - 364.

[509] Titmuss, Richard M. 1968. Commitment to Welfare. London: Allen & Unwin.

[510] Titmuss, Richard M. 1974. Social Policy. London: George Allen & Unwin.

[511] Togeby, Lise. 1997. Fremmedhed og fremmedhad i Danmark. Copenhagen: Columbus.

[512] Togeby, Lise. 1998. "Prejudice and Tolerance in a Period of Increasing Ethnic Diversity and Growing Unemployment: Denmark Since 1970," Ethnic and Racial Studies 21 (6), 1137 - 1154.

[513] Togeby, Lise. 2003. Fra fremmedarbejdere til etniske minoriteter. Arhus: Aarhus Universitetsforlag.

[514] UNHCR. 2007. Statistical Yearbook 2005 Trends in Displacement, Protection and Solutions. Geneva: UNHCR, The UN Refugee Agency < www. unhcr. or/ statistics>, accessed December 19, 2007.

[515] USDA. 1999. Characteristics of Food Stamp Households: Fiscal Year 1997. Washington, DC: Food and Nutrition Service, United States Department of Agriculture.

[516] USDA. 2003. Characteristics of Food Stamp Households: Fiscal Year 2001. Washington, DC: Food and Nutrition Service, United States Department of Agriculture.

[517] USDA. 2007. Characteristics of Food Stamp Households: Fiscal Year 2006. Washington, DC: Food and Nutrition Service, United States Department of Agriculture.

[518] Vad Jonsson, Heidi and Petersen, Klaus. 2010. "Danmark: Den nationale velfardsstat moder verden," in Grete Brochmann and Anniken Hagelund (eds.), Velferdens grenser. Olso: Universitetsforlaget, pp. 133 – 209.

[519] Van Kersbergen, Kees. 1995. Social Capitalism: A Study of Christian Democracy and the Welfare State. London: Routlege.

[520] Van Oorschot, Wim and Uunk, Wilfred. 2007. "Welfare Spending and the Public's Concern for Immigrants: Multilevel Evidence for Eighteen European Countries," Comparative Politics 40 (1), 63 – 92.

[521] Verbunt, Gilles. 1985. "France," in Tomas Hammar (ed.), European Immigration Policy. Cambridge: Cambridge University Press, pp. 127 – 164.

[522] Voges, Wolfgang, Frick, Joachim, and Buchel, Felix. 1998. "The Integration of Immigrants into West German Society: The Impact of Social Assistance," in Hermann Kurthen, Jurgen Fijalkowski, and Gert G. Wagner (eds.), Immigration, Citizenship and the Welfare State in Germany and the United States, Part A: Immigrant Incorporation. Stamford, CT: JAI Press, pp. 159 – 174.

[523] Vourc'h, Francois, De Rudder, Veronique, and Tripier, Maryse. 1999. "Foreigners and Immigrants in the French Labour Market: Structural Inequality and Discrimination," in John Wrench, Andrea Rea, and Nouria Ouali (eds.), Migrants, Ethnic Minorities and the Labour Market: Integration and Exclusion in Europe. New York: St. Martin's Press, pp. 72 – 92.

[524] Waters, Sarah. 2003. Social Movements in France: Toward a New Citizenship. Basingstoke: Palgrave Macmillan.

[525] Weaver, R. Kent. 2000. Ending Welfare as We Know It. Washington, DC:

Brookings Institution.

[526] Weil, Patrick. 1991. "Immigration and the Rise of Racism in France: The Contradictions in Mitterrand's Policies," French Politics and Society 9 (3 - 4), 82 - 100.

[527] Weil, Patrick. 2001a. "Access to Citizenship: A Comparison of Twenty-Five Nationality Laws," in T. Alexander Aleinikoff and Douglas Klusmeyer (eds.), Citizenship Today: Global Perspectives and Practices. Washington, DC: Carnegie Endowment for International Peace, pp. 17 - 35.

[528] Weil, Patrick. 2001b. "The History of French Nationality: A Lesson for Europe," in Randall Hansen and Patrick Weil (eds.), Towards a European Nationality: Citizenship, Immigration and Nationality Law in the EU. Basingstoke: Palgrave Macmillan, pp. 52 - 68.

[529] Weil, Patrick. 2004. La France et ses etrangers (2nd revised edn.). Paris: Gallimard. Weil, Patrick and Spire, Alexis. 2006. "France," in Rainer Baubock, Eva Ersboll, Kees Groenendijk, and Harald Waldrauch (eds.), Acquisition and Loss of Nationality: Policies and Trends in 15 European Countries. Volume 2. Country Analyses. Amsterdam: Amsterdam University Press, pp. 187 - 211.

[530] Wiesbrock, Anja. 2009. "Discrimination Instead of Integration? Integration Requirements for Immigrants in Denmark and Germany," in Elspeth Guild, Kess Groenendijk, and Sergio Carrera (eds.), Illiberal Liberal States: Immigration, Citizenship and Integration in the EU. Farnham: Ashgate, pp. 299 - 314.

[531] Wihtol de Wenden, Catherine. 1994. "Immigrants as Political Actors," in Martin Baldwin-Edwards and Martin A. Schain (eds.), The Politics of Immigration in Western Europe. London: Frank Cass, pp. 91 - 109.

[532] Wilensky, Harold. 1975. The Welfare State and Equality. Berkeley: University of California Press.

[533] Wilkinson, Mick and Craig, Gary. 2011. "Wilful Negligence: Migration Policy, Migrants' Work and the Absence of Social Protection in the UK," in Emma Carmel, Alfio Cerami, and Theodoros Papadopoulos (eds.), Migration and Welfare in the New Europe. Bristol: Policy Press, pp. 177 - 194.

[534] Williams, Fiona. 1995. "Race/Ethnicity, Gender and Class in Welfare States: A Framework for Comparative Analysis," Social Politics 2 (2), 127 - 159.

[535] Wilpert, Czarina. 2003. "Racism, Discrimination, Citizenship and the Need for Antidiscrimination Legislation in Germany," in Zig Layton-Henry and Czarina Wilpert (eds.), Challenging Racism in Britain and Germany. Basingstoke: Palgrave Macmillan, pp. 245 – 269.

[536] Wright, Vincent. 1999. "The Fifth Republic: From the Droit de l'Etat to the Etat de Droit?," West European Politics 22 (4), 92 – 119.

[537] Wust, Andreas M. 2011. "Migrants as Parliamentary Actors in Germany," in Karen Bird, Thomas Saalford, and Andreas M. Wust (eds.), The Political Representation of Immigrants and Ethnic Minorities. London: Routledge, pp. 250 – 265.

[538] Zimmermann, Wendy and Fix, Michael. 1994. "Immigrant Policy in the States: A Wavering Welcome," in Barry Edmonston and Jeffery S. Passel (eds.), Immigration and Ethnicity: The Integration of America's Newest Arrivals. Washington, DC: Urban Institute Press, pp. 267 – 316.

致　谢

这本书已经写了许久，在写作路上我累计欠下了许多感激之情。我首先感激韦特拉·松古尔（Welat Songur）。当他的论文导师去了另一所大学，我就因为我福利国家的学识而成了他的导师。我们关于移民和福利国家的许多讨论使我意识到这一领域多么令人兴奋，并且激起了这个话题值得写一本书的主意。

我深深感激洛克菲勒基金在2003年春于贝拉吉奥研究中心（Bellagio Study Center）所提供的经费，以及伍德罗-威尔逊国际学者中心（Woodrow Wilson International Center for Scholars）在2003—2004学年提供的经费，我收到了这两笔经费来撰写本书，并且感谢约翰·D. 斯蒂芬斯（John D. Stephens）和罗伯特·E. 古丁（Robert E. Goodin）对我研究提议的支持。伍德罗-威尔逊中心则提供了一个理想的研究环境，而我的研究员娜塔莎·海芬克（Natasha Heffinck）也非常出色。这一年是一个奇妙的开始，也是一个灵感的源泉，让我们坚持并完成这本书。

我那些在斯德哥尔摩大学政治科学系的同事们，提出了富有建设性的意见。他们包括玛丽塔·索尼宁（Maritta Soininen）、克里斯蒂娜·博留斯（Kristina Boreus）、德鲁德·达赫鲁普（Drude Dahlerup）、安德烈亚斯·杜伊特（Andreas Duit）、朱尼·雷尼卡宁（Jouni Reinikainen）和克里斯托夫·林格伦（Christofer Lindgren）。安·莫里斯森斯（Ann Morissens）作为第六章的合著者，值得我特别感谢。这些年来，我们在许多图书出版中进行合作，在这个过程中，我们不仅仅是同事。在撰写这一章时，我们用了我们之前的文章，安·莫里斯森斯和戴安娜·塞恩斯伯里（Diane Sainsbury）的《移民的社会权利、族群性和福利体制》［《社会政策期刊》,2005：34（4），pp. 637－660，剑桥大学出版社出版，经许可转载]。我尤其感激麦吉尔大学（McGill University）的芭芭拉·哈斯克尔（Barbara Haskel）批判性的评论。在2010年夏天，她仔细查看了一份拙劣的草稿，并检视了每个章节。我们的讨论极大地改善了本书。在最后阶段，苏珊娜·林伯格（Susanna Lindberg）帮助编辑了手稿，并将其提交给了出版社。我感谢苏珊娜的帮助和她无可挑剔的工作执行力，同时也要感谢出版社方面两位匿名审稿者提供的有用评论。最后，我十分感谢牛津大学出版社的多米尼克·拜亚特（Dominic Byatt）对这个项目的热情支持。

译 后 记

移民议题在欧美已累积了多年的经验。欧洲有福利国家的传统以及欧盟跨国整合的架构，美国有多种族融合以及属地主义的移民国家传统。这些背景促使其移民议题不得不为学界所正视。而移民议题又因牵涉到经济、政治、社会、历史、人口学、地理、统计、人类学、性别研究、国际关系等领域，所以始终具有跨学科的特性。

本书虽未完全具备以上所提的所有面向，但已涉及复杂的历史、社会、政治等议题的梳理，并将六个国家（美国、英国、德国、法国、瑞典和丹麦）透过福利体制的类型学进行归类与比较。本书大体可区分为两部分：第一部分涉及三个主要问题。第一个问题是包容性或排斥性福利国家政策如何与移民有关，特别是福利国家体系的类型如何影响他们的社会权利。第二个问题涉及移民权利的变化和变革的方向、权利延伸与权利收缩。第三个问题是移民的社会权利与公民的社会权利的比较。第二部分从影响移民权利的政策转向分析政策的政治。书中检视了六个国家的融合和排斥政策，重点在于社会权利的延伸和收缩，以及影响移民权利的纳入制度政策方面的变化。内容翔实丰富，是一本难得的好书。

本书是我在 2015 年讲授“社会保障国际比较”这门课时关注到的。当时我一边备课，一边对它做了初步的翻译，但并不完整。在这一过程中，出于教学的需要而透过此书吸收了不少知识，对我而言这也是一种学识上的成长。然而碍于时间有限，陈海云、张诗怡和马欣怡同学热心协助我增补译稿的缺失，并进行初步的校对，最后由我统一全稿。

翻译是一项费时费力的工作，但出于学习社会政策的需要，这又是一项值得去做的工作。感谢上述三位同学的帮忙，也感谢编辑牟小林的编排与校阅，更感谢华东理工大学出版社允诺出版本书。在翻译过程中，由于才力与时间有限，尚有许多不尽如人意之处，敬请前辈、同行与读者指正。

译者　萧易忻

内容提要

abstract

本书讨论了福利国家对移民的社会权利、经济福利和社会融合性的影响，并提供移民的社会权利在福利国家的系统比较。为了研究移民的社会权利，本书发展了一个分析框架，重点关注：（1）福利国家制度的类型；（2）准入形式或类别之间的相互作用；（3）规范移民的包容或排斥的纳入制度。本书展示了从第二次世界大战之后早期直到 2010 年前后，代表不同福利国家体制的六个国家（美国、英国、德国、法国、瑞典和丹麦）关于移民社会权利的发展。